DuMont Schnellkurs

KINDER- UND JUGENDLITERATUR

Isa Schikorsky, Dr. phil., hat Germanistik, Geschichte und Pädagogik studiert und ist als Dozentin für Kinder- und Jugendmedien an der Fachhochschule Köln tätig. Sie veröffentlichte zahlreiche wissenschaftliche Beiträge und Rezensionen zur Kinder- und Jugendliteratur.

DuMont Schnellkurs

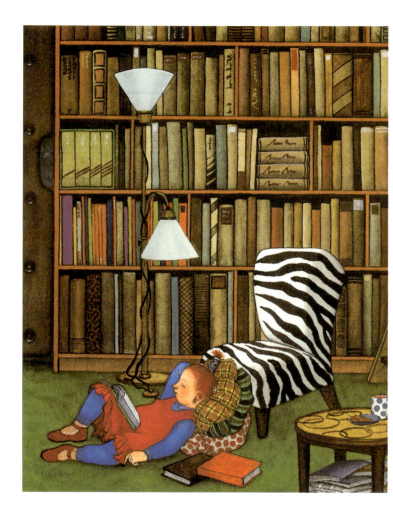

DuMont Schnellkurs

KINDER- UND JUGENDLITERATUR

Isa Schikorsky

DUMONT

Impressum

Umschlagvorderseite von links nach rechts und von oben nach unten:
Wilhelm Busch, »Max und Moritz«; Eric Carle, »Die kleine Raupe Nimmersatt«, © 1969, 1994 by Eric Carle, © 1994 Gerstenberg Verlag, Hildesheim; Astrid Lindgren, »Pippi Langstrumpf«, © Astrid Lindgren 1945/ © Verlag Friedrich Oetinger, Hamburg 1986, Einband: Walter Scharnweber; Alan Alexander A. Milne, »Pu der Bär«, © Cecilie Dressler Verlag, Hamburg 1998/© Atrium Verlag, Zürich 1987/ © Illustration E.H. Shephard; Paul Maar, »Eine Woche voller Samstage«, © Verlag Friedrich Oetinger, Hamburg 1973, Einband von Paul Maar; Antoine de Saint-Exupéry, »Der Kleine Prinz«, © Rauch Verlag, Düsseldorf 1982; Maurice Sendak, »Wo die wilden Kerle wohnen«, © 1963 by Maurice Sendak/ © 1967 Diogenes Verlag AG, Zürich; Joanne K. Rowling, »Harry Potter und der Stein der Weisen«, © 1998 Carlsen Verlag GmbH, Hamburg, Illustration: Sabine Wilharm

Umschlagrückseite von links nach rechts:
Heinrich Hoffmann, Struwwelpeter in der 2. Auflage von 1845;
Janosch, »Post für den Tiger«, Einband von Janosch, © 1980 Beltz Verlag, Weinheim, Basel

Frontispiz: Illustration aus: Nikolaus Heidelbach, »Ein Buch für Bruno«, © 1997 Beltz Verlag, Weinheim und Basel

Bibliographische Informationen der Deutschen Bibliothek
Die Deutsche Bibliothek verzeichnet diese Publikation in der
Deutschen Nationalbibliographie; detaillierte bibliographische Angaben
sind im Internet über http://dnb.ddb.de abrufbar.

Originalausgabe
© 2003 DuMont Literatur und Kunst Verlag, Köln
Alle Rechte vorbehalten
Druck und buchbinderische Verarbeitung: Editoriale Lloyd

Printed in Italy   ISBN 3-8321-7600-4

Inhalt

Vorwort 7

Anfänge (1450–1750) 8
Wurzeln in Antike und Mittelalter 8 Tugend- und Anstandsliteratur seit dem Humanismus 10 Tugendschriften für die weibliche Jugend 15 Werke zur Rhetorikerziehung 17 Religiöse Kinder- und Jugendliteratur 18 Anfänge der Sachliteratur: »Orbis pictus« 22 Unterhaltungslektüre: Fabeln, Volksbücher, Ritterromane 24

Aufklärung (1750–1800) 28
Rousseau und die Folgen 28 Philanthropistische Kinderliteratur 29 Unterhaltungsschriften: Lieder, Almanache, Fabeln 31 ABC- und Lesebücher 34 Sittenbücher 35 Ratgeber für die Jugend 37 Die Welt entdecken: Sachliteratur 38 Kinderliterarische Geselligkeit 40 Der erste deutsche Kinderbuch-Klassiker 43 *Exkurs:* Kindertheater und Kinderfilm 46

Romantik und Biedermeier (1790–1850) 48
Utopie und Kunst 48 Das »göttliche« Kind 48 Volkspoesie als Kinderliteratur 50 Kunstmärchen 52 Herzens- und Gemütsbildung 54 Erste Bilderbücher 56 »Der Struwwelpeter« 58 Märchen und Sagen im Biedermeier 59 Moralisch-religiöse Erzählungen 62

Tendenzen des Realismus (1830–1900) 64
Hinwendung zur Wirklichkeit 64 Wissen und Weltkenntnis 66 Geschichte im Dienst der Nationalerziehung 68 Der Realismus des Gustav Nieritz 70 Ferne Welten im Abenteuerbuch 72 Die Sklavenfrage: »Onkel Toms Hütte« 73 Begeisterung für Indianerbücher 75 Der ideale Deutsche: Old Shatterhand 76 Vom trotzigen Backfisch zur perfekten Dame 77 Die unangepassten Kinder 81

Reformbewegungen um 1900 84
Das »Elend« der Kinderliteratur 84 Jugendstil und Kunstmoderne 87 Bilderbücher in der Nachfolge des Jugendstils 93 Anfänge des Adoleszenzromans 95 *Exkurs:* Comics 98

Von der Jahrhundertwende zur Weimarer Republik (1900–1930) 100
Furcht vor dem Untergang 100 Märchen und Fantastik 100 Wildgänse, Rehe und andere Tiere 103 »Die Biene Maja« 107 Von Schatzsuchern und Goldgräbern 108

Inhalt

Der »Kolonialroman« 109 Krieg als Abenteuer 111
Das bürgerliche Familienmodell: »Nesthäkchen« 113

Neue Sachlichkeit und Sozialismus (1920–1932)   116
Bekannte Künstler und Dichter 116 Realistische Großstadtgeschichten 119 Sozialistische Kinderliteratur 123

Nationalsozialismus und Exil (1933–1945)   126
Literaturlenkung 126 Literarische Erziehung zu Gemeinschaft und Krieg 127 Fluchten in die kinderliterarische Provinz 131 Hoffnungen und Utopien der Exilautoren 133

Nachkriegszeit (1945–1969)   136
Keine Stunde Null 136 Aufbruchstimmung 137 Neue Kinderbuchhelden 138 Suche nach der »heilen Welt« 140
Die Erfolgsstory der Enid Blyton 142 Ausbruch aus der Bilderbuchidylle 143 Fantastische Zivilisationskritik 147
Zögerliche Vergangenheitsbewältigung 150

Die neue Aufklärung (1970–1978)   152
»1968« 152 Antiautoritäre Kinderliteratur 153 Konsequenter Realismus 155 Problembücher ohne Tabu 156 Auseinandersetzung mit der Vergangenheit 158 Umwelt entdecken im Bilderbuch 160 Fantastik gegen den Zeitgeist 162
Exkurs: Die Kinder- und Jugendliteratur der DDR 164

Von der Neoromantik zur Gegenwart (1979–2002)   168
Fantastische Wende 168 Problembücher über Zukunft, Gegenwart und Vergangenheit 171 Geänderte Familienbilder 174 Der psychologische Kinderroman 176
Jugendliteratur in der Sinnkrise 178 Postmoderne Bilderbuchwelten 181 Die Wiederentdeckung der Leselust 183

Anhang
Literaturverzeichnis 186 Adressen zur Kinder- und Jugendliteratur 187 Namenregister 188 Bildnachweis 192

Vorwort

Pippi Langstrumpf und Emil Tischbein, Struwwelpeter und Winnetou – das sind vertraute Helden der Kindheit, mit denen man lachte und litt. Die Geschichte der Kinder- und Jugendliteratur steckt voller Erinnerungen und Entdeckungen. Dieser Schnellkurs bietet einen systematischen Überblick zur Entwicklung der erzählenden Kinder- und Jugendliteratur von den Anfängen im Mittelalter bis zur unmittelbaren Gegenwart. Daneben versteht sich der Band auch als Begleiter individueller Reisen in die literarische Vergangenheit.

Die Vielfalt des kinderliterarischen Gattungs- und Medienspektrums, das neben fiktionalen Texten wie Roman, Erzählung, Lyrik und Schauspiel auch das nichtfiktionale Sachbuch, Mischformen von Text und Bild wie Bilderbuch oder Comic sowie weitere Medien wie Kinderfilm, Hörspiel und elektronische Spielgeschichte umfasst, zwang zu Auswahl und Beschränkung. Im Mittelpunkt steht die erzählende Kinder- und Jugendliteratur in Deutschland, übersetzte Werke wurden berücksichtigt, wenn sie spürbaren Einfluss auf die nationale Entwicklung hatten. Weitere Gattungen neben Romanen und Erzählungen für junge Leser werden punktuell angesprochen, zumeist im Zusammenhang mit besonderen Akzentsetzungen im Gesamtbereich der Kinder- und Jugendliteratur.

Die Perspektive ist auf die innovativen Momente in der Geschichte der Kinder- und Jugendliteratur gerichtet, und zwar insbesondere auf formale, sprachlich-stilistische und inhaltliche Neuerungen. Als Bezugssystem ist dabei neben literatur- und geisteswissenschaftlichen Koordinaten vor allem der pädagogische Kontext von entscheidender Bedeutung, denn die Kinder- und Jugendliteratur entwickelt sich stets abhängig vom Wandel des Kindheitsbildes, also abhängig von den wechselnden Vorstellungen und Ansichten darüber, was unter Kindheit zu verstehen und welche Bedeutung ihr für die Gesellschaft, die Familie oder den Einzelnen beizumessen sei.

Die so gekennzeichnete Sichtweise ist allerdings diejenige der erwachsenen Vermittlungs- und Bewertungsinstanzen, die nicht zwangsläufig mit den Lektürevorlieben der Zielgruppe übereinstimmt. Um diese Diskrepanz zumindest ansatzweise deutlich zu machen, werden verschiedentlich erklärte Lieblingsbücher von Kindern und Jugendlichen vorgestellt, auch wenn sie von ihrer literarischen Qualität her keinen Fortschritt für die Kinder- und Jugendliteratur bedeuteten.

Isa Schikorsky

Anfänge Lehrbücher zur Grammatik und Rhetorik

Wurzeln in Antike und Mittelalter

Die Anfänge der deutschen Kinder- und Jugendliteratur lassen sich zeitlich nicht exakt bestimmen, doch reichen ihre Spuren zurück bis ins Mittelalter. Die ersten Bücher, die man Heranwachsenden in die Hand gab, waren Lehrbücher zur lateinischen Grammatik, Rhetorik und Dialektik, also zu den Fächern, die seit der Antike ganz am Beginn des wissenschaftlichen Unterrichts standen. Zu den elementaren Werken der Artesliteratur zählten Grammatiken wie die »Ars minor« und »Ars maior« (um 350; erste Drucke ab 1445) des Aelius Donatus ebenso wie Wörterbücher, Kommentare, Glossare und Rhetoriken. Sie ergänzten seit der Karolingischen Renaissance ab Ende des 8. Jhs. mündliche Formen der Unterweisung des Klerikernachwuchses durch Privatlehrer und Lehrer an Dom- und Klosterschulen.

„Der hl. Benediktus als Schüler" (um 1070) Die Beischrift „Dieser lehrt, dieser lernt, was ein Buchstabe, was eine Silbe ist" weist die Szene als Grammatik- oder Leseunterricht aus.

Im Lateinunterricht, dessen doppelte inhaltliche Zielsetzung im Streben nach Gottes- und Selbsterkenntnis bestand, fanden auch Werke zur Vermittlung von Pflichten-, Tugend- und Anstandsregeln Verwendung – die so genannte Offizien-, Virtus- und Civilitasliteratur, die Heranwachsenden Orientierungshilfen für die Lebensführung bieten sollten. Das verbreitetste Sittenbuch des Mittelalters für Schüler war die Spruchsammlung »Disticha Catonis«, bekannt als »Der Cato«. Sie wurde von einem unbekannten Autor bereits im 3. oder 4. Jh. verfasst und kam 1487 zum ersten Mal in deutscher Übersetzung heraus. Das als Lehrgespräch zwischen Vater und Sohn gestaltete Buch verfolgte keinen bestimmten philosophischen Ansatz, sondern forderte zu klugem und gelassenem Handeln im Alltag auf. Wer die in schlichte Verse gekleideten Lebensmaximen, Klugheits-

Artesliteratur bezeichnet die in den Schulen und Universitäten des Mittelalters verwendete Fachliteratur. Wesentlichen Anteil daran hatten Werke zu den Artes liberales, den sieben Freien Künsten, die in der Antike entstanden und im Bildungswesen des Mittelalters Gegenstand der Grund- und Allgemeinbildung waren. Dazu gehörten das sprachliche Trivium (Grammatik, Rhetorik, Dialektik) und das mathematische Quadrivium (Geometrie, Arithmetik, Astronomie, Musiktheorie). Eine Ausbildung in diesen Fächern war Voraussetzung für das Studium der Theologie und später auch für das Studium der Medizin und Jurisprudenz.

Spruchsammlungen und höfische Lehrdichtung **Anfänge**

lehren und Anstandsregeln beachtete, dem sollten Wohlstand, Glück und Zufriedenheit winken.

Neben die lateinischen Unterrichtswerke traten im Spätmittelalter deutschsprachige Lehrbücher für die höfische Jugend, die im Kontext einer sich verändernden Adelsgesellschaft entstanden. Nach 1200 wurde es nichtadlig Geborenen möglich, durch Herrschaftsdienste in Ämter am Hof zu gelangen und in die Ritterschaft aufgenommen zu werden. Doch konnte solch ein sozialer Aufstieg nur gelingen, wenn der Emporstrebende sich zuvor mit adligen Lebens- und Verhaltensweisen vertraut gemacht hatte. Die späthöfische Lehrdichtung in deutscher Sprache setzte mit »Der Welsche Gast« (1215/16) von Thomasin von Zerklaere ein. Das an die adlige Hofgesellschaft gerichtete Werk enthält ausführliche Anstandsregeln für Jugendliche am Hofe. Zur gleichen Zeit (zwischen 1210 und 1220) schrieb der »Winsbecke« (vermutlich ein Adliger aus Windsbach in Franken) ein Lehrgespräch zwischen Vater und Sohn, in dem ebenfalls die Grundregeln für das Verhalten in der höfischen Gesellschaft vermittelt werden.

Artes-, Virtus- und ritterlich-höfische Standesliteratur markieren die Anfänge der Kinder- und Jugendliteratur, aus denen sich nach dem Entstehen des Buchdrucks ab 1450 allmählich ein vielschichtiges und zunehmend verzweigtes Gattungsspektrum herausbildete, das allerdings noch lange eng auf die Allgemeinliteratur bezogen blieb. Die Zuweisung zur Kinder- und Jugendliteratur erfolgte üblicherweise aufgrund einer besonderen Erwähnung dieser Zielgruppen, z. B. im Buchtitel, in der Vorrede oder der Zueignung, zumeist ohne dabei die Erwachsenen oder andere Adressaten (z. B. »das gemeine Volk« oder Frauen usw.) auszuschließen. Da Kindheit und Jugend bis zum 18. Jh. nicht als eigenwertige Lebensphasen, sondern allein als Vorberei-

Holzschnitt mit einer Lehrer-Schüler-Szene aus „Hie lernet der weiß Katho seinen Sune" (1487), einer deutsch-lateinischen Ausgabe der Spruchsammlung „Disticha Catonis"

Offizien-, Virtus- und Civilitasliteratur sind die lateinischen Bezeichnungen für Standes-, Tugend- und Anstandsliteratur, einer Gattungsgruppe, die Werke über Lebenspflichten, Lebensführung und soziales Verhalten zusammenfasst. Dazu gehörten vor allem Zucht- und Sittenbücher, Standes-, Anstands-, Klugheits- und Tugendlehren. Sie wiesen eine zunehmend weltliche Orientierung auf und waren hauptsächlich für die private Lektüre gedacht.

Anfänge Humanistische Bildungsideale

Titelblatt des „Psalterium puerorum" (vor 1486) aus dem Offizin von Erhard Ratdolt in Venedig. Es gilt als erstes Lesebuch für Lateinschulen. Auf der ersten Seite sind ABC und Paternoster abgedruckt, es folgen weitere Gebete, Psalmen und Merkverse zu den Zehn Geboten.

tungsphase auf das Erwachsensein verstanden wurden, nahmen auch Werke für Kinder und Jugendliche in der Anfangsphase nicht auf altersgemäße Interessen, Bedürfnisse oder Fähigkeiten Rücksicht, sondern entwarfen Modelle für zukünftige Rollen in Familie und Gesellschaft. Literatur für junge Leser diente stets der Belehrung. Da die Begriffe Kind und Jugendlicher teilweise synonym verwendet wurden, unterschied man auch nur sehr unscharf zwischen Büchern für Kinder und für Jugendliche, zwischen Schulbüchern und Büchern für die private Lektüre in den freien »Nebenstunden«. Die mögliche Leserschaft war auf einen privilegierten Kreis von Söhnen und Töchtern aus Familien des gehobenen Stadtbürgertums und des Adels begrenzt. Von den Menschen, die auf dem Lande lebten – immerhin etwa 80 % der Bevölkerung –, beherrschte kaum jemand das Lesen und Schreiben. Kenntnisse und Fertigkeiten wurden dort in der Haus- und Dorfgemeinschaft durch mündliche Unterweisung oder direkte Anschauung erworben, nicht durch die Lektüre von Büchern.

Tugend- und Anstandsliteratur seit dem Humanismus

Einen ersten Aufschwung erlebte die Kinder- und Jugendliteratur während des Humanismus. Von Italien aus hatte sich die Bildungsbewegung, die sich an der Philosophie und dem Menschenbild der klassischen Antike orientierte, bis zum 16. Jh. in ganz Westeuropa verbreitet. Im Rückgriff auf die sprachlichen und literarischen Traditionen der Antike überwanden die Humanisten das heilsgeschichtliche christliche Denken des Mittelalters und stellten den Menschen in den Mittelpunkt ihres Denkens. Der Humanismus war auch eine pädagogische Reformbewegung. Erziehung sollte nicht mehr länger allein auf Gotteserkenntnis und Heils-

Erasmus von Rotterdam **Anfänge**

erwerb ausgerichtet sein, also nicht länger primär religiös definiert werden, sondern hatte das autonome, vernünftig handelnde Individuum im Blick.

Der wichtigste Vertreter des humanistischen Bildungsideals war der niederländische Gelehrte Erasmus von Rotterdam (1466–1536), der in zahlreichen Werken seine Kritik an kirchlichen Missständen und erstarrten Lehrpositionen formulierte und mit seinen historisch-philologisch orientierten Schriften wichtige Impulse für die Weiterentwicklung der Literatur gab.

Bildnis des Erasmus von Rotterdam von Hans Holbein d. J., 1523

Erasmus' pädagogisches Programm gründete in der Auffassung von der natürlichen Neigung des Menschen zu moralischer Würde und Tugend. Doch bedurfte es für ihn der Erziehung, um die von der Natur vorgegebenen positiven Anlagen der Kinder zur Entfaltung zu bringen. Da Tugend und Gelehrsamkeit gleichrangige Bildungsziele waren, kam im Humanismus neben der sprachlich-literarischen Bildung (vgl. S. 17) der moralisch-sittlichen Erziehung und der Gewöhnung an die Umgangsformen eine besondere Bedeutung zu. Deshalb ließ sich im 16. Jh. eine deutliche Zunahme der Werke zur Tugend- und Charakterbildung für Heranwachsende beobachten. Mit »De civilitate morum puerilium« (»Züchtiger Sitten zierlichen wandels und höfflicher Geberden der Jugent«; lat. 1530, dt. 1531) verfasste Erasmus die erste ausführliche und in verschiedener Hinsicht innovative Anstandsschrift des Humanismus. Sie war vornehmlich an Jugendliche aus dem Bürgertum adressiert und wurde häufig als Lesebuch im Lateinunterricht verwendet. Die für die Zeit ungewöhnlich systematische und konzentrierte Darstellung ließ die Schrift bald zum Referenzwerk für gesittete Umgangsformen avancieren. In sieben Kapiteln werden Anweisungen zum korrekten Benehmen in allen Lebenslagen gegeben: Erasmus geht auf die äußere Erscheinung und die Kleidung ein,

Der richtungweisende Stellenwert, den man Erasmus' christlichem Humanismus gemeinhin zuspricht, verdankt sich in erster Linie jenen Überlegungen in seinen Schriften, in welchen die große Bedeutung der literarischen Originalquellen der Antike für die Weiterentwicklung der abendländischen Kultur erkannt wird. Des weiteren trug Erasmus mit seiner Kritik an den erstarrten Dogmen der Kirche zur Vorbereitung der Reformation bei. So weitete er nicht zuletzt den Blick auf die Geschichte, wobei er gegen jede Form des Aberglaubens eintrat.

Anfänge Nicht nur Anstandslehren ...

Der Begriff **Satire** bezeichnet literarische Texte, die sich in kritischer, mahnender, polemischer oder spöttischer Weise mit moralischen Verfehlungen oder gesellschaftlichen Missständen auseinandersetzen, in der Hoffnung, dadurch eine Besserung zu erreichen.

das Verhalten in der Kirche, bei Tisch, gegenüber anderen, bei Spiel und Geselligkeit sowie im Schlafzimmer. Modern war auch, dass die Regeln ausführlich begründet wurden, damit die jungen Leser zu einem eigenen Urteil über deren Sinn gelangen konnten.

Das Gegenstück zu Erasmus' Anstandslehre legte Friedrich Dedekind (um 1525–1598) mit seinem »Grobianus« (lat. 1549, dt. 1551) vor. Weil, wie der Autor meinte, die Menschen eher Verbote als Gebote befolgten, formulierte er eine Verhaltenslehre in satirischer Form, die jede Benimmregel in ihr Gegenteil verkehrte. Sein Werk stand in der Tradition antiker Ethikvorstellungen (Aristoteles, Plato, Cicero) und nutzte mittelalterliche und humanistische Vorbilder für die parodistische Brechung und das satirische Widerspiel (z. B. »Disticha Catonis«, Erasmus), aber auch die so genannte Narrenliteratur (Sebastian Brants »Narrenschiff«, 1494; »Eulenspiegel«, 1515). Ziele solcher »Negativdidaxen« sind Selbsterkenntnis und Verhaltensänderung.

In Dedekinds Werk wird der Tagesablauf des unmanierlichen Grobianus begleitet, der nur seinen eigenen Nutzen im Sinn hat, vom mittäglichen Aufstehen bis zum Hinauswurf der Gäste nach dem Abendessen. Im Mittelpunkt steht das Benehmen bei Tisch: Empfohlen wird unter anderem, sich zuerst die besten Stücke aus den Schüsseln zu nehmen, die Zähne zwischendurch mit dem Brotmesser zu reinigen und solange zu essen, bis man sich bis zum Platzen vollgestopft hat. Negative Vorbilder wie der Grobianus finden sich immer wieder in der Kinder- und Jugendliteratur, bekanntestes Beispiel ist sicher der Struwwelpeter (s. S. 58).

Titelholzschnitt zum „Grobianus" in einer erweiterten und von Wendelin Hellbach ins Deutsche übersetzten Ausgabe von 1567

Einen weiteren Höhepunkt erlebte die Virtusliteratur schließlich in der Phase der »galanten« Erziehung ab

Virtusliteratur im Galanten Zeitalter **Anfänge**

1650. Im Zuge der Konstituierung der Territorialstaaten nach dem Dreißigjährigen Krieg gelangten humanistisch gebildete junge Adlige, aber auch Bürgerliche in staatliche Führungspositionen. Um die politischen, wirtschaftlichen und kulturellen Organisationsaufgaben bewältigen zu können, erwiesen sich die Muster klassischer Rhetorik als unzeitgemäß. Vorbildfunktionen übernahmen in sprachlicher wie zeremonieller Hinsicht die Höfe in Spanien und Frankreich. Den modernen »homo politicus« und »galant homme« interessierten lebenspraktische Fähigkeiten und ein sicheres Urteilsvermögen. Gelehrte Bildung war zwar nicht unwichtig, doch Erfolg hatte nur, wer über vollendete Höflichkeit und gewandte Umgangsformen verfügte, und zudem das Komplimentieren und die Konversation perfekt beherrschte. Mit schmeichelhaften Formulierungen und freundlichen Gesten hoffte man sein Gegenüber im eigenen Sinne beeinflussen zu können. Das nötige Wissen vermittelten Galanterie-, Komplimentier- und Konversationsbücher.

Ungemein produktiv war in diesem Genre der Zittauer Gymnasialrektor und Rhetoriker Christian Weise (1642–1708), der in der Umbruchphase vom Barock zur Frühaufklärung viel genutzte, auf die Praxis bezogene Werke für junge Adlige und Bürgerliche schrieb. Weise verband humanistisch-gelehrte Bildungstraditionen mit höfischer Weltläufigkeit. Er wollte seine jungen Leser auf die Berufs- und Lebensbedingungen im Dienst des absolutistischen Staates oder der städtischen Kaufmannschaft vorbereiten. Sein Bildungsprogramm basierte auf Erfahrung, Klugheit und Selbsterkenntnis.

Weises bekanntestes Werk für junge Leser war das Rhetoriklehrbuch »Der politische Redner« (1677). Im Politikverständnis der Zeit ging es um die Vermittlung von Techniken zur Durchsetzung individueller und staatlicher Machtansprüche mit persuasiven Mitteln, die auf einer genauen Einschätzung des Gegenübers beruhten. Weises Redelehre galt als Teil gesellschaftlicher Bildung und bezog sich auf die praktischen Bedürfnisse des bürgerlichen und höfischen Lebens. In »Der

---

Als **Galantes Zeitalter** wird in der Literaturgeschichte die Übergangsphase vom Barock zur Aufklärung (ca. 1680–1730) bezeichnet. Angestrebt wurde eine Verknüpfung der höfischen Ideale des Adels mit den Interessen des aufstrebenden Bürgertums und der Beamten des absolutistischen Staates. Um dieses Ziel zu erreichen, benötigte man entsprechend ausgerichtete praktische Anweisungsbücher, von denen in dieser Zeit etliche mit unterschiedlichen Akzentuierungen entstanden.

Für die richtige Handhabung der **Komplimente** gibt Christian Weise in seinem Werk „Der politische Redner" (1677) folgende Hinweise: „1. Höre lieber einen andern als dich selbst. 2. Rede von Sachen / die der andere lieber hört als du. 3. Rede mehr von Sachen / welche dem andern zum Ruhme gereichen als dir selbst".

Anfänge Standesgemäßes Verhalten

Titelblatt und Frontispiz zu „Einleitung zur Zeremoniellwissenschaft der Privatpersonen" (1730) von Julius Bernhard von Rohr (1688–1742). Aus der Vorrede geht hervor, dass das Lehrbuch „jungen und erwachsenen Cavalieren eine sichere Anleitung" darüber erteilen wollte, „wie sie sich an Höfen und in der großen Welt manierlich zu bezeugen haben".

politische Redner« gibt er Anweisungen zur Gestaltung unterschiedlichster Reden für private und öffentliche Anlässe, die seinen Stilprinzipien Klarheit, Verständlichkeit und Anschaulichkeit entsprechen und auf eine emotionale Bewegung der Zuhörer abzielen. Seine besondere Leistung ist darin zu sehen, dass er Elemente der antiken Rhetorik (Cicero, Quintilian) wie z. B. Praxis-, Öffentlichkeits- und Adressatenbezug auf die deutsche Sprache übertrug und daraus eine neue Beredsamkeit für das allgemeine Leben formte.

Ein typisches Beispiel für das Zusammenspiel von Weltklugheit und höflichen Umgangsformen in der galanten Phase ist auch »Der getreue Hofmeister« (1703) des Juristen und Hofdichters August Bohse (1661–1742). Karrierebewusste junge Männer aus Adel und Bürgertum erfuhren hier, welche Tugenden, Fähigkeiten und Fertigkeiten sie benötigten, um sich »beliebt zu machen«. Tanzen, Fechten und Reiten gehörten ebenso dazu wie das Erlernen von Fremdsprachen. Die Anleitungen zu standesgemäßer Lebensführung bezogen sich auf die typischen Lebensstationen: Studium, Kavaliersreise, Beruf und schließlich Heirat.

Der Begriff **Fürstenspiegel** bezeichnet ein Werk der Offizienliteratur, in dem das Verhalten sowie die Aufgaben und Pflichten eines Herrschers thematisiert werden. „Spiegel" (lat. *speculum*) ist eine im Mittelalter gebräuchliche Bezeichnung für didaktische Literatur.

Zur Gattung der Standesliteratur gehören die Fürstenspiegel. Als berühmtestes Werk dieses Genres für Heranwachsende gelten »Die Abenteuer des Telemach« (1699, dt. 1700) des französischen Pfarrers und Hofmanns François de Salignac de la Mothe Fénelon (1651–1715), den Ludwig XIV. zum Erzieher seines Enkels und Thronfolgers ernannte. Fénelon wollte auf unterhaltsame Weise belehren und wählte deshalb Motive des Abenteuerromans wie spektakuläre Reisen, Schiffbrü-

Auf unterhaltsame Weise belehren **Anfänge**

che und Liebesromanzen als Rahmen für seine Unterrichtungen über Themen wie fürstliche Gesinnung, die Kunst des Regierens und die gerechte Herrschaft. Inhaltlich bezog sich Fénelon auf Homers »Odyssee«. Telemach begibt sich in Begleitung der Göttin Athene, die die Gestalt des Mentors angenommen hat, auf die Suche nach seinem Vater Odysseus. Die Schilderung der aufregenden Reiseerlebnisse werden durch Gespräche und Prüfungen ergänzt, die allesamt den Grundsatz veranschaulichen sollen, dass tugendhaftes Handeln immer belohnt wird, wobei Friedfertigkeit und Brüderlichkeit besonders hervorgehoben werden. Fortschrittliche Ideen wurden in den abwägenden Betrachtungen der unterschiedlichen Staatsformen erkennbar: Der Mentor zeichnet das Ideal eines humanistischem Denken verpflichteten Fürsten ohne Prunk- und Herrschsucht, der stets das Wohl des Volkes im Auge hat. Mit seiner indirekten Kritik an der Regierung des »Sonnenkönigs« zog Fénelon sich dessen Zorn zu und wurde nach Cambrai verbannt. Der »Telemach« wurde zu einem Hauptwerk der frühen Jugendliteratur und fand nicht nur ein adliges, sondern auch ein bürgerliches Lesepublikum, das ihn als Moral- und Klugheitslehre rezipierte.

Frontispiz zur zweiten rechtmäßigen Ausgabe der deutschen Übersetzung des „Telemach" (1739) von François de Salignac de la Mothe Fénelon

Tugendschriften für die weibliche Jugend

Bereits in der Frühzeit der Kinder- und Jugendliteratur gab es zahlreiche, zumeist von Lehrern oder Pfarrern verfasste Werke, die sich unter anderem oder ausschließlich an Mädchen oder junge Frauen wandten. Geschlechtsspezifische Unterschiede kennzeichneten insbesondere die Tugend- und Zuchtliteratur. Gewarnt wurde vor Schwächen, die als typisch weiblich galten: Prunksucht, Geschwätzigkeit, Eitelkeit und Faulheit. Dem wurden positive weibliche Rollenmodelle entgegen gesetzt. Es ging darum, zur Keuschheit zu erziehen

Abenteuerroman ist eine Gattungsbezeichnung für Romane, in denen ungewöhnliche, vom alltäglichen Leben deutlich unterschiedene Ereignisse geschildert werden. Stets werden Ordnung und Sicherheit zugunsten fremder und möglicherweise gefährlicher Erfahrungsräume aufgegeben. Fast immer ist der Abenteuerroman mit einer Reise verbunden. Für den Helden entwickelt sich daraus häufig ein Initiationsprozess.

Anfänge Tugendschriften für Mädchen

Exempelliteratur ist eine Gattung der belehrenden Literatur, bei der die moralische Lehre durch eine Beispiel-Erzählung – eine fiktionale Geschichte, eine Fabel oder ein Gleichnis – veranschaulicht wird.

und auf die Aufgaben einer ebenso tugendhaften wie tatkräftigen Hausfrau und Mutter vorzubereiten. Im Zentrum zeitgenössischer Mädchenbildung standen die Vermittlung elementarer Kenntnisse im Beten, Schreiben und Singen sowie Unterweisungen in christlicher Lebens- und praktischer Haushaltsführung. Der Zugang zu gelehrtem Wissen blieb jungen Mädchen in der Regel verwehrt. Erst nach der Reformation nahm der Stellenwert weiblicher Bildung deutlich zu.

Als das erste ausschließlich für Mädchen geschriebene Werk gilt »Der Ritter vom Turn« (um 1371/72, dt. 1493) von Geoffroy Chevalier de Latour-Landry (um 1350). Die Exempelsammlung für junge Adlige wollte über Sitte, Anstand und Betragen belehren, enthielt daneben aber auch

Illustration aus der deutschen Ausgabe „Der Ritter vom Turn" (1793) von Geoffroy Chevalier de Latour-Landry. Es wird vermutet, dass Albrecht Dürer die insgesamt 45 Holzschnitte entwarf, die ein neuer erzählerischer Realismus und eine reiche Ornamentik auszeichnen. Die dargestellte Szene verweist auf ein Exempel, das vor dem Verfluchen der eigenen Kinder warnt. Hier erfüllt sich der Ausspruch: „Dass dich der Teufel hole".

erbauliche und unterhaltende Elemente. Die Beispiele stammen zu einem großen Teil aus der Bibel, aber auch Predigt-, Volks- und Legendenliteratur wurden als Quellen genutzt. Das 1493 von Marquart vom Stein ins Deutsche übersetzte Werk hat die Form eines väterlichen Vermächtnisses an die Töchter. Anschauliche, teilweise auch sehr drastische Exempel in unsystematischer Folge illustrieren vorbildliches und fehlerhaftes Verhalten. Am Beispiel »böser« (z. B. Eva, Lots Frau) und »guter« Frauen (z. B. Sara, Rebekka) aus dem Alten Testament werden tadelnswerte Eigenschaften wie Hochmut, Neid und Habsucht Tugenden wie Keuschheit, Schamhaftigkeit und Bescheidenheit gegenübergestellt. Latour-Landrys Werk wurzelt in einer tiefen Religiosität, die alle Bereiche des Lebens ausfüllt. Propagiert wird das Ideal einer züchtigen und demütigen Frau, die, ganz in Gottes Willen ergeben, ihr Leben damit verbringt, sich auf das Jenseits vorzubereiten.

Dialogsammlungen **Anfänge**

In der Nachfolge mittelalterlicher Exempelliteratur erlebte das Schrifttum zur weiblichen Tugendlehre um 1600 seine Blütezeit. Ein früher Beleg dafür ist Johann Bußlebens religiös-sittlicher Traktat »Jungfrauenspiegelein« (um 1570), der in Knittelversen über Keuschheit, Frömmigkeit und Fleiß belehrt. Bekannt war auch »Der christlichen Jungfrauen Ehrenkränzlein« (1580) von Lukas Martini, in dem Blumen die weiblichen Tugenden symbolisieren.

Werke zur Rhetorikerziehung

Im Mittelpunkt humanistischer Pädagogik stand eine methodische Revision des Lateinunterrichts, die zu einer neuen Ausrichtung der Artesliteratur führte. An die Stelle des ungeschliffenen Kirchenlateins trat eine Rückbesinnung auf die unverfälschten Quellen der griechisch-römischen Kultur. Erasmus und anderen Pädagogen ging es um eine produktive Aneignung der antiken Literatur durch Lesen, Schreiben und Sprechen als Voraussetzung für Selbstfindung und Weltaneignung im humanistischen Sinne. In der Konversation sah man das beste Mittel zum Erlernen der klassischen Sprachen. Deshalb wurde im Humanismus die Rhetorik zur Leitdisziplin der Gelehrsamkeit. Mit Hilfe dialogischer Gattungen wie Schauspiel (vgl. S. 46f.) und Schülergespräch sollten junge Menschen auf spielerische Weise ihre Sprachkenntnisse perfektionieren und lernen, in flüssigem, elegantem Latein zu kommunizieren. Darüber hinaus trugen die Inhalte der Stücke aber auch zur Verfestigung moralisch-sittlicher und religiöser Grundsätze bei.

Die umfangreichste und populärste der zahlreichen Dialogsammlungen waren die »Colloquia familiaria« (»Vertraute Gespräche«, 1518–1533) des Erasmus

Studenten in einem akademischen Streitgespräch, einer Disputation. Miniatur aus Johannes Kerer „Statuta Collegii Sapientiae" (1497)

Anfänge Erasmus' »Vertraute Gespräche«

von Rotterdam. Dem Ursprungswerk wurden bei Neuauflagen immer weitere Stücke hinzugefügt, bis es 1533 schließlich auf siebzig Dialoge angewachsen war. Der anfangs deutliche Bezug auf die Gepflogenheiten des Schüler- und Studentenlebens wurde in der Folge ausgedehnt: Es finden sich z.b. Gespräche über Glaubens- und Kirchenfragen, die Gräuel des Krieges, die Lebensführung des Adels, die Stellung der Frau und vieles andere mehr, sodass die gesamte Sammlung als Kompendium der politischen, religiösen und sittlichen Zustände der Zeit gelesen werden kann. Beteiligt waren Gesprächspartner unterschiedlichster Altersstufen, Berufsgruppen und Sozialschichten. Mit kritischen Bemerkungen zum Mönchstum, Fasten und zur Beichte machte Erasmus deutlich, dass ihm die innere Einstellung zum Glauben wichtiger war als eine bloß äußerliche Befolgung kirchlicher Rituale. Diese Positionen brachten ihm den Vorwurf der Häresie ein und hatten zur Folge, dass die »Colloquia familiaria« zeitweilig verboten wurden.

Die Sammlung richtete sich in erster Linie an Lateinschüler, die das angemessene sprachliche Verhalten in verschiedenen Szenen des Alltags lernen sollten, wobei es vor allem um die Vermittlung von Formeln, z. B. Bitt-, Versprechens- oder Dankesformeln, sowie anderen festen Wendungen und Phrasen der Beredsamkeit ging. Die Gespräche werden häufig unterbrochen, um auf Varianten in Grammatik und Ausdruck hinzuweisen.

Religiöse Kinder- und Jugendliteratur

Den quantitativ größten Anteil an der frühen Kinder- und Jugendliteratur seit dem 16. Jh. hatten religiöse Lehr- und Erbauungsschriften, insbesondere Kinder- und Bilderbibeln, Sammlungen biblischer Geschichten, Katechismen, Lieder- und Gebetbücher. Die Entwicklung begann mit einer gewissen Verzögerung, denn die Kirche stand selbstständiger Lektüretätigkeit junger Menschen kritisch gegenüber, da sie um ihre Lehrautorität und ihr Deutungsmonopol religiöser Schriften fürchtete. Als sich jedoch weltliche Schriften für Heran-

1455 Mit Gutenbergs Bibeldruck beginnt das Zeitalter des Buchdrucks.
1492 Kolumbus entdeckt Amerika.
1517 Thesenanschlag zu Wittenberg: Martin Luther kritisiert öffentlich den Ablasshandel.
1519 Regierungsantritt von Kaiser Karl V. (bis 1556)
1522 Der erste Teil der deutschen Bibelübersetzung Luthers erscheint.
1524 Beginn des Bauernkrieges

Martin Luther **Anfänge**

wachsende immer mehr durchsetzten, verfassten christliche Autoren altersgemäße und der Frömmigkeit dienliche Werke.

Dieser Intention folgte bereits der unbekannte Autor des »Seelentrostes« (um 1350, erste Druckfassung 1474), das verschiedentlich als erstes spezifisches Jugendbuch bezeichnet wird. Eingekleidet in die traditionelle Form eines Vater-Sohn-Gesprächs werden mehr als 200 Exempel zu den Zehn Geboten aufgeführt, ergänzt um Gebete, religiöse Betrachtungen und Erklärungen. Als Quellen dienen biblische Historien, Legenden und Sagen. Das Werk wollte sowohl belehren als auch unterhalten und den Grundsatz vermitteln, dass Gottes Gebot über allem Anderen steht.

Holzschnitt zum Vierten Gebot aus „Seelentrost", Druck von Anton Sorg in Augsburg (1478)

Die bereits von Erasmus angestoßene Kritik am Absolutheitsanspruch der Kirche, am Papsttum und der Bußpraxis ging nach Martin Luthers (1483–1546) Veröffentlichung seiner Thesen gegen den Ablasshandel in einen breiten christlichen Erneuerungsprozess über. Den historischen Kontext der kirchlichen Reformation bilden Emanzipationsbewegungen in der Bauernschaft, im Adel und im Stadtbürgertum am Beginn der Frühen Neuzeit. Die zunehmende Selbstständigkeit der Territorialherrschaften und der wirtschaftliche Aufschwung der Städte erforderten neue berufliche, vor allem juristische, verwaltungstechnische und kaufmännische Qualifikationen, die durch das System der von der Kirche unterhaltenen Gelehrtenschulen nicht abgedeckt wurden. Vor diesem Hintergrund sind auch Luthers Forderungen nach einer weltlichen Schulaufsicht zu sehen. 1524 forderte er in einem »Sendschreiben« die Städte zum Aufbau eines Elementarschulsystems auf und erklärte Bildung damit zu einer öffentlichen Aufgabe.

In der religiösen Kinder- und Jugendliteratur ist Luther vor allem durch sein Werk »Der kleine Katechismus« (1529) präsent. Es steht im Zusammenhang mit seiner Grundüberzeugung von einem unmittelbaren

Luthers religiöses Grundanliegen war die Neudefinition des Verhältnisses zwischen Gläubigem und Gott. Insofern sich der Mensch nicht aus eigener Kraft und auch nicht mit den Mitteln der Kirche aus seiner Sündhaftigkeit befreien kann, ist er auf die Gnade Gottes verwiesen. Erasmus' humanistischem Postulat von der Freiheit des menschlichen Willens vermochte sich Luther nicht anzuschließen, denn für ihn war diese Freiheit durch die Erbsünde aufgehoben.

19

Anfänge   »Der kleine Katechismus«

Martin Luther, Gemälde von Lucas Cranach d. Ä., 1532

Beispiel aus Martin Luthers „Der kleine Katechismus" (1529):
„Das vierde gebot / Du solt deinen Vater und deine Mutter ehren. / Was ist das?
Antwort
Wir sollen Gott fürchten und lieben / das wir unser Eltern und herren nicht verachten noch erzürnen / Sondern sie inn Ehren halten / in dienen / gehorchen / lieb unnd wird haben."

Verhältnis des »sündigen Menschen« zu Gott ohne die Vermittlungsinstanz der Kirche. Des weiteren kam darin Luthers Vorstellung zum Ausdruck, dass das religiöse Fundament für ein bewusstes, individuelles Christentum in der Familie zu legen sei. Dem entsprach die ursprüngliche Konzeption als Hausbuch. Es sollte dem Hausvater dazu dienen, Kinder und Gesinde zu unterrichten. Luthers Katechismus konnte sich gegen ähnliche Werke so erfolgreich durchsetzen, weil darin die Grundzüge der reformatorischen Lehre in einer für Laien ebenso verständlichen wie knappen Form vermittelt wurden. Die prägnanten Erklärungen bezogen Alltagserfahrungen einfacher Leute mit ein. Im Mittelpunkt des »Kleinen Katechismus« stehen die drei Hauptstücke religiöser Belehrung: das Vaterunser, das Glaubensbekenntnis und die Zehn Gebote. Weitere Abschnitte behandeln die Sakramente der Taufe und des Abendmahls, außerdem sind Morgen- und Abendsegen, Gebete und eine Haustafel mit Bibelsprüchen abgedruckt.

Eine dezidert katholische Kinder- und Jugendliteratur setzte sich in Deutschland erst nach Abschluss des Konzils von Trient (1563) mit seinen dogmatischen und reformerischen Erneuerungen durch. Wichtige Impulse zur Entwicklung eines konfessionellen Schul- und Bildungswesens und der Literatur gingen von Karl Borromäus (1538–1584) und Ignatius von Loyola (1491–1556), dem Gründer der »Gesellschaft Jesu«, aus. Die von ihnen beeinflusste katholische Literatur erhielt eine zunehmend konfessionelle Tendenz und richtete sich nicht nur gegen die übermächtige protestantische, sondern auch gegen die weltliche Literatur für Heranwachsende.

Zum Vorbild für die in der Folgezeit entstehenden Kinderbibeln wurde Johann Hübners (1688–1731) im protestantischen Deutschland weit verbreitetes Werk »Zweymahl zwey und fünfzig auserlesene Biblische

Kinderbibeln **Anfänge**

Religiöse Bilderrätsel. Unterhaltung und religiöse Belehrung sollten Bilderrätsel mit Sprüchen aus dem Hohen Lied bieten. Kolorierter Kupferstich von Hanns Georg Bodenehr aus „Geistliche Herzens-Einbildungen" (1684ff.) von Melchior Mattsperger

Historien« (1714), das zunächst im Unterricht von Latein- und Elementarschulen und als Hausbuch, später auch zur individuellen privaten Lektüre genutzt wurde. Hübner wollte gleichermaßen zu Gottesfurcht und Tugend erziehen. Er sah die Bibel als Geschichtsbuch an und wählte deshalb bevorzugt handlungsreiche, wirklichkeitsnahe Episoden aus, während er irrationale Wundergeschichten vernachlässigte. Die biblischen Gestalten des Alten Testaments wurden »verbürgerlicht« und in familiäre Kontexte gestellt. In ebendiesen Zusammenhängen sollten die jungen Leser vorbildliche oder verwerfliche Muster für ihre eigene Lebensführung erkennen. Der zweite Teil der Kinderbibel erzählt – ebenfalls in realitätsbezogener Gestaltung – die Lebensgeschichte Jesu. Den Abschluss bilden Fragen zum Text, Lehren und gereimte Zusammenfassungen, die auswendig gelernt werden sollten.

Am Übergang zum Zeitalter der Aufklärung fand im deutschen Protestantismus eine religiöse Erneuerungsbewegung statt, die sich gegen das erstarrte Amtskirchentum wandte. Durch einen bewussten inneren Wandel sollte der Gläubige zur »geistlichen Wiedergeburt« gelangen, die ihn aus dem natürlichen Stand der Erbsünde in den Stand der Gnade erheben würde. Um dieses grundlegende Ziel pietistischer Gemüts- und Willensbildung zu erreichen, waren die ständige Hinwendung zu Gott im Gebet, stetige Selbst- und Seelenerforschung, aber auch unermüdlicher Fleiß und tätige

„Das Kind Johannis wuchs, und wurde starck im Geiste, / Die Hand des Herren war in allem, was er that. / Ach ja darauf beruht beym Kinderziehn das meiste, / Ob sie der liebe Gott in seinen Händen hat. / Gott, reiche mir doch auch die Hand aus deiner Höhe, / Damit ich als Kind den Weg zur Tugend gehe!" Aus: Johann Hübner „Zweymahl zwey und fünfzig auserlesene Biblische Historien" (1714)

Anfänge »Realienpädagogik«

Nächstenliebe notwendig. Das pädagogische Konzept, mit allem Tun die »Gottseligkeit« zu befördern, setzte August Hermann Francke (1663–1727) in den von ihm gegründeten Erziehungsanstalten in Halle um. In der protestantischen Kinder- und Jugendliteratur bewirkte der Pietismus eine enorme Zunahme an Gebets- und Erbauungsschriften. Ein Beispiel dafür ist Johann Jakob Rambachs (1693–1735) »Erbauliches Handbüchlein für Kinder« (1734), das Schulkinder in der pietistischen Glaubenspraxis unterweist und ihnen unter anderem zeigt, wie über die Schritte Sündenerkenntnis, Reue und Buße eine Bekehrung erreicht werden kann.

Anfänge der Sachliteratur: »Orbis pictus«

Im 16. Jh., dem Zeitalter der Entdeckungen und Erfindungen, als das ptolemäische Weltbild zerbrach und die modernen Naturwissenschaften entstanden, zeigten sich nach und nach die Schwächen eines Schulsystems, das gänzlich von den klassischen Sprachen dominiert wurde. Kritiker tadelten die Lebens- und Weltferne traditioneller Gelehrsamkeit sowie ihren Mangel an Systematik. Um den Erwartungen einer erhöhten rationalen Durchdringung von Alltag und Wissenschaft gerecht zu werden, forderten sie die Ausrichtung an einem neuen Bildungsideal. Ziel war es, von der abstrakten akademischen Lehre hin zu den Dingen selbst zu gelangen. Der eifrigste Verfechter dieser »Realienpädagogik«, dem es insbesondere um die Vermittlung nützlicher Kenntnisse und praktischer Fertigkeiten ging, war der Theologe Johann Amos Comenius (1592–1670).

Sein Elementarwerk »Orbis sensualium pictus« (1658) sollte den allerersten Zugang zum Wissen eröffnen. Der »Orbis pictus« gilt – je nach Sichtweise – als Ursprung des Sachbuchs oder des Bilderbuchs. Comenius' pädagogisches

„Orbis pictus" (1658) von Johann Amos Comenius. Das einleitende Gespräch zwischen Lehrer und Schüler über die „Weisheit" wird – wie der weitere Text auch – in deutscher und lateinischer Sprache abgedruckt.
Der „Orbis pictus" erfuhr zahllose Bearbeitungen und Nachahmungen, manche Autoren übernahmen nur den Titel, andere passten das Original immer wieder dem sich wandelnden Wissensstand an.

Comenius' »Orbis pictus« **Anfänge**

Johann Amos Comenius (1592–1670) gilt als der wichtigste Vertreter eines erneuerten philosophischen Christentums im 17. Jh. Comenius' Hauptanliegen war es, die Trennung der verschiedenen Wissensbereiche zu überwinden und alles Wissen (von Gott, der Welt, den Wissenschaften) in ein universales System zu überführen. Pansophischen Vorstellungen folgend, begriff er die Schöpfung als einen Prozess, der aus gestaltloser Einheit in Gott zur von Gott geschaffenen Mannigfaltigkeit der Welt und wieder zurück zu einer (höheren) göttlichen Einheit führte. Diese sah er in einem seiner Überzeugung nach unmittelbar bevorstehenden Friedensreich verwirklicht. Vor diesem Hintergrund ist auch Comenius Forderung nach einer allumfassenden, enzyklopädischen Bildung zu begreifen.

Programm prägen die Maximen Anschaulichkeit und Sinnlichkeit. Er war zudem einer der ersten Autoren, die altersspezifische Lernbedingungen berücksichtigten. Seine Methode sah vor, bei der Vermittlung des Stoffes vom Einfachen zum Komplizierten und vom Bekannten zum Unbekannten voranzuschreiten. Außerdem sollte der Anfangsunterricht in der Muttersprache stattfinden.

Diese Prinzipien sind im »Orbis pictus« berücksichtigt. In 150 Kapiteln gibt Comenius einen »kurzen Begriff der ganzen Welt« als ein harmonisch geordnetes Ganzes. In der Gesamtstruktur des Werkes kommt seine Vorstellung von einer göttlichen Allordnung zum Ausdruck, die er in seinen pansophischen Schriften thematisierte. Gott ist für den Theologen Comenius Ursprung und Ziel aller Dinge. Demgemäß handelt das erste Kapitel von Gott; es folgen Belehrungen über Erde und Himmel, Pflanzen- und Tierwelt, den Menschen, seine Umwelt, Berufe und Wissenschaften, bis mit dem abschließenden Kapitel zum Jüngsten Gericht dann der Ausgangspunkt wieder erreicht ist. Als Ersatz für die fehlende unmittelbare Anschauung sollten die zahlreichen Abbildungen des Werkes dienen. Nummern verweisen von den abgebildeten Gegenständen auf ihre deutsche und lateinische Bezeichnung. Damit hatte Comenius einen innovativen Weg zur Wissensvermittlung vorgeschlagen: von der Anschauung zur mutter- und fremdsprachlichen Bildung.

Bei diesem von Huldreich Becher (1795–1849) herausgegebenen „Neuesten Orbis pictus" (1843) handelt es sich um ein „Universal-Bilderlexikon" mit Begriffen in fünf Sprachen, 41 kolorierten Kupfertafeln und 1000 Abbildungen. Das Titelblatt zeigt Tiere und Allegorien.

Anfänge Bedeutung der Fabel

Unterhaltungslektüre: Fabeln, Volksbücher, Ritterromane

Nur selten verfolgten Autoren in der Anfangsphase der Kinder- und Jugendliteratur didaktische Absichten über den Umweg der Unterhaltung. Traditionell war es die Gattung der Fabel, die wegen ihrer schematischen Erzählstruktur, ihrer Kürze und Prägnanz sowie der zumeist explizit formulierten Lehre wegen als geeignete Lektüre für junge Leser angesehen wurde. In Deutschland standen am Beginn der literarischen Überlieferung der Fabel Bearbeitungen von Vorlagen des griechischen Dichters Aesop, der als Begründer der antiken Tierfabel gilt, obgleich seine historisch verbürgte Existenz zweifelhaft ist.

Kolorierter Holzschnitt zur ersten Druckausgabe von Ulrich Boners „Der Edelstein" (1461). Die Abbildung bezieht sich auf die Fabel von den Wölfen, den Hirten und den Hunden, in der die Treue der Hunde und die Arglist der Wölfe thematisiert werden. Auf jedem Bild findet sich die Figur des Erzählers, der auf die dargestellte Lehre verweist.

Im 14. Jh. stellte der Berner Dominikaner Ulrich Boner (ca. 1324–1349) die erste deutschsprachige Sammlung aesopischer Fabeln (»bispeln«) zusammen. Er nannte sein Werk »Der Edelstein«, weil es, wie er überzeugt war, manche wertvolle Weisheit enthielte. Diese berühmte Handschrift des Mittelalters wurde als erstes deutschsprachiges Buch 1461 in Bamberg gedruckt. Noch in der mittelalterlichen Form der Reimpaarfabel gestaltet, lassen sich die teils ernsten, teils komischen Taten der überwiegend tierischen Protagonisten gleichnishaft auf menschliche Schwächen und gesellschaftliche Zustände übertragen. Befördern wollte Boner mit den einfach und klar erzählten Beispielen die Klugheit im Handeln, für deren Erreichen in den abschließenden Lehren zuweilen mehrere Varianten angeboten werden. Auf Aesop beriefen sich in der Folge auch Martin Luther (»Etliche Fabeln aus Esopo«, 1557) und Burkhard Waldis (»Esopus«, 1548), der sich ganz ausdrücklich

Der legendäre antike Fabeldichter Äsop, Holzschnitt aus einer Fabelsammlung von Heinrich Steinhöwel, um 1476

»mit lachen die wahrheit sagen« **Anfänge**

junge Mädchen und Knaben als Leser wünschte. Nach der Reformationszeit verlor die Fabel an Ansehen, erst die Aufklärung schenkte ihr wieder größere Aufmerksamkeit.

Unterhaltsame Züge kennzeichnen auch die Tierepen, deren verschiedene Überlieferungszweige bis ins 12. Jh. zurückreichen. Auch hier spiegeln die handelnden Tiere – oft in satirischer Weise – das Verhalten des Einzelnen und der Gesellschaft. Das in Deutschland populärste Werk dieses Genres, der 1498 gedruckte niederdeutsche »Reinke de Vos«, hatte altfranzösische und niederländische Vorbilder. Während der »Reineke« jedoch nicht für junge Leser konzipiert war, wandte sich Georg Rollenhagen (1542–1609) mit dem »Froschmeuseler« (1595) ausdrücklich an die studierende Jugend. Die erheblich erweiterte und veränderte Fassung des antiken Tierepos vom »Froschmäusekrieg« kann als komische Tierdichtung, als beißende Gesellschaftssatire und als Klugheitslehre für junge Menschen aufgefasst werden. In Gesprächen und Monologen räsonieren Mäuseprinz Bröseldieb und Froschkönig Baußback ebenso über die richtige Lebensführung wie über Formen der Staatsführung und über Sinn und Unsinn des Krieges.

Holzschnitt-Titelblatt zum „Froschmeuseler" von Georg Rollenhagen in einer Ausgabe von 1596

Auch der »Froschmeuseler« ist allegorisch zu deuten und will erzieherisch wirken. Rollenhagen wollte »mit lachen die wahrheit sagen«. Tiere mit witzigen, sprechenden Namen vertreten Positionen, die letztlich alle darauf abzielen zu zeigen, dass die göttliche Ordnung absolut ist und jeder Versuch des Menschen, sie etwa durch Kriege oder einen Wechsel des Regierungssystems zu verändern, Unheil bringt. Es gibt nur eine Möglichkeit: die Welt so zu akzeptieren, wie sie ist.

„Lehret wie man sol Haußhalten / Vnd Weltlich Regiment verwalten. / Was rahtsam sey in Kriges noth. / Vnd das der außgang stehe bey Gott." Aus: „Froschmeuseler" (1595) von Georg Rollenhagen

»Volksbücher« und »Ritterromane« gehörten seit ihrer Entstehungszeit im späten Mittelalter zu den

Anfänge Frühneuhochdeutscher Prosaroman

Den Begriff **Volksbuch** führte der Romantiker Joseph Görres für Schriften mit einer langen, variierenden Rezeptionsgeschichte ein, die einen vermeintlich volkspoetischen Ursprung hatten. In der Literaturwissenschaft hat sich dafür der Begriff „frühneuhochdeutscher Prosaroman" durchgesetzt, der die Abgrenzung vom mittelalterlichen Versroman deutlich macht. Bis ins 16. Jh. hinein sind die deutschen Prosaromane Bearbeitungen von fremdsprachigen Vers- oder Prosavorlagen, insbesondere aus der französischen Epik.

Titelblatt zu „Geschichte von der schönen Magelone" in einer von Ludwig Richter illustrierten Ausgabe des Volksbuchs von 1838

beim Lesepublikum beliebtesten literarischen Gattungen. Obwohl bis zum Ende des 18. Jhs. die Kritik von Pädagogen und Theologen an den »unwahren« und deshalb »verderblichen« Romanen anhielt, begeisterten sich insbesondere Jugendliche für die spannenden Geschichten um Liebe und Abenteuer, die oft als billiger Massendruck auf grobem Papier veröffentlicht wurden. Bestseller der Frühen Neuzeit waren Prosaromane wie »Pontus und Sidonia« (dt. 1483) von Geoffroy Chevalier de Latour-Landry oder »Die schöne Magelona« (1535) von Veit Warbeck (um 1490–1534), die sich ins-besondere an junge Adlige richteten. Ihnen sollte ein fiktionales Abbild einer nicht nur tugend-, sondern auch lasterhaften Wirklichkeit präsentiert werden, das – trotz aller abenteuerlichen Ausschmückungen – letztlich auf eine belehrende Wirkung hin ausgerichtet war.

Die Grundmuster der Prosaromane der Frühen Neuzeit ähneln einander sehr. In „Pontus und Sidonia" etwa wird mit dem Königssohn Pontus das Ideal des vollkommenen Ritters zu einer Zeit beschworen, in der die ritterliche Lebenswelt des Mittelalters längst im Untergang begriffen war. Pontus verliebt sich in die Königstochter Sidonia, der ebenfalls tugendhafte Grafensohn Peter in Warbecks Roman „Die schöne Magelona" in die Königstochter Magelona. Die Trennung der Liebenden, Flucht, abenteuerliche Erlebnisse, Prüfungen und Bewährung in der Fremde und schließlich die durch unwahrscheinliche Zufälle herbeigeführten Happyends: Dies sind allesamt Motive, die diese und viele andere Werke der zeitgenössischen Erzählliteratur kennzeichneten und die bis ins 19. Jh. hinein Bestand hatten.

An Eigenständigkeit gewann der deutsche Prosaroman des 16. Jhs. durch den Colmarer Gerichtsschreiber Jörg Wickram (um 1505–vor 1562), der die populären Schemata mit neuen Inhalten ver-

Jörg Wickram **Anfänge**

band. Zum ersten Mal in der Literaturgeschichte wurden von ihm die Lebenswelt sowie die Werte des Bürgertums im Roman thematisiert. Dem »Geburtsadel« stellte Wickram den »Leistungsadel« des Bürgertums gegenüber, der sich nicht durch seinen privilegierten Stand, sondern durch eigenes Können legitimierte. In »Der Goldtfaden« (1557) verhelfen einem Bauernsohn ausgeprägte Tugendhaftigkeit gepaart mit enormer Tüchtigkeit zum sozialen Aufstieg, zur Ehe mit einer Grafentochter und zur Herrschaft.

Die Überzeugung, dass für den Erfolg im Leben nicht die Herkunft, sondern die individuelle Leistung entscheidend ist, vertritt Wickram auch in seinem ausdrücklich an Jugendliche gerichteten Erziehungsroman »Der Jungen Knaben Spiegel« (1554), den er selbst als ein »schön kurtzwyligs Büchlein« bezeichnete. Formale Neuerungen sind in der Überwindung der Linearität traditionellen Erzählens zu sehen und im Verzicht auf den sonst üblichen Hinweis auf die historische Authentizität des Dargestellten. Im Konventionellen verbleibt dagegen die Gestaltung der Figuren und die Anlage der Handlung, beides dient offenkundig dazu, den Lesern die pädagogischen Ziele des Autors zu vermitteln: Die konträren Biografien des tugend- und arbeitsamen Bauernsohnes Fridbert und des lasterhaften Rittersohnes Wilbald zeigen dem jungen Leser in Form eines Vorbilds einerseits und eines Abschreckungsmodells andererseits Muster für die eigene Lebensführung, als deren wesentliche Koordinaten Wickram den Erwerb umfangreichen Wissens, die Bereitschaft zur Anpassung an die gesellschaftliche Ordnung und den Willen zu sozialer Mobilität sieht.

Holzschnitt zu „Der Jungen Knaben Spiegel" (1554) von Jörg Wickram. Die Szene zeigt den gemeinsamen Unterricht Wilbalds und Fridberts bei dem Pädagogen Felix.

Aufklärung   Selbstbewusstes Bürgertum

„Aufklärung ist der Ausgang des Menschen aus seiner selbstverschuldeten Unmündigkeit. Unmündigkeit ist das Unvermögen, sich seines Verstandes ohne Leitung eines anderen zu bedienen. Selbstverschuldet ist diese Unmündigkeit, wenn die Ursache derselben nicht am Mangel des Verstandes, sondern der Entschließung und des Mutes liegt, sich seiner ohne Leitung eines andern zu bedienen. Sapere aude! Habe Mut, dich deines eigenen Verstandes zu bedienen! ist also der Wahlspruch der Aufklärung." Aus: Immanuel Kant (1724–1804) „Was ist Aufklärung?" (1784)

1740–1786 Regierungszeit des preußischen Königs Friedrich II., der Große
1740 Friedrich II. von Preußen verkündet das Toleranzedikt der Religion
1747 Der Prediger Johann Julius Hecker richtet in Berlin die erste deutsche Realschule ein.
1755 Erdbeben von Lissabon
1756–1763 Siebenjähriger Krieg zwischen Preußen und Österreich
1772 Lessings bürgerliches Trauerspiel „Emilia Galotti" wird uraufgeführt.
1774 Eröffnung des ersten deutsche Philanthropins in Dessau

Maurice Quentin de Latour, Porträt Jean-Jacques Rousseau, 1753.
„Die Kindheit hat eine eigene Art zu sehen, zu denken und zu fühlen, und nichts ist unvernünftiger, als ihr unsere Art unterschieben zu wollen." Rousseau „Emil oder Über die Erziehung" (1762/1971)

Rousseau und die Folgen

Die Kernidee der Aufklärung bestand in der Annahme, dass der Mensch fähig sei, aus seiner »geistigen Dunkelheit« herauszutreten, durch systematischen Gebrauch der Vernunft zu fortschreitender Selbst- und Welterkenntnis sowie zu individueller Vollkommenheit und einem gesellschaftlich zweckmäßigen Handeln zu gelangen. Diese optimistische Grundhaltung korrespondierte mit dem zunehmenden Selbstbewusstsein des Bürgertums im 18. Jh., das sich vom politisch führenden Adel zu emanzipieren begann. Die wachsende Durchlässigkeit der vormals starren Standesgrenzen und die damit verbundene Flexibilisierung der Lebensformen führte auch zu einem Wandel des traditionellen Kindheitskonzepts. Dazu kam die Erkenntnis vom prinzipiellen Unterschied zwischen Kindheit und Erwachsensein, den als erster Jean-Jacques Rousseau (1712–1778) in seiner Schrift »Emil oder Über die Erziehung« (1762) formuliert hatte. In der Folge galt Kindheit nicht länger nur als Phase der Vorbereitung auf den Erwachsenenstatus, sondern erhielt einen Eigenwert. Kindern wurde eine Sonderstellung im sich herausbildenden bürgerlichen Familienmodell eingeräumt. Die Familie bot ihnen den Schonraum für eine ungestörte Entwicklung und – im Idealfall – eine repressions-

Junge Menschen zu Weltbürgern erziehen **Aufklärung**

freie, von Liebe und persönlicher Zuwendung geprägte Erziehung. Allerdings verband sich damit zugleich eine Ausgrenzung aus der Sphäre der Erwachsenen, kindliches Handeln galt von nun an als spielerisches Probehandeln, dem keine gesellschaftliche Bedeutung beigemessen wurde.

Philanthropistische Kinderliteratur

Für die Entwicklung der Kinder- und Jugendliteratur waren die literarisch-philosophischen Ideen der Aufklärung insofern bedeutungsvoll, als sie die philanthropistische Pägagogik beeinflussten, die sich in der zweiten Hälfte des 18. Jhs. herausbildete. In Deutschland begeisterten sich die Philanthropisten (Menschenfreunde) um Johann Bernhard Basedow (1724–1790) für Rousseaus Thesen zur »natürlichen Erziehung«. Basedow entwickelte ein innovatives, auf die Natur der Kinder abgestimmtes pädagogisches Programm, das durch eine vernunftorientierte, praxisbezogene Erziehung die »Glückseligkeit« des Einzelnen und die »Gemeinnützigkeit« des Handelns befördern wollte. Als Alternative zur lateinischen Schulgelehrsamkeit wurden neuartige Bildungsinstitute, so genannte Philanthropine, gegründet, in denen man junge Menschen zu »Weltbürgern« erziehen wollte. Neben Latein und Griechisch standen moderne Fremdsprachen (Englisch, Französisch), Mathematik und naturwissenschaftliche Fächer auf dem Stundenplan, aber auch Garten- und Feldarbeit, Sport und Spiel wurden für die Ausbildung als bedeutsam erachtet. Auf körperliche Züchtigungen wollte man verzichten, statt dessen sollte der Umgang zwischen Lehrern und Schülern von Liebe, Freundschaft und brüderlicher Zuneigung geprägt sein.

Bücher galten den Philanthropisten als unverzichtbare Hilfsmittel zur Umsetzung ihres Erziehungskon-

Johann Bernhard Basedows Idealvorstellung des Philanthropins in Dessau nach einem Kupferstich von Daniel Chodowiecki. 1774 wurde das Institut eröffnet, in dem Knaben zu „Vertragsamkeit und Menschenfreundschaft" erzogen werden sollten. Einen besonders großen Anteil in Basedows pädagogischem Konzept hatten sinnlich-spielerische Elemente und körperliche Betätigung (u. a. Sport und Gartenarbeit).

Aufklärung Philanthropisten

„Die Schulstunde" (um 1770) von Georg Melchior Kraus (1737–1806) macht die geänderten Erziehungsvorstellungen der Aufklärung deutlich.

zepts. Allerdings forderten sie eine neue Literatur für junge Leser, die ebenfalls vom Kind ausgehen sollte. Reformer wie Christian Gotthilf Salzmann, Christian Felix Weiße, Eberhard von Rochow und vor allem Joachim Heinrich Campe »erfanden« zwischen 1770 und 1790 gewissermaßen die moderne Kinderliteratur und prägten deren inhaltliches wie ästhetisches Profil. Sie waren darum bemüht, sich zu ihrem Publikum herabzubeugen, sich in Sprache und Gehalt kindlichen Erfahrungen und Erlebniswelten anzupassen und wollten insgesamt auf die Bedürfnisse und Fähigkeiten Heranwachsender Rücksicht nehmen. Die Kehrseite einer solchen »kindgemäßen« Literatur bestand in der Abtrennung von der Allgemeinliteratur. In der zweiten Hälfte des 18. Jhs. entstand so eine spezifische Kinder- und Jugendliteratur: Literatur, die bewusst für junge Zielgruppen konzipiert und produziert wurde, bildete in der Folge ein selbstständiges Segment des Literatursystems mit einem eigenen Markt und eigenen Institutionen.

Das Gattungsprofil der philanthropistischen Kinder- und Jugendliteratur, die fast durchgängig Belehrung mit Unterhaltung und »Nutzen« mit »Vergnügen« zu verbinden suchte, war zum einen durch eine Neuakzentuierung älterer Formen wie z. B. der Tugendliteratur oder der Fabeln gekennzeichnet. Darüber hinaus entstanden aber auch neue Genres, insbesondere zu kommunikativen, geselligen und unterhaltenden Zwecken, durch die sich das Gesamtspektrum der Kinder- und Jugendliteratur erheblich ausweitete. Vor allem ist hier auf Lieder, Spiel- und Beschäftigungsbücher sowie Zeitschriften hinzuweisen.

Spielerisches Lernen **Aufklärung**

Unterhaltungsschriften: Lieder, Almanache, Fabeln

In der Zeit des Philanthropismus erschienen erstmals Bücher, die Kindern und Jugendlichen ausdrücklich zum Zeitvertreib und zur Unterhaltung dienen sollten. Damit waren jedoch pädagogische Zielsetzungen nicht ausgeschlossen. Nur standen die bis dahin dominierenden Belehrungen nicht länger aufdringlich im Vordergrund, sondern wurden eher beiläufig eingestreut oder erzählerisch eingebunden. Auch die Lehrmethoden selbst wandelten sich. Wissen sollte nicht mehr durch Drill und stures Auswendiglernen erworben, Verhalten nicht länger durch strikte Anweisungen oder körperliche Bestrafung geändert werden. Gefordert wurde ein spielerisches Lernen, das Vergnügen bereitet. Sanktionen waren überflüssig, wenn die jungen Leser den zahlreichen positiven Vorbildern nacheiferten, die ihnen die Erzählliteratur bot. Vor allem in Sammelwerken wie Lesebüchern, Almanachen, Anthologien und Zeitschriften wird der Spagat zwischen unterhaltenden und moralisch belehrenden Zielsetzungen deutlich.

Eine inhaltliche Umgestaltung erfuhren zum Beispiel Lieder, Gedichte und Reime. Bis zur Aufklärung lernten Kinder fast ausschließlich Volkslieder oder geistliche Lieder kennen. Weil diese Texte aufgrund ihrer langen mündlichen Überlieferung noch zahlreiche Elemente des Aberglaubens und der Volksfrömmigkeit enthielten, empfand der Schriftsteller Christian Felix Weiße (1726–1804) sie als so unpassend für Heranwachsende, dass er selbst moralische »Lieder für Kinder« (1767) dichtete, die sich wie Fabeln gleichnishaft auf konkrete Moral- oder

> „Komm lieber May, und mache / Die Bäume wieder grün, / und laß mir an dem Bache / Die kleinen Veilchen blühn! / Wie möcht' ich doch so gerne / Ein Blümchen wieder sehn! / Ach lieber May, wie gerne / Einmal spaziren gehen!"
> „An den May" von Christian Adolf Overbeck, in: „Frizchens Lieder", 1781

Seite aus „Kleine Lieder für Kinder" (1777) von Christian Felix Weiße

Aufklärung   Joachim Heinrich Campe

Joachim Heinrich Campe (1746–1818), Der in Deensen bei Holzminden geborene Campe setzte sich intensiv für eine aufklärerische Kinder- und Jugendliteratur in Deutschland ein. Nach seinem theologischen Studium war er Hauslehrer, u. a. für Alexander und Wilhelm von Humboldt. Anschließend arbeitete er als Erzieher am Philanthropin in Dessau, später leitete er sein eigenes Erziehungsinstitut in Hamburg. 1786 wurde Campe in das Herzogtum Braunschweig berufen, wo er sich große Verdienste als Schulreformer, Kinder- und Jugendbuchautor, Sprachforscher und Verleger erwarb. Die Gesamtausgabe seiner Kinder- und Jugendschriften umfasst 38 Bände. Außerdem gab er das pädagogische Grundlagenwerk „Allgemeine Revision des gesammten Schul- und Erziehungswesens" in 16 Bänden (1785– 1792) heraus. Aus der von Campe 1787 gegründeten „Braunschweigischen Schulbuchhandlung" gingen die Verlage Westermann und Vieweg hervor.

Tugendlehren hin ausdeuten ließen. Speziell an Kinder wandte sich auch Christian Adolf Overbeck (1755–1821) mit »Frizchens Lieder« (1781), die eher spielerisch gestaltet waren und noch etwas vom tändelnden Stil der Anakreontik verrieten. Overbecks Verse stellten die Empfindungen von Kindern deutlich in den Vordergrund, moralisch-didaktische Tendenzen traten dahinter zurück. Rudolf Christoph Lossius (1760–1819) schließlich grenzte sich mit seiner Sammlung »Lieder und Gedichte« (1787) von Weißes strengem Moralismus ab, indem er die positive Wirkung der Poesie auf »die Bildung des Verstandes und Veredlung des Herzens der Menschen« betonte. Er setzte auch neue ästhetische Akzente, insofern er mit seinen Versen explizit zur Verfeinerung des literarischen Geschmacks bei jungen Lesern beitragen wollte. Zu diesem Zweck ahmte er Gedichte der Allgemeinliteratur mit veränderten Inhalten für Kinder nach.

Auch Joachim Heinrich Campe (1746–1818) war zeitweilig bestrebt, Werke der Gegenwartsliteratur für Kinder zugänglich zu machen. In den Almanachen der »Kleinen Kinderbibliothek« (1779–1785), die jeweils zur Frühjahrs- und Herbstmesse erschienen, bot er für drei verschiedene Altersstufen poetische Unterhaltung als angenehmen und vergnüglichen Zeitvertreib. Campe wählte überwiegend Werke der zeitgenössischen Belletristik aus, die sich auf die kindliche Erfahrungswelt bezogen, ein positives Menschenbild vermittelten, das Alltagsleben in Stadt und Land thematisierten und der jeweiligen Jahreszeit

Joachim Heinrich Campe, Porträt von einem unbekannten Künstler aus der zweiten Hälfte des 18. Jhs.

Blütezeit der Fabel **Aufklärung**

entsprachen. Dabei scheute er sich nicht, auch Texte anerkannter Dichter umzuarbeiten, damit junge Leser sie verstünden. Mit Gedichten, Liedern, Fabeln und Schauspielen beteiligten sich an diesen philanthropistischen Lesebüchern neben dem Herausgeber unter anderem Johann Wilhelm Ludwig Gleim, Christian Fürchtegott Gellert, Gottlieb Konrad Pfeffel, Christian Felix Weiße, Matthias Claudius und Christian Adolf Overbeck, aber auch Anna Luise Karsch und Karl Philipp Moritz.

Die traditionsreiche Gattung der Fabel erlebte eine ungeahnte Blüte. Den Aufklärern galt sie als vollkommene Verwirklichung ihrer Vorstellung, auf poetische Weise moralischen Nutzen zu stiften. Bekannte Sammlungen wie die von Christian Fürchtegott Gellert (»Fabeln und Erzählungen«, 1746) oder Gotthold Ephraim Lessing (»Fabeln«, 1759) richteten sich gleichermaßen an Kinder wie Erwachsene. Beide Dichter führten theoretische Ansätze weiter, die Johann Christoph Gottsched bereits 1730 in seinem »Versuch einer Critischen Dichtkunst« formuliert hatte. Der Fabel sollte zusammen mit anderen didaktischen Gattungen ein fester Platz in der deutschen Poetik gesichert werden. Allerdings war eine solche Zuordnung von jeher umstritten gewesen, weil sich die Lehrdichtung nicht mit dem von Aristoteles formulierten und noch immer als gültig erachteten poetischen Grundprinzip der Naturnachahmung (Mimesis) erklären ließ. Als sich nach 1770 die Genie-Bewegung mit ihrer Verweigerung jeder Regelfixierung in der Dichtkunst und der Favorisierung von poetischen Kategorien wie Erfindung und Originalität durchsetzen konnte,

> „Wenn wir einen allgemeinen moralischen Satz auf einen besondern Fall zurückführen, diesem besondern Falle die Wirklichkeit ertheilen, und eine Geschichte daraus dichten, in welcher man den allgemeinen Satz anschauend erkennt: so heißt diese Erdichtung eine Fabel."
> Aus „Abhandlungen" (1759) von Gotthold Ephraim Lessing

Lithografie zu Fabeln von Jean de La Fontaine von 1855. Die Fabel „Grille und Ameise" spielt in dieser Version in der Menschenwelt.

Aufklärung ABC-Bücher – auch für die Freizeit

verloren die didaktischen Gattungen zunehmend an Bedeutung. In der Trias der »Naturformen der Dichtung« (Lyrik, Epik, Drama), die sich in der deutschen Klassik zum poetologischen System festigte, wurde die belehrende Literatur nicht berücksichtigt. Sie fand – von Einzelbeispielen abgesehen – ihren Platz fortan vor allem in der Kinder- und Jugendliteratur.

ABC- und Lesebücher

Frühzeitiges Lesenlernen galt den Philanthropisten als notwendige Voraussetzung für die Erziehung zu rationalem Denken und Handeln. Volksschulen übernahmen diese Aufgabe erst in geringem Umfang. Zwar hatten einige deutsche Staaten bereits im 17. Jh. die allgemeine Schulpflicht verfügt, doch von deren Durchsetzung war man noch weit entfernt, einer der Gründe weshalb zahlreiche, im Unterricht oder in der Freizeit zu nutzende ABC- und Lesebücher erschienen, die Fünf- bis Sechsjährige mit den Anfangsgründen des Lesens und Schreibens vertraut machen sollten. Nach dem Alphabet geordnet und durch – oft kolorierte – Bilder veranschaulicht, wurden die Buchstaben einzeln, in passenden Wörtern und kleinen Texten präsentiert. Gern vermittelten die Autoren damit zugleich erste moralische und zuweilen auch religiöse Lehren. So enthält etwa Christian Felix Weißes »Neues A, B, C, Buch« (1772) neben dem alphabetischen Teil noch »Leseübun-

Zu jedem Buchstaben des Alphabets werden in Joachim Heinrich Campes „Bilder-Abeze" (zuerst 1778) eine Szene und verschiedene Gegenstände abgebildet. Jeweils auf der linken Seite ist ein dazu passender Text abgedruckt.

gen und Unterhaltungen« mit kurzen Sittenlehren, Gedenksprüchen, Erzählungen, Fabeln, Liedern und Gebeten. Neu war, dass die Stücke unterhaltsam gestaltet waren und damit dem aufklärerischen Grundsatz folgten, dass sich Aussagen zur Moral am besten durch Beispielerzählungen einprägten. Dieses Muster wurde später für das Schullesebuch übernommen. Karl Philipp Moritz (1756–1793) etwa, der mit seinem psychologischen Bildungsroman »Anton Reiser« (1785–1790) wichtige Impulse für die Entwicklung des modernen Romans gegeben hatte, stellte in seinem »Neuen A.B.C. Buch« (1790) nicht nur die großen und kleinen Buchstaben, die arabischen und römischen Zahlen auf illustrierten Tafeln vor, sondern wollte mit den beigefügten Texten über philosophische Grundbegriffe die Leseeleven zugleich im Denken schulen.

> Der Text zum Buchstaben „C" in Campes „Bilder-Abeze" lautet:
> „**Christel und Chloe**
> **Chloe:** O lieber Bruder, bleib doch hier! Ich schenk auch meine Puppe dir.
> **Christel:** Hab Dank, du gutes Schwesterchen! Die Glocke ruft, muß in die Schule gehn.
> **Chloe:** Ach, was willst in der Schule machen?
> **Christel:** Da lern ich lauter schöne Sachen und werd ein gutes, frommes Kind.
> **Chloe:** Will mit dir gehn, geschwind, geschwind!"

Sittenbücher

Werke, die eine Herz und Verstand gleichermaßen ansprechende sittlich-moralische Elementarbildung noch vor jeder religiösen Unterweisung vermitteln wollten, bilden eine zentrale Gattung der Kinder- und Jugendliteratur der Aufklärung. Die religiös motivierte Jenseitsorientierung früherer Sittenlehren hatte sich völlig auf Diesseitiges verschoben und die höfisch-ständische Ausrichtung war weitgehend einer bürgerlich-utilitaristischen gewichen. Wer den dreifachen Kreis der Pflichten gegenüber sich selbst, gegenüber anderen und gegenüber der Gesellschaft beachtete, durfte mit Glückseligkeit und Zufriedenheit rechnen und damit, das höchste Ziel aufgeklärter Sittlichkeit zu erreichen, nämlich als nützliches Mitglied der Gesellschaft anerkannt zu werden.

Im »Katechismus der Sittenlehre für das Landvolk« (1771) des Juristen Johann Georg Schlosser (1739–1799), einem Schwager Goethes, geben »Abendgespräche« eines Gutsverwalters mit Dorfkindern sowie zahlreiche Beispielgeschichten den erzählerischen Rahmen ab für eine sittlich-moralische Unterweisung. Schlosser vertrat in enger Anlehnung an Rousseau eine radikal

> **Volksaufklärung** bezeichnet eine Erziehungsbewegung der Aufklärung, der es darum ging, der bäuerlichen Bevölkerung auf dem Lande und in den städtischen Unterschichten aufgeklärtes Denken und Handeln zu vermitteln und insbesondere durch Angebote zu praktischer Lebenshilfe gegen Aberglauben und bäuerlichen Traditionalismus anzukämpfen.

Aufklärung Moralische »Elementarbücher«

»natürliche Denkart« und verzichtete deshalb gänzlich auf die zuvor übliche religiöse Begründung der Pflichten. Sittliches Handeln hatte für ihn ausschließlich einen direkten innerweltlichen Nutzen. Im Zusammenhang mit Rousseau ist auch die Adressierung an das »Landvolk«, speziell an dessen Kinder, zu sehen. Der ländlichen Bevölkerung wurde eine einfache und natürliche Denkungsart unterstellt, aufgrund derer sie Bemühungen um eine Verbesserung ihrer Vernunft und Sittlichkeit eher zugänglich gewesen sei als jene Menschen, die in der vermeintlich Sitten verderbenden Atmosphäre der Städte und Höfe lebten.

1777 unternahm es Joachim Heinrich Campe, Schlossers Werk für Kinder des gehobenen städtischen Bürgertums umzuarbeiten. Sein »Sittenbüchlein für Kinder ab etwa sechs Jahren aus gesitteten Ständen«, das »Sprache, Verstand und Empfindungen« schulen will, hält sich inhaltlich eng an die Vorlage, nimmt aber Rücksicht auf die unterschiedlichen Adressatengruppen. So unterließ es Campe, vor Rauferei und Trunksucht zu warnen, fügte aber unter anderem einen Passus über den Hochmut ein, ein Laster, das er offenbar eher bei den Bürgerkindern vermutete. Und während Schlosser seine Lehren durch Beispiele aus dem ländlichen und bäuerlichen Leben illustrierte, bevorzugte Campe Geschichten aus dem Kaufmannsmilieu.

Zu den exemplarischen Kinderschriften des Philanthropismus zählt auch das »Moralische Elementarbuch« (1782/83) des Pfarrers Christian Gotthilf Salzmann (1744–1811), der zeitweilig am Dessauer Philanthropin tätig war und später eine eigene Erziehungsanstalt in Schnepfenthal gründete. Das »Elementarbuch« war als Lehrbuch für die erste Stufe des Religionsunterrichts für etwa sechs- bis achtjährige Kinder konzipiert. Es folgte Salzmanns Vorstellung von christlicher Erziehung, wonach bei Kindern zuerst ein Gefühl für Gott entwickelt werden müsse, bevor biblischer und katechetischer Unterricht wirksam werden könne. Anschauliche Geschichten sollten zunächst zur Gesinnungsbildung beitragen, die dann den Erkenntnisge-

»Erfahrene Ratgeber für die unerfahrene Jugend« **Aufklärung**

winn nach sich zöge. Eher als es durch Vorschriften möglich sei, wollte Salzmann auf diese Weise das Kind dazu bringen, »daß es das Gute liebt und das Böse verabscheuet«. Im »Elementarbuch« sollte das Unterhaltungsbedürfnis der jungen Leser durch eine umfangreiche Rahmenerzählung aus dem Leben einer Kaufmannsfamilie und durch Beispielgeschichten aus dem kindlichen Erfahrungsbereich befriedigt werden. Gesteigert wurden Attraktivität und sinnliche Erfahrbarkeit des Textes durch mehr als sechzig Kupferstiche nach Zeichnungen von Daniel Chodowiecki (1726–1801), der berühmt war für seine realistischen und detailgetreuen Darstellungen des bürgerlichen Alltags.

Kupferstich nach Daniel Chodowiecki zu dem Satz „Was für ein haeßliches Ding ist nicht die Unreinlichkeit" aus dem „Moralischen Elementarbuch" (Auflage von 1787) von Christian Gotthilf Salzmann

Ratgeber für die Jugend
Mussten die Autoren von Sittenlehren für Kinder sich deren begrenzter intellektueller Auffassungsgabe anpassen, so war eine solche Rücksichtnahme bei den Werken für Jugendliche nicht mehr notwendig. Mit Vorliebe wählte man im 18. Jh. die Form des elterlichen Rates, in dem die zeitgenössische Vorstellung eines von Empathie und Vertrauen bestimmten Verhältnisses zwischen den Familienangehörigen deutlich wurde. Besonderes Ansehen genossen wiederum Publikationen aus der Feder des ungemein emsigen Joachim Heinrich Campe. Mit »Theophron oder der erfahrene Ratgeber für die unerfahrene Jugend« (1783) und – als weibliches »Gegenstück« dazu – »Väterlicher Rath für meine Tochter« (1789) veröffentlichte er zwei Jugendschriften, die sich in ihrer konservativen Tendenz von der Modernität seines kinderliterarischen Œuvres abheben. In beiden Werken folgte Campe dem Modell eines weisen und erfahrenen Vaters, der mit Ratschlägen seine Kinder vor den Gefahren bewahren will, die, Naturgewalten, Strudeln,

Aufklärung   Endgültiger Durchbruch der Sachliteratur

Frontispiz zu „Väterlicher Rath für meine Tochter" (1789) von Joachim Heinrich Campe

Klippen oder wilden Tieren gleich, ihre Tugend und Glückseligkeit fortwährend bedrohen. Den männlichen Jugendlichen werden insbesondere Regeln für den Beruf und den Umgang mit anderen Menschen mitgegeben, junge Mädchen bereitet das Buch auf ihre Rollen als »beglückende Gattinnen, bildende Mütter und weise Vorsteherinnen des innern Hauswesens« vor. Wie schon an anderen Stellen, so wettert Campe auch hier gegen die »Lesewuth«, mit der sich, einer weitverbreiteten Meinung der Zeit zufolge, bevorzugt weibliche Jugendliche infizierten. Die häufige Lektüre von Romanen führe zu Empfindsamkeit und Schwärmerei, verursache Nervenkrankheiten und zerrütte schließlich Ehe und Familie. Campe gab den aufklärerischen Grundsatz von der Gleichheit aller Menschen zugunsten einer traditionellen Rollenfixierung auf, die weit über das 19. Jh. hinaus Bestand hatte.

„Die Lesesucht ist ein thörigter, schädlicher Mißbrauch einer sonst guten Sache, ein wirklich großes Uebel, das so ansteckend ist, wie das gelbe Fieber in Philadelphia; sie ist die Quelle des sittlichen Verderbens für Kinder und Kindes Kinder. [...] Verstand und Herz gewinnt nichts dabei, weil das Lesen mechanisch wird; der Geist verwildert an statt veredelt zu werden." Aus: Johann Gottfried G. Hoche „Vertraute Briefe über die jetzige abentheuerliche Lesesucht" (1794)

Die Welt entdecken: Sachliteratur

Nach zunächst singulären Erfolgen wie Comenius' »Orbis pictus« erlebte die Sachliteratur im Zeitalter des Rationalismus ihren endgültigen Durchbruch. Im 18. Jh. wurden zum letzten Mal Versuche unternommen, die Gesamtheit des Wissens systematisch zu ordnen und für eine universale Weltaneignung bereit zu stellen. Deutlich zeigte sich dieses an den umfangreichen Enzyklopädien, die im 18. Jh. erschienen. Den Höhepunkt der Entwicklung bildete das von Denis Diderot und Jean Le Ronde d'Alembert herausgegebene 35-bändige Universallexikon »Encyclopédie ou Dictionnaire raisonné des sciences, des arts et des métiers« (1751–1780). Davor hatte in Deutschland bereits Johann Heinrich Zedler sein 68 Bände umfassendes »Grosses vollständiges Universal-Lexicon Aller Wissenschaften und

Enzyklopädische Weltaneignung **Aufklärung**

Künste« (1732–1754) vorgelegt. In diesem Kontext ist auch die Entwicklung der Sachliteratur für Kinder und Jugendliche in der Zeit der Aufklärung zu sehen. Behandelt wurden alle Gebiete der Wissenschaften, Handwerke und Künste bis hin zu exotischen Gegenständen und Kuriositäten. Im Unterschied zu den Lexika für ein allgemeines Publikum zeichneten sich diejenigen für Heranwachsende durch lebendige und unterhaltsame Darstellungen aus. Ein solches »Amüsiermittel« für die Kinderstube legte Friedrich Justin Bertuch (1747–1822) mit seinem »Bilderbuch für Kinder« (1790–1830) vor. Schon der Umfang: zwölf Bände mit mehr als 6 000 Abbildungen auf fast 1 200 Tafeln –, verweist auf den enzyklopädischen Anspruch des Werkes. Die sachgerechten, auf das Wesentliche konzentrierten Illustrationen zeigen Bekanntes und Aktuelles, aber auch Fremdes und Seltenes. Bertuchs Bilderbuch hatte kaum etwas mit der älteren Sachliteratur gemein, denn es wollte zur selbstständigen, kreativen Beschäftigung anregen, beispielsweise zum Ausschneiden und Kolorieren der Bilder. Um den Unterhaltungswert zu erhöhen, wurde ganz bewusst darauf verzichtet, die immense Stofffülle zu systematisieren. Der Betrachter sollte selbst auf Entdeckungsreise gehen und beim Blättern immer wieder auf neue und unerwartete Dinge stoßen. In gleicher Weise den Prinzipen der Anschaulichkeit und ungeordneten Mannigfaltigkeit verpflichtet, war die »Neue Bilder Gallerie für junge Söhne und Töchter« (1794–1812), eines der bedeutsamsten enzyklopädischen Werke für junge Leser. Daniel Rumpf (1766–1839) und Carl Lang (1766–1822) stellten in 15 Bänden Artikel zu fast allen Gebieten menschlichen Wissens zusammen, mit denen sie zu einem

Kupfertafel mit Abbildungen verschiedener Trachten aus Friedrich Justin Bertuchs „Bilderbuch zum Nutzen und Vergnügen der Jugend" (Auflage 1801)

Aufklärung Pädagogisch fundierte Unterhaltungsliteratur

Titelblatt zum ersten Band von „Neue Bilder Gallerie für junge Söhne und Töchter zur angenehmen und nützlichen Selbstbeschäftigung aus dem Reiche der Natur, Kunst, Sitten und des gemeinen Lebens" (1794), herausgegeben von Daniel Rumpf

aufgeklärten Verhältnis zur Natur und zur wissenschaftlichen Erkenntnis beitragen sowie Vorurteile und Aberglauben abbauen wollten. Auch Johann Bernhard Basedow (1724–1790) hatte sich bei der Konzeption seines »Elementarbuchs für die Jugend« (1770) von dem Gedanken leiten lassen, Kindern und Jugendlichen die Gesamtheit menschlicher Erkenntnis, von den Realien bis hin zu moralischen Erörterungen, zu vermitteln. Zusammen mit methodisch-didaktischen Anleitungen für Eltern und Erzieher und einem Sammelband mit Abbildungen entstand so eine »Elementarische Bibliothek«, ein groß angelegtes Projekt, das Basedow mit der Unterstützung vieler »Sponsoren« verwirklichen konnte.

Kinderliterarische Geselligkeit

Neue Gattungen brachte die Kinder- und Jugendliteratur nach 1750 insbesondere in den Bereichen hervor, in denen Kommunikations- und Geselligkeitsformen der bürgerlichen Öffentlichkeit Eingang in die Kinderwelt fanden. Dazu gehörten insbesondere Gymnastik-, Bastel- und Beschäftigungsbücher. Das erste pädagogisch fundierte Spielebuch gab Johann Friedrich Guts-Muths (1759–1839) heraus, der als Lehrer an der Salzmannschen Erziehungsanstalt in Schnepfenthal tätig war. Er erfasste über hundert »Spiele zur Uebung und Erholung des Körpers und Geistes« (1796), die ihm als probates Mittel gegen Langeweile und sinnvolle Form der Freizeitgestaltung galten. GutsMuths Anleitungen wirkten im Übrigen auch nachhaltig auf die weitere Entwicklung des Kinder- und Schulsports ein.

Zwar betonten die Philanthropisten immer wieder die Freiheit und Ungebundenheit des kindlichen Spiels,

Zeitschriften für Kinder Aufklärung

doch konnten sie der Versuchung nicht widerstehen, über inhaltliche Vorgaben aufklärerisches Denken zu fördern. Das zeigt etwa Johann Gottlieb Schummels (1748–1813) beliebte dreibändige Sammlung »Kinderspiele und Gespräche« (1776–1778). Schummel ging von einer natürlichen Spiellust bei Kindern aus, die er mit Gesellschafts- und Wissensspielen, kleinen Szenen, Dialogen und Schauspielen auf unterhaltsame Weise befriedigen und zugleich mit mancherlei sachlicher oder moralischer Unterweisung verbinden wollte. Da sollten Tierbilder erklärt und Tugenden erraten oder Lobreden auf den Aufklärungsdichter Gellert gehalten werden. Mit der Kombination von Zeitvertreib und spielerischen Formen des Lernens entsprach Schummels Werk ganz der zeitgenössischen Pädagogik.

Christian Felix Weiße übertrug das Prinzip der Moralischen Wochenschriften auf die Kinderliteratur. »Der Kinderfreund« (1776–1782), nicht die einzige, damals aber bekannteste Zeitschrift speziell für junge Leser, sollte Kinder frühzeitig zum rationalen Diskurs befähigen. Die Beiträge waren eingebunden in ein Rahmenkonzept, das dem liberalen Erziehungsmodell der bürgerlichen Kleinfamilie entsprach, wie es sich in diesen Jahrzehnten durchsetzte. Im Mittelpunkt steht der selbstlose Vater »Mentor« (nach dem Vorbild von Fénelons »Telemach«, siehe S. 14f.), der ausschließlich das Wohlergehen und die Bildung seiner Kinder im Sinn hat. Neben den vier Geschwistern zählen noch einige Freunde des Hauses und – eher am Rande – die Mutter zur Familie. Jede Figur verkörpert einen spezifischen Charakter und eine andere Denkweise. In den oft durch die Interessen oder Beobachtungen der Kinder angestoßenen Gesprächen, aber auch in Liedern, Gedichten, Erzählungen, Briefen, Rätseln, Märchen und Schauspielen werden Sach-

Kupferstich-Frontispiz von Daniel Chodowiecki zum ersten Band „Kinderspiele und Gespräche" (1776) von Johann Gottlieb Schummel

Moralische Wochenschriften waren ein Zeitschriftentyp der Aufklärung für das gebildete Bürgertum, in dem nach englischem Vorbild Themen aus dem bürgerlichen Alltag, dem religiösen und gesellschaftlichen Leben, der Sprache und der Literatur behandelt wurden. Ihre literarhistorische Bedeutung lag in der Förderung der weltlichen Literatur durch entsprechende Leseempfehlungen.

Aufklärung   Das Jahrhundert der Briefe

Titelblatt zu „Neuer Kinderfreund" (1818) von Karl August Engelhardt und Dankegott Immanuel Merkel.
Die „Kinderfreund"-Literatur der Aufklärung wird im 19. Jh. unter stärkerer Betonung des Unterhaltungsaspekts fortgeführt.

themen aus Naturkunde, Geografie und Volkskunde behandelt, Anregungen zur Bildung des Kunst- und Literaturgeschmacks gegeben, vor allem aber Werte wie Tüchtigkeit, Ehrlichkeit, Rechtschaffenheit, Genügsamkeit und Wohltätigkeit herausgestellt. Diesem originär bürgerlichen Tugendkanon kam eine sozialintegrative Bedeutung zu, weil durch ihn junge Menschen zu nützlichen Mitgliedern der Gesellschaft geformt werden sollten. Politisch jedoch verharrte der »Kinderfreund« in einer affirmativen Grundhaltung, denn trotz gelegentlicher Adelskritik wurde der Ständestaat selbst nicht in Frage gestellt.

Kommunikation war ein Zauberwort der Aufklärung: Man traf sich zum Gespräch in Salons und Kaffeehäusern, und wenn man nicht persönlich miteinander reden konnte, schrieb man Briefe. So ging das 18. Jh. auch als das Jahrhundert des Briefes in die Kulturgeschichte ein. Diese Ausdrucksform bürgerlicher Gesellschaft fand ebenfalls Eingang in die Kinderliteratur. Briefsteller für Heranwachsende, in denen Regeln und Muster für die Abfassung von (meist offiziellen) Briefen zusammengestellt waren, gab es bereits seit längerem. Ein Novum stellte jedoch August von Rodes (1751–1837) »Briefwechsel einiger Kinder« (1776) dar, denn das Büchlein wollte mehr sein als eine Anleitung zum Briefeschreiben und zur Sittlichkeit. In diesem frühen Beispiel für unmittelbares Erzählen aus Kinderperspektive kommunizieren die Mädchen und Jungen miteinander über ihre Beschäftigungen, Vergnügungen, Lektüren, Reisen und Freunde. Es fehlt der allgegenwärtige erwachsene Erzähler oder Moderator, der in der Kinderliteratur für gewöhnlich die Gespräche und Handlungen der Figuren kommentierte, lenkte und kontrollierte. Von Rode ging so weit, absichtlich Fehler in die fingierten Briefe einzufügen, damit sie authentisch wirkten und den Eindruck erweckten, sie seien »ganz im Geiste der Kinder geschrieben«. Modern ist dieses Erzählkonzept insofern, als die didaktischen Intentionen in der Gruppe der Kinder selbst vermittelt werden.

Eine Kinderstube im 18. Jahrhundert. Kolorierter Kupferstich aus „Bildergalerie" (1785) mit Anregungen für kindliche Spiele und Beschäftigungen

Der erste deutsche Kinderbuch-Klassiker

Die verschiedenen Tendenzen der Aufklärungszeit kulminierten in einem Werk, das wegen seines ungemein großen Erfolges zum ersten Bestseller und aufgrund seines enormen Einflusses auf die weitere Entwicklung des Genres zum ersten Klassiker der deutschen Kinder- und Jugendliteratur wurde. Von Joachim Heinrich Campes »Robinson der Jüngere« (1779/80) erschienen mehr als hundert rechtmäßige Ausgaben. Es ist bis heute im Buchhandel erhältlich und wurde bislang in 25 Sprachen übersetzt. Als Vorlage diente der weltberühmte englische Abenteuerroman »Robinson Crusoe« (1719) von Daniel Defoe, in dem Rousseau die ideale Umsetzung seines Modells einer natürlichen Erziehung erblickt hatte. Zwar stimmte Campe dieser Auffassung grundsätzlich zu, doch fand er die »bis zum Ekkel gezerte, schwerfällige Schreibart« des Originals für Heranwachsende ungeeignet und war deshalb bestrebt, durch seine Adaption des Stoffes den Prototyp eines aufklärerischen Kinderbuches im Rousseauschen Sinne zu schaffen. Die Handlung entsprach nur in groben Zügen der Urschrift: Der 17-jährige Robinson, bei Campe verwöhnter Spross einer Hamburger Kaufmannsfamilie, reißt von zu Hause aus, nimmt an mehreren Seereisen teil, erleidet Schiffbruch und kann sich als einziger Überlebender

Aufklärung Campes »Robinson der Jüngere« …

Frontispiz zu „Robinson der Jüngere" (1779) von Joachim Heinrich Campe, gezeichnet und gestochen von Daniel Chodowiecki.
Dargestellt ist die Rahmenhandlung: Allabendlich findet sich eine große Familie im Garten zusammen. Während Kinder und Mutter mit allerlei nützlichen Putz- und Handarbeiten beschäftigt sind, erzählt der Hausvater jeweils ein weiteres Kapitel der Robinson-Geschichte.

auf eine einsame karibische Insel retten. Ganz auf sich gestellt, ohne Hilfsmittel und Werkzeuge, überlebt Robinson nur, weil er die Errungenschaften der Zivilisation aus sich selbst hervorzubringen vermag. Der Prozess der Phylogenese wird so individuell nachvollzogen. Nach einigen Jahren wird er gerettet und kehrt mit seinem Begleiter Freitag nach Deutschland zurück, wo beide eine Tischlerlehre absolvieren und dann gemeinsam eine Werkstatt gründen.

Von Defoes »Robinson« unterscheidet sich der Campesche auch durch die verschiedenen, in einem programmatischen Vorbericht aufgezählten Zielsetzungen. Neben elementarem Sachkundeunterricht, vor allem in Geografie, Natur- und Handwerkskunde, ging es dem Autor darum, »den Samen der Tugend, der Frömmigkeit und der Zufriedenheit mit den Wegen der göttlichen Vorsehung, in junge Herzen auszustreuen«. Außerdem sollte »Robinson der Jüngere« ein »Gegenfüßler der empfindsamen und empfindelnden Bücher« der Zeit sein, wobei Campe wohl in erster Linie an Goethes »Werther« (1774) dachte, aber auch an Samuel Richardsons empfindsame Romane »Pamela« (1740) und »Clarissa« (1748), die wie der »Werther« von einer breiten jugendlichen Leserschaft des Bürgertums rezipiert wurden und zahlreiche Nachfolger fanden. Campe wollte zeigen, wie man sich selbst durch Nachdenken und zielstrebiges Handeln aus einer hilflosen Lage befreien kann.

Ebenso wichtig wie das individuelle war Campe das soziale Lernen. Um deutlich zu machen, »wie sehr schon die bloße Geselligkeit den Zustand des Menschen verbessern« kann, misst er dem Zusammentreffen und der Gemeinschaft des Schiffbrüchigen mit dem Eingeborenen Freitag große Bedeutung bei. Auch die vom Autor zusätzlich eingefügte Rahmenhandlung macht diese soziale Dimension deutlich. Die Erzählung wird

... und weitere Robinsonaden **Aufklärung**

Kein Werk der Weltliteratur ist so häufig nachgeahmt worden wie Defoes Roman. Mit der „Robinsonade" entstand eine Subgattung des Abenteuerromans in zahllosen Varianten für Kinder, Jugendliche und Erwachsene. Die erzählerische Gestaltung einer Existenz ohne Gesellschaft, die Schilderung eines zwischen Paradies und tödlicher Gefahr gespannten Lebens illustriert die Ambivalenz einer ursprünglichen Lebenssituation und hat bis auf den heutigen Tag nichts von ihrer Anziehungskraft verloren. Robinsonaden für Kinder und Jugendliche sind unter anderem:
- Johann David Wyß: „Der Schweizerische Robinson" (1812)
- Frederick Marryat: „Masterman Ready" (1841/42)
- A. Th. Sonnleitner: „Die Höhlenkinder" (1918–1920)
- Lisa Tetzner: „Die Kinder auf der Insel" (1944)
- William Golding: „Herr der Fliegen" (1954, dt. 1956)
- Scott O'Dell: „Insel der blauen Delphine" (1960, dt. 1962)

immer wieder ergänzt durch Familiengespräche, in denen die Handlung kommentiert, Sachkenntnisse vermittelt und moralische Schlussfolgerungen gemeinsam herausgearbeitet werden. Diese diskursive, wie zufällig wirkende Belehrung innerhalb von Erzähltexten wurde – unter der Bezeichnung »in Campes Manier« – in der Folgezeit vielfach kopiert.

Campes literarisches Plädoyer für eine natürliche Lebensart unter den Prämissen Frömmigkeit, Fleiß und maßvolle Lebensweise fand außergewöhnlich viel Zuspruch. Offenbar war es Campe mit seiner breiten Zielsetzung gelungen, es allen Recht zu machen: den Philanthropisten, die ihre Vorstellungen von einer spezifischen Literatur für Heranwachsende auf höchst lebendige und anschauliche Weise realisiert sahen, und den jungen Lesern, denen endlich einmal eine Abenteuergeschichte mit einem jugendlichen Helden geboten wurde, der sich mit seiner anfänglichen Naivität und seinen Unzulänglichkeiten von den untadligen Vorbildern abhob, die ihnen sonst in den für sie verfassten Büchern begegneten.

„Der Schiffbruch", kolorierter Stahlstich aus „Robinsons Schicksale auf der einsamen Insel im Ocean" (um 1850), einer der zahlreichen Nachdichtungen des „Robinson". Allein Campes Originalfassung erschien 1964 in der 119. Auflage.

Exkurs: Kindertheater und Kinderfilm

Von der Antike bis zur Aufklärung erfüllte das Kindertheater ausschließlich pädagogische Funktionen. Es sollte auf spielerische Weise über Moral, Sittlichkeit und Religion belehren und zudem die körperliche wie habituelle Gewandtheit verbessern. Nach der Reformation gewannen im protestantischen Schulwesen deutschsprachige Schauspiele und im katholischen die lateinischen Jesuitendramen stark an Bedeutung. Eine erneute Blütezeit erlebte das Theater für Heranwachsende im galanten Zeitalter. Der Reformpädagoge und Rektor Christian Weise (1642–1708) schrieb etwa 60 Theaterstücke, die seine Schüler vor Publikum aufführten. Weise wollte damit vor allem auch die Regeln der Beredsamkeit vermitteln. In der Aufklärung verlagerten sich die Aufführungspraxis auf den Familien- und Freundeskreis und die Intentionen auf Unterhaltung und Zeitvertreib. Besonders beliebt waren Komödien, in denen Sprichwörter oder Sentenzen veranschaulicht wurden. Als Protagonist des bürgerlichen Kinderdramas galt Christian Felix Weiße (1726–1804), der drei Bände »Schauspiele für Kinder« (1792) herausgab.

Mit der zunehmenden Ritualisierung des bürgerlichen Weihnachtsfestes wurde im Biedermeier die Tradition des Weihnachtsmärchens begründet, das Stadt- und Hoftheater während der Adventszeit aufführten. Carl August Görner (1806–1884) schrieb 1854 das erste Weihnachtsstück explizit für ein Kinderpublikum. Mit »Peterchens Mondfahrt« (1912) von Gerdt von Bassewitz (1878–1923) entstand der erste Klassiker des deutschen Kindertheaters. Das von James Matthew Barrie (1860–1937) »Peter Pan« (1904, dt. 1952) beeinflusste Stück über die nächtliche Traumreise zweier Kinder entsprach der Forderung der Reformpädagogen nach einer Wahrnehmungsperspektive vom Kinde aus.

Bühnenvorhang des 1858 eröffneten Münchner Marionetten-Theater – Kasperle im Kreise seiner Freunde und Mitspieler – von Franz Graf von Pocci (1807–1876), zugleich Hausdichter des Theaters. Er schrieb für den beliebten Helden zahlreiche Stücke, die ihren Effekt aus der karnevalesken Umkehrung romantischer Überlieferung bezogen.

Zu dieser Zeit begann der Siegeszug des Kinofilms. Kinder, Jugendliche und Erwachsene erlagen der Faszination der bewegten Bilder und lachten gemeinsam über Slapsticks aus Hollywood: über Charlie Chaplin, Buster Keaton, Stan Laurel und Oliver Hardy. Deutsche Produktio-

Exkurs: Kindertheater und Kinderfilm

nen verarbeiteten oft Märchen- und Sagenstoffe zu Scherenschnitt- oder Puppentrickfilmen. Erich Kästner war der erste deutsche Kinderbuchautor, der sich intensiv um eine Mehrfachverwertung bemühte. Sein Bestseller »Emil und die Detektive« war auch als Bühnenstück (1930) und Film (1931) erfolgreich. Zur lebendigen Kulturszene am Ende der Weimarer Republik gehörten außerdem Agitprop-Gruppen und proletarische Kindertheater, die sich erklärtermaßen als Instrumente des Klassenkampfs verstanden.

Eine konstante Entwicklungslinie führte vom Nationalsozialismus bis in die 60er Jahre hinein: Für Kinder gab es Märchenstücke auf den Städtischen Bühnen in der Vorweihnachtszeit und Märchenfilme in den Kinosälen am Sonntagnachmittag. In den 50er Jahren kamen Kinoangebote für die ganze Familie dazu. Verfilmungen von Kästners Kinderromanen und Zeichentrickfilme aus dem Disney-Imperium entsprachen dem restaurativen Trend zur Idylle. Auf eine zunehmende Trivialisierung verwiesen die zahllosen Schlager-, Lümmel- und Paukerstreifen der 60er Jahre. Erst Hark Bohm (*1939) begründete mit »Tschetan, der Indianerjunge« (1972) ein neues Interesse am anspruchsvollen Kinderfilm. Mit »E.T.« (1982) und »Die unendliche Geschichte« (1984) erreichte das Interesse an fantastischen Stoffen in den 80er Jahren auch den Kinderfilm. Ausgerechnet das Fernsehen machte das junge Publikum mit einer fast vergessenen Form des Theaters bekannt: Die Marionettenbühne der »Augsburger Puppenkiste« bot mit mehrteiligen Inszenierungen zu bekannten Kinderbüchern wie der »Muminfamilie« (1959), »Jim Knopf« (1961) oder »Kater Mikesch« (1964) Sternstunden im sehr bescheidenen Kinderprogramm. Das Kindertheater selbst ging innovative Wege. 1966 wurde in Berlin mit dem Grips-Theater eine erste eigenständige Kinderbühne mit politisch-pädagogischem Anspruch eröffnet, aus der sich in den folgenden Jahrzehnten eine breite Szene professionellen Kinder- und Jugendtheaters, zumeist in freier Trägerschaft, entwickelte. Anfänglich standen Aspekte sexueller und gesellschaftlicher Aufklärung im Vordergrund der Stücke, z.B. in »Darüber spricht man nicht« (1973). Später brachten u.a. Friedrich Karl Waechter und Paul Maar Komik und Groteske ins Kindertheater.

Die Gegenwart zeigt eine kaum noch zu überblickende Vielfalt im Angebot von Kindertheater und Kinderfilm. Auffällig ist das ungebrochen große Interesse an kinderliterarischen Adaptionen, das etwa in Zeichentrickserien zu Klassikern wie »Heidi«, »Alice« oder »Pumuckl« oder in aufwändig gestalteten, ambitionierten Kinder- und Familienfilmen wie »Pünktchen und Anton« (1998), »Das Sams« (2001), »Harry Potter« (2001) oder »Bibi Blocksberg« (2002) zum Ausdruck kommt.

Romantik und Biedermeier
Kindheit als Sinnbild einer Sehnsucht

Utopie und Kunst

In der Französischen Revolution schienen sich die Utopien der bürgerlichen Aufklärung (gesellschaftliche Gleichheit und politische Freiheit) zu erfüllen. Joachim Heinrich Campe reiste im Sommer 1789 nach Paris und schrieb von dort enthusiastische Briefe über die »Wiedergeburt der Menschheit«. Doch die anfängliche Begeisterung der deutschen Intellektuellen schlug angesichts der folgenden Jahre des Terrors und der Schreckensherrschaft der Jakobiner in Desillusionierung und Resignation um. Bei der jungen Generation der Maler und Schriftsteller führte die politische Enttäuschung zur Abwendung vom nüchternen, prosaischen Alltag und Hinwendung zu einem durch die Fantasie erweiterten und idealisierten Raum der Kunst und Poesie.

Das »göttliche« Kind

In dieser poetischen Welt der Romantik kam Kindern eine Sonderrolle zu, die den Erziehungsvorstellungen der Aufklärung diametral entgegen stand. Dichter wie Ludwig Tieck oder Joseph von Eichendorff übten scharfe Kritik am philanthropischen Nützlichkeitsdenken und lehnten zu frühe Bildung der Kinder als Pseudogelehrsamkeit und Vielwisserei ab. Die Vorstellungen der Romantiker, die in der Anerkennung von Autonomie und Individualität des Kindes die Grundvoraussetzung für jedes pädagogische Handeln sahen, hatte Johann Gottfried Herder (1744–1803) mit seinen kulturphilosophischen Studien maßgeblich beeinflusst. Er ging von einer ursprünglichen Einheit des Menschen mit der Natur aus, die im Verlauf der Zeit immer mehr verloren gegangen sei. Vor dem Hintergrund von Überlegungen zu einer Analogie zwischen Onto- und Phylogenese (Entwicklung der Menschheit und des einzelnen Menschen) entwickelte sich in der Frühromantik das idealisierte Bild vom göttlichen, der Gegenwart entfremdeten Kind, das den paradiesischen Urzustand der Natur verkörpert. Das Kind galt den Dichtern der Romantik als Sinnbild einer umfassenden Sehnsucht

Suche nach kulturellen Wurzeln — Romantik und Biedermeier

„Die Hülsenbeckschen Kinder" (1805/06) von Philipp Otto Runge (1777–1810) gilt als Inbegriff des romantischen Kindheitsbildes. Die Kinder agieren in einer scheinbar nur ihnen gehörenden Welt, zeigen glückliches Einverständnis mit sich und der Umwelt und verkörpern so einen paradiesischen Zustand ursprünglicher Kreatürlichkeit, der Runges Intention entsprach: „Kinder müssen wir werden, wenn wir das Beste erreichen wollen."

nach Einheit, die sie – wie von Friedrich Schlegel formuliert – in einer »Universalpoesie«, der Vereinigung aller bisherigen Kunstformen, wiedergewinnen wollten. Die Vorstellung vom Kindlichen als dem Urgedanken alles Künstlerischen hinterließ deutliche Spuren in der zeitgenössischen Kultur und wirkte bis in die Biedermeierzeit hinein. Von einer romantischen Kinder- und Jugendliteratur war jedoch erst die Rede, als das Herdersche Kindheitsmodell mit der volkspoetischen Konzeption der Spätromantik verknüpft wurde.

Die durch die Niederlagen während der Napoleonischen Kriege ausgelösten Empfindungen von Verunsicherung und kulturellem Verfall beförderten im Bürgertum, insbesondere in Gelehrtenkreisen, die Sehnsucht nach politischer Einheit und kultureller Identität. Die Suche nach den kulturellen Wurzeln der deutschen Nation führte zurück zu den literarischen Quellen des Mittelalters, zu den vermeintlich aus dem Volk entstandenen, über die Jahrhunderte mündlich tradierten Märchen, Sagen, Liedern, Rätseln, Reimen und Legenden. Allerdings war die Vorstellung vom »Volk« als Schöpfer der nationalen Literatur selbst ein Konstrukt der Romantik. Dass diese »Volkspoesie« zugleich als jene Literatur angesehen wurde, die dem Wesen der Kinder am besten

Romantik und Biedermeier — Volkspoetische Ideen

1806 Ende des Heiligen Römischen Reiches Deutscher Nation
1807 Edikt zur Bauernbefreiung
1809 Beginn der Bildungsreform unter Wilhelm von Humboldt
1812 Erste Kinderbewahranstalt
1813/14 Befreiungskriege gegen die Napoleonische Besatzung
1815 Restaurative Neuordnung des deutschen Reichsgebiets auf dem Wiener Kongress
1817 Wartburgfest der Deutschen Burschenschaften
1819 Karlsbader Beschlüsse

entsprach, wurde aus der Verwandtschaft des Kindes mit dem Volk hergeleitet: beiden war im romantischen Denken Ursprünglichkeit und Natürlichkeit in großem Maße eigen.

Volkspoesie als Kinderliteratur

Der Beginn romantischer Kinderliteratur in Deutschland kann auf das Jahr 1808 datiert werden, als Achim von Arnim (1781–1831) und Clemens Brentano (1778–1842) den dritten Band ihrer Volksliedersammlung »Des Knaben Wunderhorn« herausgaben. Ihr volkspoetischer Anspruch hielt die Herausgeber allerdings nicht davon ab, die Quellen so zu bearbeiten, dass sie ihren eigenen Vorstellungen von idealer »Volkstümlichkeit« und romantischem »Kinderton« entsprachen. In einem Anhang ließen sie Gebete, Gedichte und Lieder abdrucken, die, zum ersten Mal in der Literaturgeschichte, ausdrücklich für Kleinkinder bestimmt waren. Und noch etwas war neu: Diese Texte wollten nicht belehren. Im bunten Mix aus Liedern für die verschiedenen Tages- und Jahreszeiten und zur Begleitung von Spielen und Tänzen fanden sich bis heute beliebte Reime wie »Lirum, Larum, Löffelstiel« oder »Guten Abend, gute Nacht«. Die Verse ahmten den kindlichen Sprachgebrauch nach, boten Sprachspiel und Lautmalerei oder orientierten sich am Rhythmus körperlicher Bewegungen wie etwa bei den Kniereiter- oder Schaukelliedern. Mit dieser Sammlung eroberte sich die Kinderlyrik einen Platz in der Kinder- und Jugendliteratur.

Wesentlich nachhaltiger noch wirkten sich die volkspoetischen Ideen der Romantik auf die Gattung der Kindermärchen aus. Die Aufklärer hatten noch vor den so genannten »Ammenmärchen« gewarnt, da sie Fantasie und Gefühl der Kinder zu sehr anregen würden. Die Romantiker dagegen betonten die besondere Neigung der Kinder zum Wunderbaren, die sie mit deren ganzheitlichem Bewusstsein erklärten, in dem Innen- und Außenwelt, Traum und Realität noch eins seien. Als bedeutsamste Märchensammler der Zeit gelten die hessischen Philologen Jacob (1785–1863) und Wilhelm

Jacob und Wilhelm Grimm — Romantik und Biedermeier

„Die Brüder Jacob und Wilhelm Grimm bei der Märchenerzählerin Dorothea Viehmann in Niederzwehren". Undatierter Holzstich nach einem Gemälde von Louis Katzenstein (1822–1907). Jacob Grimm (1785–1863) und Wilhelm Grimm (1786–1859) wurden in Hanau geboren. Sie studierten Jura in Marburg und waren anschließend als Bibliothekare in Kassel tätig. 1830 wurden sie an die Universität Göttingen berufen und 1837 rechtswidrig entlassen, weil sie zusammen mit fünf Kollegen (die „Göttinger Sieben") gegen die Aufhebung der Staatsverfassung (von 1833) durch König Ernst August II. von Hannover protestiert hatten. 1840 zogen sie nach Berlin und widmeten sich bis zu ihrem Tode der Arbeit am „Deutschen Wörterbuch", dessen erster Band 1854 erschien. Der auf diesem Bild dargestellten Dorothea Viehmann verdankten die Grimms eine Vielzahl von mündlichen Märchenerzählungen.

Grimm (1786–1859). Mit akribischem Eifer trugen die Brüder Sagen, Märchen und Legenden aus der schriftlichen, vor allem aber der mündlichen Überlieferung zusammen. Dass es sich nicht – wie lange angenommen – um poetische Zeugnisse aus den unteren Bevölkerungsschichten handelte, hat die germanistische Forschung nachgewiesen. Die Zuträger waren zumeist literarisch gebildete junge Damen aus dem Kasseler Bürgertum.

1812 gaben die Gebrüder Grimm den ersten von drei Bänden ihrer »Kinder- und Hausmärchen« heraus. Erfolgreich waren sie damit zunächst nicht. Für Kinder hielten die Zeitgenossen diese Texte, in denen es von Obszönitäten, derben Zoten und Grausamkeiten nur so wimmelte, keineswegs geeignet. In den folgenden Jahren machte sich Wilhelm Grimm daran, die Sammlung gründlich zu überarbeiten. Er glättete und milderte anstößige Stellen und strich einige besonders brutale Märchen. Im Vorwort zur zweiten Auflage von 1819 hieß es dann: »Dabei haben wir jeden für das Kindesalter nicht passenden Ausdruck [...] sorgfältig

Titelseite von Ludwig Emil Grimm (1790–1863) zu „Kinder- und Hausmärchen" von Jacob und Wilhelm Grimm (2. Auflage 1819–1822).

Romantik und Biedermeier — Die Grimmschen »Kinder- und Hausmärchen«

Die Grimmschen Märchen haben Autoren und Illustratoren immer wieder zu neuen Interpretationen angeregt. Eine eigenwillige Variante des „Rotkäppchens" (2001) nach einer frühen Textfassung hat Susanne Janssen (*1965) im Bilderbuch gestaltet. Das Bedrohliche der Handlung wird in den überdimensionierten, wechselnden Perspektiven eindrucksvoll sichtbar gemacht.

gelöscht.« Erst die so genannte »Kleine Ausgabe« von 1825 mit einer Auswahl von fünfzig Geschichten, darunter »Der Froschkönig«, »Hänsel und Gretel«, »Aschenputtel« und »Dornröschen«, begründete den beispiellosen Siegeszug der Grimmschen Märchen. In dieser Form wurden sie stil- und gattungsbildend für das Volksmärchen insgesamt und zu einem Klassiker der Kinderliteratur. Unverkennbare Merkmale sind die schlichte Struktur, die zahlreichen Wiederholungen und der stereotype Handlungsablauf, aber auch den formelhaften, naiven Sprachgestus, die fortan als Inbegriff des volkstümlichen Märchentons galt. Faszination und überzeitliche Aktualität der Geschichten beruhen auf dem Prinzip des Einfachen. Archetypische menschliche Grundsituationen und -probleme werden in prägnante Bilder gefasst und mittels wunderbarer Lösungen, insbesondere durch Zauberei, nach einem immer gleichen Muster bewältigt. Dieser Schematismus, der auch in der Anlage der auf wenige Merkmale reduzierten Figuren, der schlichten Moral und dem stets glücklichen Ausgang zum Ausdruck kommt, entspricht entwicklungspsychologisch dem noch eingeschränkten Weltbild jüngerer Kinder, die von den Märchen der Brüder Grimm zumeist besonders angetan sind.

Gegenüberliegende Seite:
Adrienne Ségur hat diese Ausgabe von „Nußknacker und Mausekönig" (1953, dt. 1954) illustriert. Die verwirrende Atmosphäre des Märchens und der Glanz der Spielzeugwelt sind in den fragilen Zeichnungen eingefangen.

Kunstmärchen

Einige Märchendichter wandten sich bewusst gegen die volkspoetische Märchentradition. Ihnen dienten orientalische Märchen und französische Feenmärchen als Vorbilder. E. T. A. Hoffmann (1776–1822), Carl Wilhelm Contessa und Friedrich Baron de la Motte Fouqué veröffentlichten die erste Sammlung romantischer Kunst-

E. T. A. Hoffmann — Romantik und Biedermeier

märchen für Kinder in Deutschland. Eines der drei »Kindermährchen« (1816) war »Nußknacker und Mausekönig«. Hoffmanns »Alltags-« oder »Wirklichkeitsmärchen« markierte zugleich den Beginn der fantastischen Literatur, denn die Handlung blieb nicht auf die Märchenwelt beschränkt, sondern war in die zeitgenössische Realität eingebunden. Zum Weihnachtsfest bekommt Marie, Tochter einer Berliner Arztfamilie, einen hölzernen Nussknacker geschenkt. In der Nacht wird das Spielzeug lebendig, der Nussknacker verwandelt sich in einen tapferen Feldherrn und besiegt schließlich mit seinen Zinnsoldatentruppen den garstigen Mausekönig. Der Autor zieht seine Heldin und die Leser in ein irritierendes Vexierspiel zwischen Traum, Fantasie, Wirklichkeit und Märchenfiktion hinein. Ist der Nussknacker ein Gebrauchsgegenstand? Ein Spielzeug? Der König des Puppenreichs? Oder doch der verzauberte Neffe von Maries Patenonkel? Im Bewusstsein der Protagonistin gehen das Wunderbare und das Wirkliche ineinander auf. Damit orientierte sich Hoffmann zum einen an der romantischen Idee von der naturbedingten Einheit des kindlichen Wesens und dessen enger Beziehung zu Fantasie und Einbildungskraft. Doch lässt sich diese Einheitsvorstellung darüber hinaus auch als dichterische Imagination des Entwicklungsprozesses kindlicher Welterfahrung deuten. Jean Piaget hat in seinen Untersuchungen zum »Weltbild des Kindes« (1926) deutlich gemacht, dass im kindlichen Bewusstsein zunächst nicht zwischen subjektiven und objektiven Phänomenen, nicht zwischen Traum und Realität geschieden wird. So ergeht es auch Marie im »Nussknacker«: Erst im Verlauf der Geschichte erkennt sie, dass Träume in ihrem Innern entstehen und nicht von

> Der Schweizer Psychologe **Jean Piaget** (1896–1980) beschäftigt sich in seinem Grundlagenwerk „Das Weltbild des Kindes" (1926, dt. 1978) mit der Frage, wie sich das Kind Vorgänge des Bewusstseins (etwa Denken oder Träumen) erklärt. Zentral war die Beobachtung einer egozentrischen Wahrnehmung des Kleinkindes; dieses ist nicht fähig, sich in den Standpunkt eines anderen zu versetzen und zu verstehen, dass dessen Sicht nicht der eigenen entspricht. Erst im Verlauf seiner Entwicklung lernt das Kind, die äußere von der inneren Welt, Realität, Traum und Fantasie zu unterscheiden und zwischen Ich und Wirklichkeit eine Grenze zu ziehen.

Romantik und Biedermeier — Goldenes Zeitalter für Kinderbücher

Clemens Brentano (1778–1842) wurde für seine artistische Sprachkunst gerühmt, mit der er überlieferte Märchen- und Sagenstoffe neu gestaltete. In „Gockel, Hinkel, Gakeleia" (1838), einem romantischen Märchen um einen Zauberring, mit dessen Hilfe eine Hühnerfamilie sich ihre Wünsche erfüllen kann, verbindet Brentano einen schlichten Erzählton mit Ironie, Groteske und dem musikalischen Rhythmus von Volksliedversen. Die Lithografie „Der Heckenhahn" gestaltete Ludwig Emil Grimm nach einem Entwurf Brentanos.

außen an sie herangetragen werden. Mit der literarischen Gestaltung dieses Vorgangs nahm Hoffmann wichtige Aspekte der Psychologisierung in der Kinder- und Jugendliteratur vorweg. Sein Weg in die Fantastik blieb zunächst singulär. Erst Lewis Carroll wird mit »Alice im Wunderland« (1865) daran anknüpfen.

Herzens- und Gemütsbildung

Auf den literarischen Aufbruch der Romantik und die Befreiung von der napoleonischen Besatzung folgte nach 1815 eine Phase der politischen Restauration. Für die Kinder- und Jugendliteratur jedoch begann ein »goldenes Zeitalter«. Elemente von Aufklärung und Romantik verschmolzen zu einer Literatur, die teilweise bis heute als »kindgerechtes«, optimistisches und harmonisches Ideal für Heranwachsende gilt. Man übernahm Muster der Volkspoesie, setzte auf Herzens- und Gemütsbildung und wollte beim Leser Rührung und Mitleid erzeugen, allerdings nicht mehr ausschließlich ästhetischer Wirkungen wegen, sondern wiederum mit klar erkennbarer Absicht zur Belehrung. In der Kinder- und Jugend-

Illustration von Franz Graf Pocci (1807–1876) zu „Geschichten und Lieder mit Bildern als Fortsetzung des Festkalenders" (1845). Das junge Publikum war von den einfachen, bewusst unkünstlerischen Versen und Zeichnungen des vielseitig talentierten „Kasperlegrafen" sehr angetan.

Friedrich Fröbel — Romantik und Biedermeier

literatur des Biedermeier wurde das Wunderbare sentimentalisiert und das Poetische pädagogisiert. Vermittelt werden sollten die Normen und Werte eines spezifisch bürgerlichen Sozialisationsprogramms, bei dem Frömmigkeit, Fleiß, Gehorsam, Ordnung, Anstand und Sittlichkeit ganz obenan standen. Gattungslinien der Romantik wurden weitergeführt, auch wenn die Zielsetzung eine andere geworden war. In der Nachfolge der »Wunderhorn«-Kinderlieder von Arnim und Brentano erschienen zahlreiche Liedersammlungen, Anthologien, Lesebücher und aufwändig illustrierte Familienbücher. Besonders erfolgreich war der Pädagoge Heinrich Dittmar (1792–1866), der die ersten Lesebücher mit ausschließlich fiktionalen Texten publizierte, zum Beispiel »Der Knaben Lustwald« (1821/22), »Der Mägdlein Lustgarten« (1822/23) und »Der Kinder Lustfeld« (1827).

Titelblatt zu „Der Mägdlein Lustgarten" (1823) von Heinrich Dittmar

Von der Einheitssehnsucht der Romantik geprägt sind auch die »Mutter- und Koselieder« (1844) des Pädagogen Friedrich Fröbel (1782–1852), die gleichermaßen als Erziehungsratgeber wie als Sing-, Spiel- und Bilderbuch genutzt werden konnten. In seinem ganzheitlichen Ansatz einer »lebenseinigenden« Erziehung sollten sinnlich-körperliche, emotionale und situationsgebundene Erfahrungen zu einer individuell gestalteten Einheit von Gott, Mensch und Natur zusammengeführt werden. Wichtige Anregungen verdankte Fröbel Johann Heinrich Pestalozzi (1746–1827), der die Intimität der häuslichen »Wohnstube« und die mütterliche Zuwendung als entscheidende Faktoren für die organische Ent-

Friedrich Fröbel (1782–1852) gilt als wichtiger Vertreter der romantischen Pädagogik. Der frühromantischen Naturphilosophie und dem Pantheismus entsprechend versteht Fröbel den Kosmos als eine in jedem Lebewesen gespiegelte Polarität von Natur und Geist. Der Einzelne muss sich in der „Mannigfaltigkeit seiner Lebensäußerungen" zu einer „organischen" und einer „kosmischen" Einheit (Gott) hin entwickeln. Fröbels ganzheitliche Erziehungslehre basiert auf einer genauen Beobachtung kindlichen Tuns. Er entwickelte daraus eine umfassende Spieltheorie, die darauf abzielt, auf spielerische Weise bereits bei Kleinkindern Fantasie und geistige Produktivität anzuregen. 1837 gründete Fröbel die erste „Pflege-, Spiel- und Beschäftigungsanstalt" für Kleinkinder, die seit 1840 „Kindergarten" genannt wird.

Romantik und Biedermeier »Mutter- und Kinderlieder«

„Patsche-Kuchen" – die Abbildungen zeigen Handstellung und Gebärden, die begleitend zum Liedtext auszuführen sind. Radierung von Friedrich Unger zu „Mutter- und Koselieder" (1844) von Friedrich Fröbel

Der Schweizer Pädagoge und Sozialreformer **Johann Heinrich Pestalozzi** (1746–1827) wollte mit seiner Arbeit in verschiedenen Erziehungsprojekten und mit seinen Schriften vor allem die allgemeine Volksbildung, insbesondere der unteren sozialen Schichten, verbessern und zur Überwindung von Standesunterschieden beitragen. Erziehung verstand er als umfassende, vor allem auf konkreter Anschauung basierende Entwicklung der geistigen, ethisch-moralischen und praktischen Kräfte. Seine Vorstellung von den drei Lebenskreisen, in die jeder Mensch eingebunden ist, bestimmen die Erziehung von der „Wohnstube" über die Berufswelt bis zur Stellung in Volk und Vaterland.

faltung des im Kinde angelegten Wesenskerns ansah. Seit der Romantik galt die Mutter als emotionales Zentrum der Familie, die innige Beziehung zwischen Mutter und Kind, gekennzeichnet durch Empathie, Liebe und Wärme, wurde zum bürgerlichen Ideal des 19. Jhs. Fröbel wollte mit seinem Werk die Kommunikation zwischen Mutter und Kind fördern, alle Sinne ansprechen und die kindliche Freude an Sprachspiel, Reim und Rhythmus unterstützen. Später wurden die »Mutter- und Kinderlieder« als Lehrbuch für angehende Erzieherinnen genutzt.

Erste Bilderbücher

„Was ist das für ein Bettelmann? Er hat ein kohlschwarz Röcklein an, Und läuft in dieser Winterzeit Vor alle Türen weit und breit, Ruft mit betrübtem Ton: Rab! Rab! Gebt mir doch einen Knochen ab." Strophe aus dem Gedicht „Rabe" von Wilhelm Hey aus „Fünfzig Fabeln für Kinder" (1833)

Auch die »Fünfzig Fabeln für Kinder« (1833) von Wilhelm Hey (1789–1854) transportierten den Geist der Romantik ins Biedermeierliche. Mit der traditionellen Fabel hatte diese poetische Tierkunde nur noch sehr wenig gemein. Aus der Perspektive von Kindern und eingebettet in ihre Alltagserfahrungen, werden heimische Tiere mit teilweise recht menschlichen Eigenschaften vorgestellt. Durch betont naive Verse im Stil von Stegreifdichtungen gestaltete Hey eine heitere Kinderidylle. Dahinter trat die belehrende Absicht, frühzeitig und durch emotionale Ansprache ein christliches Weltbild zu vermitteln, deutlich zurück. Am nachhaltigen Erfolg des Büchleins hatten die atmosphärisch dichten Illustrationen von Otto Speckter (1807–1871)

Biedermeierliche Illustrationskunst — Romantik und Biedermeier

erheblichen Anteil. Seine lebendigen Momentaufnahmen aus dem Kinderleben konnten den gleichen Rang wie Heys Verse beanspruchen. Die spannungsvolle Beziehung zwischen Bildern und Texten machte aus den »Fünfzig Fabeln« eines der ersten wirklichen Bilderbücher im modernen Sinne.

Es war den neuen grafischen Techniken zu verdanken, dass in der ersten Hälfte des 19. Jhs. die Anzahl der veröffentlichten Bilderbücher deutlich zunahm. Denn erst als Lithografie, Stahl- und Holzstich den teuren Kupferstich und den groben Holzschnitt abgelöst hatten, konnten Abbildungen von hoher Qualität, vor allem aber in 15- bis 20-mal höherer Auflage produziert und entsprechend preisgünstiger verkauft werden. Biedermeierliche Illustrationen zeigen eine niedliche, wohlgeordnete Tier- und Kinderwelt, üppig ausgeschmückt mit Ornamenten, Arabesken und Randzeichnungen. Für Hässliches und Chaotisches war in diesen stilisierten Szenen kein Platz. Bis eines Tages das skandalöse Bilderbuch eines in Literatur und Kunst dilettierenden Kinderarztes erschien – und mit einer Gesamtauflage von mehr als 15 Millionen Exemplaren zum berühmtesten deutschen Kinderbuch wurde.

Titelblatt im überladenen Gründerzeitstil zu „Fünfzig Fabeln für Kinder" (um 1895) von Wilhelm Hey

„Was willst Du werden" (Auflage 1872) von Oskar Pletsch (1830–1888). Pletsch, der als Mitarbeiter Ludwig Richters begonnen hatte, spezialisierte sich auf idyllisch-heitere Kinderszenen in dekorativem Ambiente. Zwischen 1860 und 1880 war er einer der produktivsten und beliebtesten Kinderbuch-Illustratoren des deutschen Bürgertums.

Romantik und Biedermeier — Suppenkaspar und Zappelphilipp

Heinrich Hoffmanns „Struwwelpeter" in der 2. Auflage von 1845. Auf dem Weg vom Urmanuskript (1844) bis zur endgültigen Form wurden Buch und Hauptfigur mehrfach umgearbeitet und ergänzt. Erst ab der 5. Auflage von 1847 blieben Zahl und Anordnung der Geschichten unverändert. Und erst mit der Umstellung der Drucktechnik von Lithografie auf Holzstich erhielt der Struwwelpeter 1858 sein bis heute bekanntes Aussehen. 1876 erschien die 100. rechtmäßige Auflage, 2002 veröffentlichte der Originalverlag „Rütten & Loening" (heute gehört er zur Aufbau Verlagsgruppe) die 545. Auflage.

»Der Struwwelpeter«

»Lustige Geschichten und drollige Bilder« lautete der ursprüngliche Titel des »Struwwelpeter« (1845), mit dem Heinrich Hoffmann (1809–1894) einen spektakulären Kontrapunkt zum damals herrschenden Ideal eines Kinderbuchs setzte. Erfunden hatte er die Geschichten vom Suppenkaspar, Zappelphilipp und Hans-Guck-in-die-Luft, um seine kleinen Patienten zu beruhigen und von ihrer Krankheit abzulenken. 1844 zeich- nete und schrieb er sie in ein Heft, das er seinem Sohn zu Weihnachten schenkte. Die im Handel angebotenen Kinderbücher hatte Hoffmann als zu moralisch empfunden und kritisiert, dass ihnen eine sinnliche Vermittlungsebene fehle. Die außerordentlich einprägsamen Bilder und Verse des »Struwwelpeter« sind dagegen von schonungsloser Deutlichkeit. Hoffmann vermochte sich tief in die Psyche von Kindern einzufühlen, hatten diese ihm doch immer wieder ihre ureigensten Ängste, Fantasien und Sehnsüchte anvertraut. Obwohl er in seinen Geschichten auf das altbekannte Muster der moralischen Abschreckung zurückgriff, schuf er dennoch ein innovatives Werk, das seine einzigartige Wirkung aus der Übersteigerung bezieht. Die Illustrationen tendieren zur Karikatur, der bürgerliche Kinderalltag wird in surrealer Weise überzeichnet und die schrecklichen Folgen des Ungehorsams sind so absurd übertrieben in Szene gesetzt, dass sie nicht nur Angst, sondern auch befreiendes Lachen produzieren. Unarten mit »ergötzlichem Humor« und Respektspersonen mit »fratzenhaften« Gesichtszügen darzustellen, hatte nach Ansicht zeitgenössischer Kritiker zur Folge, dass abschreckende Effekte verfehlt und Autoritäten der Lächerlichkeit preisgegeben würden. In diesen unterschwelligen Tendenzen zu Subversion und Anarchie liegt das Erfolgsgeheimnis des Bilderbuchklassikers, der selbst die ideologiekritischen Angriffe in den siebziger Jahren des 20. Jhs. überstand.

Märchen und Sagen im Biedermeier

Weit über die Romantik hinaus zählten die Märchen zu einer der bedeutsamsten Gattungen der Kinder- und Jugendliteratur. Im Biedermeier wurden sie zunehmend sentimentaler gestaltet. Auch wich die ehemals klare Trennung von Volks- und Kunstmärchen einer wachsenden Vermischung der literarischen Formen und Techniken. Wilhelm Hauff (1802–1827) übernahm Elemente der romantischen Märchentradition und erweiterte sie ins Unterhaltende, Abenteuerliche und Unheimliche. Die drei Bände seines »Märchenalmanachs für Söhne und Töchter gebildeter Stände« (1826–1828) bewiesen in ihrer auf Popularität berechneten Konzeption ein ausgezeichnetes Gespür des Herausgebers für die Trends des Literaturmarktes. Mit leichter Hand und ausgeprägter Lust am Fabulieren gestaltete Hauff bekannte Märchenstoffe und Sagen, aber auch Kriminal- und Gespenstergeschichten, die durch einen einheitlichen Erzählgestus und spannende Rahmenhandlungen zusammengehalten werden.

Titelblatt der von Johann Baptist Sonderland illustrierten Ausgabe der „Märchen" von Wilhelm Hauff (6. Auflage 1842)

1839 erschienen »Mährchen und Erzählungen für die Kinder« des dänischen Dichters Hans Christian Andersen (1805–1875) zum ersten Mal in deutscher Sprache. Andersen hatte sich ebenfalls von den Volksmärchen anregen lassen, aber auch fantastische Ele-

Romantik und Biedermeier
Bechsteins Märchenbücher

mente mit hinzugenommen. Seine teils melancholischen, teils ironisch pointierten Geschichten sind in kunstvoll einfacher Sprache erzählt und spielen in einem geheimnisvollen Zwischenreich von Wirklichkeit und Zauberwelt. Neben menschlichen Protagonisten übernehmen auch Alltagsgegenstände, Spielzeuge, Pflanzen oder Tiere eine Hauptrolle. Viele, gerade auch die berühmtesten Märchen Andersens wie »Der standhafte Zinnsoldat«, »Das Mädchen mit den Schwefelhölzern« oder »Die kleine Meerjungfrau« thematisieren tiefes Leid und enden mit einem glorifizierten Tod.

Die „Märchen-Erzählerin". Illustration von Ludwig Richter zu Ludwig Bechsteins „Deutsches Märchenbuch" (Auflage von 1853)

Von den zahlreichen volkstümlichen Werken, die der Arnstadter Apotheker Ludwig Bechstein (1801–1860) veröffentlichte, waren zwei speziell an Jugendliche adressiert: das »Deutsche Märchenbuch« (1845) und das »Neue Deutsche Märchenbuch« (1856). Zu deren Beliebtheit trugen die Abbildungen von Ludwig Richter (1803–1884) wesentlich bei, der den gemütvoll-verklärenden Illustrationsstil des Biedermeier am idealsten verkörperte. Bechstein nutzte teilweise dieselben Quellen wie die Brüder Grimm, übertrug sie aber aus der märchentypischen Zeit- und Ortlosigkeit in ein familiär-bürgerliches Ambiente. Er wollte nicht nur unterhalten, sondern auch die Werte einer sozialkonservativen Gesellschaftsordnung vermitteln. Im 19. Jh. trafen die mit gekonnter Naivität und leiser Ironie erzählten Märchen Bechsteins den Geschmack des Publikums weitaus besser als die Grimmschen Vorbilder. Erst im 20. Jh. setzte ein Wandel in der Bewertung zugunsten der Grimmschen Texte ein, insofern diese gerade wegen des fehlenden Zeit- und Situationsbezugs für Deutungen und Sinnzuweisungen wesentlich offener sind.

Die volksliterarische Gattung der Sage — Romantik und Biedermeier

Die volksliterarische Gattung der Sage erlebte zwischen Romantik und Biedermeier einen Funktionswandel vom Schulbuch zur privaten Jugendlektüre. Hierin deutete sich der Beginn eines Prozesses an, in dem humanistisches Bildungsgut, das – insbesondere wenn es in den Originalsprachen vorlag – nur einem sehr begrenzten Kreis von Heranwachsenden aus dem Bildungsbürgertum zugänglich war, in sprachlich und inhaltlich vereinfachter Form zum populären Lesestoff breiter Schichten wurde. Als historische Zeugnisse der Antike und des Mittelalters waren Sagen zunächst Gegenstand klassischer und humanistischer Bildung an höheren Lehranstalten gewesen. Darüber hinaus wurden sie auch zur nationalerzieherischen, moralischen, geografischen oder heimatkundlichen Belehrung genutzt. Jetzt entwickelten sie sich zur Unterhaltungslektüre für die ganze Familie und insbesondere für männliche Jugendliche.

Für diese Änderung steht vor allem der Name Gustav Schwab (1792–1850). Mit dem »Buch der schönsten Geschichten und Sagen« (1836/37) und den »Schönsten Sagen des klassischen Alterthums« (1838–40) stellte der Stuttgarter Gymnasialprofessor die Sagen in den Kontext der Poesie. Seine Bearbeitungen zeichnen ein spannungsreicher Erzählstil sowie offenkundige ästhetisch-erzieherische Intentionen aus. Dass Schwab dabei die Vorlagen nicht nur vereinheitlichte, sondern auch vereinfachte, trug ihm manche Kritik ein. Sein bleibendes Verdienst ist es jedoch, die Sage für die erzählende Kinder- und Jugendliteratur entdeckt zu haben.

Frontispiz mit einer Illustration zur Nibelungensage aus „Deutsche Sagen und Märchen für die Jugend" (2. Aufl. 1872) von Albert Ludwig Grimm (1786–1872). Er hatte bereits vor den Brüdern Grimm, mit denen er übrigens nicht verwandt war, „Kindermärchen" (1809) veröffentlicht.

Romantik und Biedermeier — Der katholische Theologe Christoph von Schmid

Moralisch-religiöse Erzählungen

Die zunehmende Anreicherung romantischer Gattungen (wie Märchen und Sage) mit Elementen der Belehrung ist ein zentrales Kennzeichen der Kinderliteratur des Biedermeier, die Romantisierung von Erzählformen in der Tradition der Aufklärung ein weiteres. Durch die Erzeugung von Rührung, Mitleid und Empathie sollten die moralischen und religiösen Unterweisungen noch intensiver wirken.

Wahrhaft virtuos beherrschte dieses Verfahren der katholische Theologe und Lehrer Christoph von Schmid (1768–1854), den der bayrische König Ludwig I. wegen seiner Verdienste um die Jugendliteratur 1834 adelte. Schmid war einer der beliebtesten und produktivsten Kinderbuchautoren des 19. Jhs. Er wählte bewährte Stoffe verschiedenster Provenienz, z. B. aus Bibel, Sage, Legende und Volksbuch und nutzte sie für eine fromme Gemüts- und Herzensbildung durch stereotyp gestaltete Geschichten. In der Regel entwickelt sich das Geschehen vor den Kulissen der so genannten Ritter- und Räuberromantik; getragen wird es von klischeehaften Figuren, die sich sehr schnell als Verkörperung des Guten oder Bösen, der Armut oder des Reichtums identifizieren lassen. Ausgehend von einer recht konventionellen Anfangssituation erzeugen alsbald rätselhafte Begebenheiten und spärliche Hinweise auf ein Geheimnis eine anhaltende Spannung. Mehrere Handlungsstränge werden zu einem mächtigen dramatischen Knoten verschlungen, bis sich am überraschenden Schluss das glückliche Wirken der göttlichen Vorsehung wieder einmal auf das Eindrucksvollste bestätigt.

Bekannt wurde Schmid mit der Bearbeitung der »Genovefa« (1810), eines traditionsreichen Stoffes, der mit seinen Bezügen zu Volksbuch und Legende, seinem Hang zum Wunderbaren und seinen beliebten Motiven wie verfolgte Unschuld, Frömmigkeit und Mütterlichkeit den Geschmack eines breiten Publikums traf. Eine zahlreiche Leserschaft fanden auch weitere sentimental-religiöse Erzählungen aus dem

Protestantische Mission zur »Kinderrettung«   Romantik und Biedermeier

Rittermilieu, z. B. »Wie Heinrich von Eichenfels zur Erkenntnis Gottes kam« (1817) oder »Rosa von Tannenburg« (1823), deren Titelfigur ein Muster für Sittlichkeit, Tochterliebe und Hausfrauenfleiß ist. Seinen größten Erfolg aber konnte Schmid mit seinem ersten wirklichen Kinderbuch verbuchen. »Die Ostereier« (1816) zeichnen ein pseudoromantisches Bild von Mittelalter und Rittertum.

Schmid hat sein Erfolgsrezept vielfach variiert. Er kleidete religiösmoralische Lehren in abenteuerliche, rührende Erzählungen und befriedigte damit ein Bedürfnis nach eskapistischer Unterhaltungslektüre. Viele seiner Werke erschienen sowohl in preiswerten Heftchen, die auch für Handwerker- oder Bauernfamilien erschwinglich waren, als auch in aufwändigen Prachtausgaben für die bürgerliche Kinderstube. Christoph von Schmid prägte maßgeblich ein literarisches Muster, das für die weitere Entwicklung der auf ein Massenpublikum ausgerichteten erzählenden Kinderliteratur wegweisend wurde.

Die geheimnisvolle Gräfin Rosalinde schenkt den Frauen im Köhlertal Zuchthühner. Lithografie aus Christoph von Schmids „Die Ostereier" in einer Prachtausgabe von 1835

Das protestantische Pendant zu Schmid war der schwäbische Pfarrer Christian Gottlob Barth (1799–1862). Der Pietist verstand seine Schriftstellerei für junge Menschen als Arbeit für das Reich Gottes und als Mission zur »Kinderrettung«. Seine im Vergleich zu Schmid emotionslosen religiösen Erbauungsschriften wie »Der arme Heinrich« (1828) oder »Die Rabenfeder« (1832) waren ganz bewusst als konfessioneller Gegenentwurf zu weltlichen Erzählungen konzipiert.

Tendenzen des Realismus
Zwischen Aufbruch und Restauration

Vom Vormärz zum Deutschen Kaiserreich
1830 Julirevolution in Frankfurt
1831–1833 Aufstände in mehreren deutschen Ländern
1832 Hambacher Fest als Protest gegen die Reaktion
1848 „Das kommunistische Manifest" von Karl Marx erscheint.
1848 Deutsche Revolution, das erste deutsche Parlament tritt in der Frankfurter Paulskirche zusammen.
1849 Friedrich Wilhelm IV. lehnt die Kaiserwürde ab.
1851 Der Deutsche Bund ist wieder hergestellt.
1870 Der Deutsch-Französische Krieg beginnt.
1871 König Wilhelm I. von Preußen wird Deutscher Kaiser.

Stilisierte Darstellung des bürgerlichen Familienlebens um 1830 aus „Sechzehn Bilder-Tafeln für den Anschauungs-Unterricht" (1839) von Karl Wilke

Hinwendung zur Wirklichkeit

Die Jahrzehnte zwischen 1830 und 1900 waren gesellschaftspolitisch geprägt durch ein Wechselspiel von Tendenzen der Beharrung und des Aufbruchs. Die revolutionären Bewegungen des selbstbewussten Bürgertums am Beginn der dreißiger Jahre und von 1848/49 mündeten jeweils in restaurative Phasen, in denen sich die Obrigkeit mit Zensur- und Zwangsmaßnahmen um die Wiederherstellung von Ruhe und Ordnung bemühte. Der langwierige Prozess der Nationalstaatsbildung kam mit der Proklamation des Deutschen Kaiserreichs von 1870 zu einem Abschluss. Parallel zur politischen Entwicklung verlief die industrielle Revolution, die sich zunächst als technischer und wirtschaftlicher Modernisierungsprozess zeigte, aber auch tief greifende Veränderungen der sozialen und demografischen Strukturen nach sich zog (z. B. Entstehung von Wirtschaftsbürgertum und Proletariat, Bevölkerungsanstieg und Urbanisierung).

In den Widerstreit der reformerischen und reaktionären Kräfte geriet auch das Bildungswesen. Im ersten Drittel des Jahrhunderts hatte Wilhelm von Humboldt mit seinem neuhumanistischen Bildungsprogramm von 1809, das auf eine individuelle, allseitige und harmonische Ausbildung aller Fähigkeiten des Menschen abzielte, Bildung als Grundlage und Zweck menschlichen Daseins bestimmt. Das Konzept einer allgemeinen Menschenbildung statt der berufs- und standesbezogenen Bildung der Aufklärung entstand unter dem Eindruck der Niederlagen im Kampf gegen die französische Besatzungsmacht. Umgesetzt wurden Humboldts Vorstellungen in einem dreigliedrigen, vertikalen System von

Gesellschaftliche Funktionen — Tendenzen des Realismus

Volksschule, Gymnasium und Universität. Insbesondere im Volksschulwesen wurde jedoch der Anspruch auf allgemeine Bildung nach 1848 wieder reduziert. Die Regulative des preußischen Unterrichtsministers Ferdinand Stiehl von 1854 bestimmten, den Unterricht dort wieder auf »das Notwendigste« einzuschränken, glaubte man doch, dass schulische Allgemeinbildung und die damit verbundene Anleitung zum Selbstdenken zu Obstruktion und Revolution geführt hätten.

Das humanistische Gymnasium mit seiner altsprachlichen Orientierung (Latein, Griechisch) stand zwar prinzipiell jedem offen, doch waren zu weiten Teilen nur die gebildeten Kreise bereit und in der Lage, eine aufwändige und langwierige Ausbildung ihrer Kinder zu finanzieren. In der Folge gewann der Bildungsweg, der über das humanistische Gymnasium und die Universität zur Aufnahme in den Höheren Staatsdienst berechtigte, zunehmend soziale Exklusivität. Das Bildungsbürgertum sah sich als gesellschaftliche Führungsschicht und grenzte sich gegenüber Aufstiegswilligen aus mittleren und unteren Schichten der Gesellschaft ab, für die ihrerseits Bildung zu einem erstrebenswerten Statussymbol wurde.

In diesem Koordinatensystem von gesellschaftlicher und sozialer Beharrung und Erneuerung bewegte sich auch die Kinder- und Jugendliteratur nach 1830. Hatten ihr Aufklärung und Romantik utopische und idealistische Impulse gegeben, so kennzeichnete in den folgenden Jahrzehnten eine pragmatische Haltung und die Hinwendung zur unmittelbaren Wirklichkeit die Entwicklung. Noch immer bestand das junge Lesepublikum überwiegend aus Kindern der »gebildeten Stände«, und die sollten nicht zuletzt durch literarische Vorbilder an das spezifische Verhaltens-, Werte- und Bildungsrepertoire herangeführt werden, das als unverzichtbarer Standard bildungsbürgerlicher Selbstrepräsentation galt. Kinder- und Jugendliteratur übernahm also eine gesellschaftliche Bildungsfunktion, durch die sie auch für Heranwachsende aus unteren Schichten interessant wurde, die sozial aufzusteigen versuchten.

Tendenzen des Realismus
Wachsende Bedeutung der »Realien«

Wissen und Weltkenntnis

Im Zuge der neuhumanistischen Reformen hatten stärker berufsorientiert ausgerichtete Bildungswege aufgrund ihrer unmittelbaren Zweckorientierung eine Abwertung erfahren. Spätestens ab 1830, als die Industrialisierung in Deutschland deutlich Gestalt annahm, erwies sich diese Haltung als unzeitgemäß. Aus ökonomischer Sicht wurde eine Professionalisierung der naturwissenschaftlichen und technischen Berufe und Wissenschaften dringend notwendig. Die wachsende Bedeutung der »Realien« (Französisch, Englisch, Mathematik, Natur- und Technikwissenschaften) gegenüber der altsprachlich orientierten humanistischen Bildung war an der Gründung von Realschulen und -gymnasien sowie von Polytechnischen und Technischen Hochschulen abzulesen, die am Ende des 19. Jhs. mit den traditionellen Gymnasien und Universitäten gleichgestellt wurden. Hier boten sich vor allem jungen Menschen aus dem mittleren Bürgertum solide Karrieremöglichkeiten als Ingenieur, Techniker oder Naturwissenschaftler.

Der industrielle Aufschwung in Deutschland beförderte ein allgemeines Interesse an technischen und naturwissenschaftlichen Entdeckungen und Erfindungen, das weithin von einem ungebrochenen Fortschrittsglauben getragen wurde. Zudem verdrängten die neuen, arbeitsteiligen Produktionsformen in den Fabriken das für das Handwerk übliche Lernen aus unmittelbarer Anschauung. Berufliches und allgemeines Bildungsinteresse sowie die Faszination der Neuerungen in Wirtschaft, Technik und Verkehr, vor allem aber auch der enorme Zuwachs an allgemeinem und fachlichem Wissen sind als Hauptgründe für den enormen Aufschwung der

Kupferstich-Titelblatt zu „Der gestirnte Himmel" (1830) von Heinrich Rockstroh. Das Sachbuch zur Astronomie führt umfassend in die Sternenbeobachtung ein. Rockstroh verfasste zahlreiche Jugendschriften zu naturwissenschaftlichen, mathematischen und technischen Themen.

Der »Technologische Jugendfreund« — Tendenzen des Realismus

Kupfertafel zum Kapitel über die „Buchdrucker" in „Der technologische Jugendfreund" (1805) von Bernhard Heinrich Blasche.
Zu jedem Handwerk werden die Werkstatt und ausgewählte Werkzeuge gezeigt. Das besondere Augenmerk gilt bei den auf Vermittlung von systematischem Sachwissen abzielenden Büchern den exakten fachsprachlichen Bezeichnungen, auf die mit Ziffern und Buchstaben verwiesen wird.

Sachliteratur anzusehen, der sich auch auf die Kinder- und Jugendliteratur auswirkte. Schätzungsweise ein Fünftel der kinderliterarischen Produktion zwischen 1800 und 1850 kann der nichtfiktionalen Literatur zugerechnet werden.

Ein besonderer Stellenwert kam den Themenbereichen Naturwissenschaft und Technik zu. Während der »Technologische Jugendfreund« (1804–10) von Bernhard Heinrich Blasche (1766–1832) mit der Konzentration auf zunftgebundene Handwerksberufe noch den Vorstellungen der Aufklärung nahe stand, war in späteren Darstellungen, z. B. »In den Werkstätten« (1878), die anfängliche Skepsis gegenüber modernen Produktionsweisen weitgehend überwunden. Auf der Höhe der Zeit war Johann Heinrich Moritz Poppe (1776–1854), der ab 1818 in Tübingen die erste Professur für Technologie in Deutschland bekleidete. In seinem mehrbändigen »Physikalischen Jugendfreund« (1811–18) übersetzte er wissenschaftliche Erkenntnisse in eine populäre Sprache. Das Standardwerk behandelt in systematischer Weise alle Bereiche der Physik, aber auch Meteorologie, Chemie und Astronomie im Hinblick auf die Aspekte Theorie, Praxis und Geschichte. Darüber hinaus werden Geräte, Versuchsanordnungen und Experimente beschrieben. Die »vielen belustigenden physikalischen Kunststücke« befriedigten das Vergnügen

1769 Der Engländer James Watt erfindet die Dampfmaschine.
1812 Erfindung der Schnellpresse
1834 Erfindung des Elektromotors
1835 Erste deutsche Eisenbahn
1839 Regelung der industriellen Kinderarbeit
1862 Einführung der Gewerbefreiheit
1876 Nikolaus August Otto erfindet den Viertakt-Motor.
1882 In Berlin wird die elektrische Straßenbeleuchtung eingeführt.
1897 Erfindung der drahtlosen Telegrafie

Tendenzen des Realismus — Historische Themen

zahlreicher Heranwachsender an spektakulären Vorführungen im Familien- und Freundeskreis, die eine beliebte Form der Geselligkeit waren. Später fanden Biografien wie die des Eisenbahnpioniers »Georg Stephenson« (1864) von W. O. von Horn (d. i. Wilhelm Oertel) und Lebenserinnerungen von Erfindern, Industrie- und Wirtschaftspionieren wie Siemens, Borsig oder Krupp begeisterte Leser.

Geschichte im Dienst der Nationalerziehung

Als ein zweiter aktueller Schwerpunkt entwickelte sich im Verlauf des 19. Jhs. die Kinder- und Jugendliteratur zu historischen Themen. In der Romantik hatte man in volkspoetischen Gattungen wie Märchen und Sage die kulturellen und sprachlichen Wurzeln deutscher Identität entdeckt. In der Folge ging es darum, jungen Menschen durch nationalerzieherische Schriften ein politisch-patriotisches Bewusstsein zu vermitteln. Dabei herrschte anfangs durchaus eine liberale Tendenz vor. Das belegen zum Beispiel Werke wie »Der patriotische Kinderfreund« (1810) von Karl Friedrich Hofmann oder »Die Weltgeschichte für Kinder« (1819) von Johann Heinrich Meynier (1764–1825). Der Jurist und Historiker veröffentlichte rund zweihundert Bände Kinder- und Jugendliteratur unter zwölf verschiedenen Pseudonymen. Seine Universalgeschichte spannte einen weiten Bogen von der Erschaffung der Welt bis zur Gegenwart und berücksichtigte Entwicklungen in Politik, Wirtschaft und Kultur nahezu aller Völker und Nationen. Meynier argumentierte rational und antiklerikal aus spätaufklärerischem Geist, übte Kritik an Monarchie und Adel und entwarf ein unsentimentales Gegenbild zum idealisierten

Illustration „Der Bei von Tunis vor Karl V." von Theodor Hosemann (1807–1875) zu „Germania" (Auflage von 1845) von Heinrich Eduard Maukisch. Hosemann, der seit seinem zwölften Lebensjahr in einer lithografischen Anstalt arbeitete, hatte wesentlichen Anteil an der Popularisierung der Kinderbuchillustration im 19. Jh. Sein realistischer Zeichenstil war von leichtem Humor, zuweilen auch von Ironie geprägt.

Identifikation mit dem erstrebten Nationalstaat — Tendenzen des Realismus

Mittelalter der Romantik. Mit Titeln wie das »Heldenbuch« (1816) von Christian Niemeyer, »Germania« (1835) und »Teutonia« (1837) von Heinrich Eduard Maukisch oder »Das deutsche Historienbuch« (1855) von Georg Theodor Dithmar wurden Leitbilder entworfen, die jungen Menschen die Identifikation mit dem erstrebten Nationalstaat erleichtern sollten. Herausragende Ereignisse der deutschen Geschichte zeigten Stärke und Leistungsfähigkeit des deutschen Reiches, die Biografien berühmter Männer sollten deutsche Nationaltugenden wie Heldenmut, Treue, Tapferkeit und Selbstlosigkeit symbolisieren. Als besondere Repräsentanten deutscher Geschichte galten Martin Luther, Schwedenkönig Gustav Adolf, Kaiser Friedrich I. Barbarossa, Friedrich der Große von Preußen und Generalfeldmarschall Gebhard Leberecht Fürst von Blücher.

Titelblatt zu „Der alte Fritz" (1855) von Theodor Drobisch

Nach dem gewonnenen Krieg gegen Frankreich und der Gründung des Deutschen Kaiserreiches 1870 verstärkte sich die Produktion historischer Romane für Heranwachsende. Aber auch geschichtliche Erzählwerke der Allgemeinliteratur wie Gustav Freytags »Ahnen« (1872–80) oder Felix Dahns »Ein Kampf um Rom« (1876) fanden unter den Jugendlichen zahlreiche Leser. Das gerade gefestigte nationale Selbstbewusstsein steigerte sich nach dem Regierungswechsel zu Kaiser Wilhelm II. (1888) und dem Rücktritt des Reichskanzlers Otto von Bismarck (1890) zu Chauvinismus und imperialistischem Streben. Aus dem Aufstieg Deutschlands zur drittgrößten Industrienation hinter den USA und England resultierte nach 1890 ein übersteigertes nationales Selbstbewusstsein, das in einer demonstrativen Weltmachtpolitik, dem Anspruch auf Kolonien und

„Wer will unter die Soldaten, / der muß haben ein Gewehr, / das muß er mit Pulver laden / und mit einer Kugel schwer. / Der muß an der linken Seite / einen scharfen Säbel han, / daß er, wenn die Feinde streiten, / schiessen und auch fechten kann." /Aus „Georgens Mutterbüchlein", 1882

Tendenzen des Realismus
Gustav Nieritz

einer wirtschaftspolitischen Expansion zum Ausdruck kam. Immer aggressiver wurden die nationalistischen Töne auch in der Kinder- und Jugendliteratur, immer heroischer die Geschichtsinszenierungen, zunehmend militaristisch die dargestellten Tugenden, deutlich stärker die Vorurteile gegen den »welschen Erbfeind«. Der preußische Offizier Karl Tanara (1849–1904) entwarf in dem nach eigenen Kriegserlebnissen gestalteten Jugendbuch »Hans von Dornen« (1891) ein enthusiastisches Heldenporträt, deutete den Krieg zur Abenteuerreise und den militärischen Kampf zum »Fest« um.

Der Realismus des Gustav Nieritz

Während die ruhmreichen Episoden deutscher Geschichte und Gegenwart in der Kinder- und Jugendliteratur gebührend gewürdigt wurden, schenkte man der sozialen Wirklichkeit weit weniger Beachtung. Massenarmut, Hungerkatastrophen, Landflucht oder soziale Ungleichheit – solche Themen fanden nur zögernd Eingang in die Literatur für junge Leser. Die Epoche des poetischen Realismus in der Allgemeinliteratur ist in der Kinder- und Jugendliteratur dieser Zeit kaum zur Ausprägung gekommen. Spuren wirklichkeitsbezogener Gestaltung wiesen noch am ehesten Werke der so genannten Vielschreiber auf, die manchmal hundert und mehr Romane und Erzählungen veröffentlichten. Oft waren sie durch materielle Not zur »Brotschriftstellerei« gezwungen. Zu den bekannteren zählten Franz Hoffmann und Rosalie Koch, der mit Abstand berühmteste war jedoch (neben den konfessionellen Autoren Christoph von Schmid und Christian Gottlob Barth) der Dresdner Lehrer Gustav Nieritz (1795–1876), dessen seit 1838 verfasste Jugendschriften in 120 Bänden erschienen. Sein Werk steht in der Tradition der sittlich und moralisch belehrenden Erzählungen des 18. Jhs., teilweise neu waren allerdings die von ihm gewählten Stoffe und Themen, die seinen auf ökonomischen Er-

Gustav Nieritz, Kupferstich nach einer Fotografie aus Nieritz' „Selbstbiografie" (1872)

Ausschnitte sozialer Wirklichkeit — Tendenzen des Realismus

folg gerichteten Intentionen entsprachen, weil sie das Unterhaltungsbedürfnis einer breiten, kleinbürgerlichen Schicht Heranwachsender befriedigen wollten.

Nieritz schuf eine literarische Welt voller Abenteuer, Historik und Exotik. Seine Texte folgen einfachen Mustern populärer Erzählweise, enthalten klare Wertungen, schablonenhafte Figuren und schematisch bleibende Handlungsabläufe. Durch hektische Schauplatzwechsel, spektakuläre Geschehnisse, einen ausgeprägten Aktionismus und gezielt eingesetzte emotionale Effekte erzeugte er eine so intensive Spannung, dass die Leser bereit waren, langatmige Belehrungen über Moral, Naturkunde und Geografie mit in Kauf zu nehmen. Häufig gestaltete Nieritz historische Stoffe, zum Beispiel in »Alexander Menzikoff« (1844) oder »Die Türken vor Wien« (1855), oder abenteuerliche Sujets ferner Welten wie etwa in »Die Negersklaven und der Deutsche« (1841). Aber er gehörte auch zu den wenigen Jugendbuchautoren seiner Zeit, die Ausschnitte sozialer Wirklichkeit thematisierten. »Das Testament« (1848) spielt im Dresdner Armenmilieu, und »Mutterliebe und Brudertreue« (1844) handelt von den viel diskutierten Gefährdungen des Großstadtlebens. Allerdings fehlte diesen Ansätzen realistischen Erzählens jede sozialkritische Dimension. Der affirmativen Haltung entsprechend wurde stets die Tugend jener Protagonisten belohnt, die sich mit den – wie auch immer gearteten – Verhältnissen und ihrem vorbestimmten Schicksal abfanden. Dank göttlicher Hilfe war am Ende die alte Ordnung stets wieder hergestellt.

Die auf Peter Schwingens „Pfändung" (1845) dargestellte Szene gestaltet ein Motiv, das auch Nieritz in seinen Erzählungen so oder ähnlich verwandte: Der hartherzige Gläubiger lässt sich selbst von der erniedrigenden Haltung des Schuldners nicht umstimmen.

Tendenzen des Realismus — Abenteuer- und Reiseromane

Titelblatt mit kolorierter Lithografie zu „Reisebilder für die Jugend erzählt" (um 1850) von Philipp H. Külb. Ein Beispiel für die zahlreichen Reise- und Abenteuerbücher der Zeit.

„Oft richtet ein einziges dieser Raubthiere entsetzliche Verwüstungen an. So hatte sich in einem Engpasse eine Tigerin mit zwei Jungen gelagert und würgte täglich mehrere Menschen. Da sie auch gegen zwölf Postboten zerriß, so hörte mehrere Wochen lang jede Verbindung zwischen den beiden zunächstgelegenen Städten auf."
Aus: Theodor Dielitz: „Die Tigerjagd in Ostindien", in „Lebensbilder", 1841

Ferne Welten im Abenteuerbuch

Nieritz' Werke verweisen symptomatisch auf eine Entwicklung, in der Geschichte, Geografie und Völkerkunde häufig nur noch als Kulisse für eine reichhaltige Reise- und Abenteuerliteratur dienten. Sie bot einer zunehmend breiteren Konsumentenschicht Fluchtmöglichkeiten aus einem Alltag, den Standesregeln, gesellschaftliche Werte und Normen eng begrenzten. Zu Zeiten, in denen das Reisen nur sehr wenigen Menschen möglich war, blieb es der Fantasie vorbehalten, ferne Länder und Völker zu entdecken. Der Panorama-Blick auf die Welt wurde zum Signum des 19. Jhs., erst als träumerischer Sehnsuchtsblick, später als politisch motivierter Anspruch auf Kolonien und einen Teil der Weltherrschaft. Das Genre changierte zwischen sachlicher Beschreibung und exotischem Schauspiel und wurde oft genutzt, um moralische Lehren zu vermitteln. Theodor Dielitz (1810–1869) kompilierte insgesamt 15 Bände »Land- und Seebilder« (1841–62), deren Schilderungen von Naturkatastrophen, kriegerischen Auseinandersetzungen, Besiedlungen und Überfällen, sei es auf See oder in fernen Ländern, in erster Linie der Unterhaltung dienten. Sophie Wörrishöffer (1838–1890) wiederum, die als junge Witwe mit dem Schreiben begonnen hatte, berücksichtigte von der Kolonialerzählung über die Indianergeschichte bis zum Auswandererroman jedes Genre und vergaß auch nicht, sämtliche Kontinente in ihre meist auf vordergründige Spannung hin konzipierten, sprachlich anspruchslosen Geschichten einzubinden. Ihre Bücher waren offenkundig auf den Markterfolg hin geschrieben, Werke wie »Robert der Schiffsjunge« (1877) oder »Das Naturforscherschiff« (1880) wiesen zudem nationalistische und chauvinistische Tendenzen auf.

Einige bekannte Abenteuerbücher des europäischen Auslands wurden ebenfalls von deutschen Jugendlichen

Jules Verne — Tendenzen des Realismus

begeistert aufgenommen. Mehrere Seeromane veröffentlichte der Engländer Frederick Marryat (1792–1848), der als Marineleutnant über genaueste Kenntnisse des Schifffahrtswesens verfügte. Seine Robinsonade »Masterman Ready« (1841–43) überzeugte durch eine authentische Darstellung von Seefahrt und Inselleben. Heinrich Laubes deutsche Bearbeitung für die Jugend – »Sigismund Rüstig« (1843) – blieb bis weit ins 20. Jh. hinein erfolgreich. Die Reisen der Romanhelden des Franzosen Jules Verne (1828–1905) führten nicht nur rund um die Erde, sondern auch in ihr Inneres und bis zum Mond. Der Urvater des Science-Fiction kombinierte Elemente des Abenteuerromans mit Erkenntnissen und Zukunftsvisionen moderner Technik und Wissenschaft zu einem spannenden neuen Genre. Einen Sensationserfolg konnte er mit der »Reise um die Erde in 80 Tagen« (1873, dt. 1874) verbuchen. Der englische Gentlemen Phileas Fogg wettet, dass es ihm gelingen wird, den Erdball in 80 Tagen zu umrunden. Er und sein Diener nutzen dabei die fortschrittlichsten Kommunikations- und Verkehrsmittel. Doch durch Unzulänglichkeiten anderer Menschen und Widrigkeiten der Natur werden sie immer wieder behindert. Dass der pedantische Rationalist Fogg einen so entscheidenden Aspekt wie die Zeitverschiebung übersieht, ist als kritischer Seitenhieb auf einen übersteigerten Technikglauben zu werten. In zahlreichen weiteren Romanen, z.B. »Fünf Wochen im Ballon« (1863, dt. 1887) oder »Zwanzigtausend Meilen unter den Meeren« (1870, dt. 1875), erwies sich Verne als Meister spektakulärer Erfindungen und kühner Gedankenspiele.

Szene aus der Verfilmung von Jules Vernes „In achtzig Tagen um die Welt" (USA 1956) in der Regie von Michael Anderson und Kevin McClory. Der Film wurde mit zwei Oscars ausgezeichnet.

Die Sklavenfrage: »Onkel Toms Hütte«

Zu den häufig bearbeiteten Themen zeitgenössischer Kinder- und Jugendliteratur zählte in dieser Zeit die Sklaverei. Gern wurde in grellen Überzeichnungen von Sklavenjagd und -handel in Afrika erzählt. Die unzivili-

Das Thema Sklaverei in der Kinder- und Jugendliteratur
- Christoph Hildebrandt: „Der junge Negersklave und Die geraubten Kinder" (1834)
- Gustav Nieritz: „Die Negersklaven und der Deutsche" (1841)
- Philipp Körber: „Der Missionar" (1845)
- Pilipp Körber: „Toussaint l'Ouverture oder Der Negeraufstand in Hayti" (1846)

Tendenzen des Realismus »Onkel Toms Hütte«

Titelblatt zu einer Bearbeitung von „Onkel Toms Hütte" (1911) für die Jugend von Rudolf Reichardt

Sklavenfrage in den USA
Im Gebiet der Vereinigten Staaten von Amerika lebten 1790 rund 700 000 und 1860 über 4 Millionen Sklaven. Nachdem es unter dem Einfluss der europäischen Aufklärung zu ersten Protesten gekommen war, wurde das System der Sklaverei im Norden und Nordwesten der USA, wo es insgesamt nur von geringer Bedeutung war, am Beginn des 19. Jh. abgeschafft. In den Südstaaten jedoch, wo die Sklaverei das Fundament des agrarisch organisierten Arbeits- und Wirtschaftssystems (v. a. Baumwolle) bildete, blieb sie erhalten. Die ungelöste Sklavenfrage war ein Hauptmotiv für den Sezessionskrieg (1861–1865), der nach dem Austritt der Südstaaten aus der Union und der Bildung einer eigenen Konföderation begann. Erst der Sieg der Nordstaaten über den Süden besiegelte nach dem Ende des Krieges 1865 die Abschaffung der Sklaverei.

sierten »Wilden« sollten eine pittoreske Gegenfolie zu gesitteter deutscher Lebensart bilden. Ganz andere Absichten bewegten hingegen die Amerikanerin Harriet Becher Stowe (1811–1896), die mit »Onkel Toms Hütte« (1852, dt. 1852) eine politische Anklageschrift gegen die Sklaverei veröffentlichte. Der Roman fand sofort enormen Zuspruch; auch in Deutschland wurde er zu einem der populärsten Abenteuerbücher des 19. Jhs.

Das Buch löste heftigste, nicht zuletzt politische Diskussionen aus und wirkte indirekt auch auf die Kontroverse um die Sklavenfrage zwischen dem Norden und dem Süden der Vereinigten Staaten, die sich 1861 zu einem Bürgerkrieg ausweitete. Die Theologentochter Becher Stowe betrachtete »die Frage der Sklaverei im Licht des Evangeliums«. Ihre Schilderung von Toms Leidensweg ist christlicher Motivik verpflichtet, jede seiner Lebensstationen steht für eine Variante der Sklaverei. Sein Martyrium und schließlich sein Tod auf der Farm eines skrupellosen Baumwollfarmers sind analog zur christlichen Überzeugung gestaltet, durch das Sterben Jesu Christi im Tod erlöst zu werden. Exemplarisch sucht das Buch aber auch die negativen Folgen der Sklaverei für die Familien aufzuzeigen. Einfühlsam werden etwa Themen wie die Trennung von Eltern und Kindern oder von Eheleuten geschildert. Damit erzeugte die Autorin Mitleid und Rührung auch bei Lesern, die sich bis dahin über die Sklavenfrage wenig Gedanken gemacht hatten.

»Lederstrumpf« und andere Indianergeschichten — Tendenzen des Realismus

Begeisterung für Indianerbücher

Das große Interesse, das deutsche Leser im 19. Jh. Literatur über Nordamerika entgegenbrachten, resultierte nicht zuletzt aus dem Wunsch, sich über die Zustände und Lebensbedingungen in dem Land zu informieren, in das man möglicherweise auswandern wollte. Die Ablösung der Heimarbeit durch die Fabrikproduktion sowie Missernten in verschiedenen Regionen führten bis 1850 zu großen Auswanderungswellen insbesondere bei der ländlichen Bevölkerung. Viele jüngere, vor allem männliche Leser faszinierte allerdings eher die Aura des Fremden, Wilden und Exotischen, von der literarische Schilderungen über die Ureinwohner Amerikas geprägt waren. Das Vorbild für zahllose weitere Indianergeschichten lieferte James Fenimore Cooper (1789–1851) mit seinen fünf »Lederstrumpf«-Erzählungen (1823–1841), die Franz Hoffmann für die erste deutsche Jugendausgabe (1845) stark veränderte und kürzte. Die idealisierende Geschichte des in der Prärie lebenden Trappers Natty Bumpoo, der zwischen weißen Siedlern und Indianern zu vermitteln sucht, infizierte den jungen Hamburger Friederich Gerstäcker (1816–1872) so sehr mit Fernweh, dass er nach Nordamerika reiste. In Reportagen schilderte er Sitten und Gebräuche, Kultur und Geschichte der Ureinwohner und zeichnete ein ungeschminktes Amerikabild. Gerstäckers Stärke lag weniger in seiner Erfindungsgabe als in der Fähigkeit, tatsächlich Erlebtes und Erfahrenes mit großer Farbigkeit und Detailfülle zu erzählen. In Bestsellern wie »Die Regulatoren in Arkansas« (1846) oder »Die Flußpiraten des Mississippi« (1848) verknüpfte er auf unterhaltsame Weise authentische Informationen mit spannenden Abenteuern.

Titelblatt zu einer Jugendausgabe der „Lederstrumpf"-Erzählungen (um 1905), bearbeitet von Franz Hoffmann

Tendenzen des Realismus — Karl May

Der ideale Deutsche: Old Shatterhand

Den Höhepunkt des Abenteuer- und Indianer-Fiebers im Deutschland des 19. Jhs. markiert das Werk Karl Mays (1842–1912). Der Sohn einer Weberfamilie war in seinem Bemühen, als Lehrer ein Leben in geordneten Bahnen zu führen, bald gescheitert. Nachdem ihn Betrugsdelikte und Hochstapeleien erst ins Gefängnis und dann ins gesellschaftliche Abseits gebracht hatten, beschloss er, seine überbordende Fantasie legal zu nutzen. 1874 begann May seine schriftstellerische Laufbahn mit historischen Erzählungen, Dorfgeschichten und Humoresken für populäre Haus- und Familienzeitschriften wie »Für alle Welt« oder »Frohe Stunden«. Es folgten mehrere umfangreiche Kolportageromane, bis er in den achtziger Jahren zu einem eigenständigen Stil und zum exotischen Abenteuerroman für Jugendliche fand. Mit der »Winnetou«- (1893) und der »Old Surehand«-Trilogie (1894–1896) sowie dem sechsbändigen Orient-Zyklus »Durch Wüste und Harem« (1892ff.) stieg er zu einem der auflagenstärksten deutschen Autoren auf. Das Geheimnis seines Erfolgs lag in der erzählerischen Mischung aus Spannung, Rührung und Komik, aber auch in der frappierenden Übereinstimmung der Botschaften seiner Werke mit dem gesellschaftlichen Bewusstsein der Epoche. Ob im »Wilden Westen« Nordamerikas oder im »Wilden Kurdistan«, immer wurde die Überlegenheit der christlich-abendländischen Kul-

Titelblatt zu „Winnetou" (Ausgabe von 1951) von Karl May

„Der jüngere war genauso gekleidet wie sein Vater, nur daß sein Anzug zierlicher gefertigt war. Seine Mokassins waren mit Stachelschweinborsten und die Nähte seiner Leggins und des Jagdrocks mit feinen, roten Zierstichen geschmückt. Auch er trug den Medizinbeutel am Hals und das Kalumet dazu. Seine Bewaffnung bestand wie bei seinem Vater aus einem Messer und einem Doppelgewehr. Er trug ebenfalls den Kopf unbedeckt und hatte das Haar zu einem helmartigen Schopf aufgebunden, durchflochten mit einer Klapperschlangenhaut, aber ohne es mit einer Feder zu schmücken. Es war so lang, dass es dann noch reich und schwer auf den Rücken niederfiel. Gewiß hätte ihn manche Frau um diesen herrlichen, blauschimmernden Schmuck beneidet. Sein Gesicht war fast noch edler als das seines Vaters und die Farbe ein mattes Hellbraun mit einem leisen Bronzehauch."
Karl May „Winnetou" (1893)

Projektionsflächen für Allmachtsfantasien

Tendenzen des Realismus

tur und der europäischen Technik beschworen. Der Blick auf andere Völker war ambivalent: Auch wenn die Indianer, wie zum Beispiel der legendäre Winnetou, der Rousseauschen Vorstellung vom »edlen Wilden« entsprachen, erschien deren Vernichtung nach den Gesetzen der Darwinschen Rassenlehre doch gerechtfertigt. Die (männlichen) jugendlichen Leser faszinierten aber in erster Linie Helden wie Old Shatterhand und Kara Ben Nemsi, die als charismatische Ich-Erzähler ein besonders ausgeprägtes Identifikationspotenzial und hinreichend geeignete Projektionsflächen für Allmachts- und Wunscherfüllungsfantasien boten. Old Shatterhand etwa verkörperte das Nationalklischee vom ehrlichen und aufrichtigen Deutschen. Mays mythologisierte Helden entsprachen dem Männerideal der Zeit, das Eigenschaften wie Tatkraft, Führungswillen, Mut und Kühnheit favorisierte. Die Lektüre ermöglichte ein Probehandeln in der Fantasie, das ein Hineinwachsen in die geschlechtsspezifische gesellschaftliche Rolle beförderte.

Karl May (1842–1912)

Vom trotzigen »Backfisch« zur perfekten Dame

Seit dem Beginn des 19. Jhs. hatten engagierte Frauen wie Amalie Holst gegen die in der Gesellschaft herrschende Auffassung von der »natürlichen« Unterlegenheit der Frau protestiert und ihre Gleichstellung in rechtlicher und sozialer Hinsicht, vor allem aber auch im Hinblick auf die Chancen zum Erwerb von Bildung und Beruf gefordert. In der Erziehung junger Mädchen jedoch fanden solche Vorstöße noch bis zum Ende des 19. Jhs. kaum ein Echo. Hier stand weiterhin die Prägung des spezifisch weiblichen Geschlechtscharakters, zu dem Sanftmut, Passivität und Selbstaufgabe gehörten, im Vordergrund. Die Erziehung der »höheren« Töchter des Bildungsbürger-

„Herzblättchens Zeitvertreib. Unterhaltungen für kleine Knaben und Mädchen zur Herzensbildung und Entwickelung der Begriffe" (1909). Die Kinderzeitschrift wurde von Thekla von Gumpert (1810–1897) 1856 begründet und erschien bis 1933. Von Gumpert gab auch das populäre Mädchen-Jahrbuch „Töchter-Album" (1855–1931) heraus.

77

Tendenzen des Realismus
Emmy von Rhodens »Trotzkopf«

tums war gänzlich auf das Ziel der Eheschließung hin ausgerichtet. Berufstätigkeit galt allenfalls als Notlösung für diejenigen, die vergeblich nach einem Bräutigam gesucht hatten, oder für unversorgte Witwen.

Diese Positionen bestätigte auch die Mädchenliteratur. In der zweiten Hälfte des 19. Jhs. wurden die bis dahin üblichen Anstandslehren, Ratgeber und moralischen Beispielgeschichten für junge Mädchen zwar allmählich durch erzählende Literatur, so genannte Mädchen- oder Backfischbücher, abgelöst, doch deren Zielsetzung glich zumeist den älteren Gattungen: auch Liebes- und Erziehungsromane für die weibliche Jugend sollten in erster Linie der Vorbereitung auf den »dreifachen Pflichtenkreis« einer Mutter, Gattin und Hausfrau dienen, darüber hinaus Irritationen der Pubertät überwinden helfen, erste Liebeserfahrungen thematisieren, aber auch eigene Wünsche und Hoffnungen spiegeln.

In diesem Genre traten zum ersten Mal in größerer Zahl Schriftstellerinnen hervor. »Backfischchens Leiden und Freuden« (1863) von Clementine Helm enthält noch zahlreiche Anstands- und Benimmregeln. An den mehr als dreißig »Herzensgeschichten mit erzieherischer Tendenz« von Clara Cron lässt sich die Entwicklung von der moralischen Erzählung (»Mädchenleben«, 1861) bis zum Backfischroman nachvollziehen (z. B. »Erwachen und Erblühen«, 1891). Während die meisten dieser Werke heute vergessen sind, hat Emmy von Rhodens (1832–1885) im Jahr 1885 erschienener »Trotzkopf« Klassikerstatus erlangt. Ilse, die ungestüme Gutsbesitzerstochter aus Pommern, verwandelt sich in einem Pensionat zur vollendeten Dame und begegnet auf der Heimreise einem standesgemäßen jungen Mann, der bald darauf um ihre Hand anhält. Die ungeheure Popularität des »Trotzkopf« – bis 1891 waren bereits neun Auflagen erschienen – gab den Anstoß zu einer Fortsetzung. Nach dem Tod Emmy von Rhodens schrieben ihre Tochter Else Wildhagen und weitere Autorinnen die Lebensgeschichte Ilses fort, bis 1930 »Trotzkopfs Nachkommen – ein neues

Ablösung des überlieferten Frauenbilds

Tendenzen des Realismus

Titelblatt zu „Trotzkopfs Brautzeit" (1895) von Else Wildhagen
Die amüsanten bis sentimentalen Schilderungen des Internatsalltags und der kleinen Streiche und Aufgeregtheiten einer munteren Mädchenclique machen den Charme des „Trotzkopfs" aus. Den Leserinnen fiel es offenbar leicht, sich mit einer Protagonistin zu identifizieren, die sich nie ganz in das gesellschaftlich geforderte Rollenkorsett zwängen lässt und sich ein wenig von ihrer Widerspenstigkeit bewahrt.

Geschlecht« den Schlusspunkt unter die erste Mädchenbuch-Reihe setzte, die bis in die Gegenwart viele Nachfolger gefunden hat.

Obwohl sich im »Trotzkopf« das bürgerliche Ideal von Liebe und Ehe nochmals erfüllt, wurde doch ein Zwiespalt zwischen dem überlieferten Frauenbild und einem sich allmählich herausbildenden emanzipierteren Rollenverständnis sichtbar. Die bildungsbürgerliche Repräsentationskultur, auf die hin junge Mädchen noch immer ausgebildet wurden, hatte in der modernen Industriegesellschaft, die sich über Arbeit und Leistung definierte, ihre Funktion weitgehend verloren und war zur erstarrten Konvention geworden. Doch die Möglichkeiten freier Berufswahl, höherer Bildung oder eines Studiums blieben den Frauen nach wie vor verwehrt. Aus dem Konflikt zwischen geforderter Anpas-

Frauen-Emanzipation in Deutschland
1802 Erscheint die Schrift „Über die Bestimmung des Weibes zur höheren Geistesbildung", in der Amalie Holst den Anspruch der Frauen auf Bildung formuliert
1865 Gründung des Allgemeinen Deutschen Frauenvereins
1866 Wilhelm Adolf Lette gründet den „Verein zur Förderung der Erwerbstätigkeit des weiblichenGeschlechts", den „Lette-Verein".
1873 Hedwig Dohm fordert das Wahlrecht für Frauen.

Tendenzen des Realismus: Johanna Spyris »Heidi«

sung und verhinderter Emanzipation entstand ein weibliches Krisen-Bewusstsein, das auch im Zusammenhang mit pathologischen Deutungen diskutiert wurde. Die hysterische oder neurotische Frau wurde nicht zuletzt im Kontext von Sigmund Freuds »Studien über Hysterie« (1895) zu einem literarischen Motiv des Fin de Siècle, fand aber auch vereinzelt Eingang in die Kinder- und Jugendliteratur.

Elemente dieses Krisen-Bewusstseins finden sich auch in Johanna Spyris (1827–1901) »Heidis Lehr- und Wanderjahre« (1882). Die religiös-sentimental grundierte Krankheits- und Trennungsgeschichte steht in der Tradition der seinerzeit ausgesprochen beliebten Dorfgeschichte, verweist mit dem Titel aber auch auf Goethes klassische Bildungsromane »Wilhelm Meister Lehrjahre« (1795–96) und »Wilhelm Meisters Wanderjahre« (1821).

Die Waise Heidi wächst auf einer Bergalm bei ihrem Großvater auf. In der gesellschaftsfernen Alpenwelt entwickelt sie sich zu einem fröhlichen Kind mit natürlichem Gottvertrauen. Dann bringt eine Verwandte sie nach Frankfurt, wo sie in einer reichen Familie einem gelähmten Mädchen Gesellschaft leisten soll. Heidi wird krank, sie schlafwandelt und verweigert das Essen, ein Verhalten, das in der Psychoanalyse als »hysterische Heimwehreaktion« gedeutet wurde. Gesund wird Heidi erst nach ihrer Rückkehr in die Berge. Die Natur mit ihren heilenden Kräften wird der verderblichen Zivilisation der Großstadt gegenübergestellt. Zugleich aber symbolisieren die Schauplätze auch die psychische Befindlichkeit der Heldin: die Alm steht für Vertrautheit, Frankfurt für Verlorenheit und Entfremdung. Spyri zeichnet eine beunruhigende Seelengeschichte nach, die zudem ein Problem in der kindlichen Entwicklung aufgreift: die Verlassensängste, die es bei der Ablösung von den Eltern zu überwinden gilt. Heidi gelingt dies nicht, sie kehrt zurück in die ihr vertraute Umgebung. Wegen dieser regressiven Wendung hat Bettina Hurrelmann »Heidi« als einen antipädagogischen Roman, als einen Antientwicklungsroman bezeichnet. In der Thematisierung einer kindlichen

Aufmüpfige Helden bei Mark Twain — Tendenzen des Realismus

Grundangst, die erzähltechnisch dadurch gestützt wird, dass der Leser ganz nah an die Hauptfigur herangeführt wird, liegt die Bedeutung von Spyris Buch, das als Vorläufer des psychologischen Kinderromans angesehen werden kann.

Die unangepassten Kinder

Hauptfiguren der Kinder- und Jugendliteratur des 19. Jhs. waren die göttlichen Geschöpfe der Romantik und die braven Kinder der moralischen Beispielgeschichte. Handelten sie tatsächlich einmal lasterhaft oder ungehorsam, so waren sie am Ende doch wieder zur Tugend bekehrt. Von diesem der Erziehungsfunktion geschuldeten kinderliterarischen Grundschema wichen nur wenige Autoren ab. Einer war der Amerikaner Mark Twain (d.i. Samuel Langhorne Clemens, 1835–1910), der mit »Tom Sawyer« (1876, dt. 1876) und »Huckleberry Finn« (1884, dt. 1890) zwei aufmüpfige Helden von weltliterarischem Rang erfand, die sich, gerade weil sie sich nicht anpassen mochten, einen Platz im Herzen junger Menschen eroberten. Twain lehnte die übliche Kinderliteratur mit ihren moralischen Intentionen entschieden ab. Zudem schrieb er zunächst weniger für Kinder, sondern wollte Erwachsene zum nostalgischen Rückblick auf die eigene Kindheit anregen.

Filmszene aus „Die Abenteuer des Huck Finn" (1992) von Stephen Sommers mit Elijah Wood und Courney B. Vance

Twain zeigt die Welt der Kleinbürger und sozial Benachteiligten, die entlang des Mississippi leben. Hier strolchen Tom und Huck herum, hecken Streiche aus und geraten immer wieder in gefährliche Situationen und Konflikte mit den Erwachsenen. Spannung erzeugen Motive der Abenteuer- und Kriminalgeschichte wie Schatzsuche, Mord, Flucht, Erpressung, Entführung

Tendenzen des Realismus
Missbilligung des saturierten Kleinbürgertums

und Verwechslung. Die überaus lebendig und authentisch wirkenden Schilderungen changieren zwischen Idylle und Burleske, wobei in »Huckleberry Finn« auch wegen der Kritik am Rassismus der Südstaaten eine deutlich skeptische Haltung gegenüber der Gesellschaft spürbar wird. Dass der Autor keine Zugeständnisse an das kindliche Auffassungsvermögen machte, ist etwa auch an dem Spiel mit literarischen Traditionen (z. B. Homer, Cervantes, Shakespeare) zu erkennen. Die Bedeutung des Werkes für die Kinderliteratur ist also vor allem im Verzicht auf jede pädagogische Intention zu sehen. Innovativ war, dass statt eines moralisierenden oder allwissenden Erzählers der ungebildete Huck mit seinem Jargon und seiner zuweilen unbeholfenen Ausdrucksweise selbst zu Wort kommt. Diese Modernität führte bei vielen Pädagogen zur Ablehnung von »Tom Sawyer« und »Huckleberry Finn«, so dass sich ihre Abenteuer erst mit Verzögerung durchsetzen konnten.

Auch in Deutschland gab es einen Künstler, der seine Missbilligung des saturierten Kleinbürgerlebens selbst Kindern zumutete. Wilhelm Busch (1832–1908) war ein Außenseiter, ebenso gescheitert als Student des Maschinenbaus wie als akademischer Kunstmaler. Von seinem umfangreichen Œuvre an Karikaturen und Bildergeschichten zählen »Hans Huckebein, der Unglücksrabe« (1867) und natürlich »Max und Moritz« (1865) zur Kinderliteratur. Die sieben Streiche der »bösen Buben« sind Parodien auf die moralische Beispielgeschichte. Der Erzähler entrüstet sich in der Art eines Bänkelsängers mit lakonischen, ruppigen Knittelversen und pointierten Zeichnungen über das »Lumpenpack« Max und Moritz, doch seine geheime Verachtung gilt den dörflichen Spießern wie der Witwe Bolte, dem Schneider Böck oder dem Lehrer Lämpel, deren Lebenszweck auf die Hühnerhaltung, Nadel und Faden oder ein Pfeifchen Tabak beschränkt ist. Es ist eine mitleidlose Welt, in der die Kinder auf sich allein gestellt sind: »Und die Kinder werden Sünder, / Wenn's den Eltern einerlei« heißt es – vermutlich in Erinnerung an die eigene Biografie – in der »Frommen Helene«. Die

„Ach was muß man oft von bösen / Kindern hören oder lesen! / Wie zum Beispiel hier von diesen, / Welche Max und Moritz hießen. / Die anstatt durch weise Lehren / Sich zum Guten zu bekehren, / Oftmals noch darüber lachten / Und sich heimlich lustig machten. –" Wilhelm Buch „Max und Moritz" (1865)

Wilhelm Busch **Tendenzen des Realismus**

Max und Moritz sind voller Schadenfreude über den gelungenen Streich, den sie Schneidermeister Böck gespielt haben.

Aggressivität von Max und Moritz ist als Ventil für deren Ohnmacht und Hilflosigkeit zu deuten. In Buschs satirischem Sittenbild überdeckt vordergründige Komik die pessimistische Weltsicht eines Autors, der mit Schopenhauers Philosophie bestens vertraut war und wie dieser nicht nur den Sinn der Weltgeschichte infrage stellte, sondern auch an der Erziehbarkeit des Menschen zweifelte. Die Gestaltung der »Bösewichter« als klischeehafte Figuren ohne Individualität und ihr grausames Ende weisen bereits auf die Surrealität des Comics voraus, dessen Entstehung Busch mit seinem Schaffen wesentlich beförderte. Mit den vermeintlich harmlosen, so ungemein einprägsamen Reimen seines »Max und Moritz« – einer sprachlichen Mischung aus Alltagsfloskeln und manieriertem Bildungsbürgerjargon – erwarb sich Busch den Ruf eines humoristischen Dichters für die ganze Familie.

Doch blickt man auf die Bedeutungsebene jenseits der »lustigen« Bildergeschichte, wird das »böses Spiel« deutlich, das Busch mit den Grundsätzen bürgerlicher Moral trieb, er parodierte, ja verhöhnte diese und zerstörte so Traditionen der Kinderliteratur. Wie Twains Werk steht auch das von Wilhelm Busch für ein antipädagogisches Element in einer ansonsten zutiefst pädagogisch ausgerichteten Kinder- und Jugendliteratur.

Reformbewegungen — Ausbau der Volksschulen

Neue bildungspolitische Akzente

Die Überzeugung, dass in einer Industriegesellschaft der ökonomische Fortschritt langfristig nur zu sichern ist, wenn die Masse der Bevölkerung die grundlegenden Kulturtechniken beherrscht, führte nach 1870 zur lange überfälligen Revision der rückschrittlichen Bildungspolitik im deutschen Elementarschulwesen. Mit dem Ausbau der Volksschulen und der endgültigen Durchsetzung der Schulpflicht kam im letzten Drittel des 19. Jhs. der Prozess der Alphabetisierung zum Abschluss: Alle Kinder lernten jetzt Lesen und Schreiben.

Das »Elend« der Kinderliteratur

Die Zunahme der Lesefähigkeit in der Bevölkerung hatte auch zur Folge, dass die Literatur für Heranwachsende ein breites Publikum jenseits der bildungsbürgerlichen Elite erobern konnte. Erleichtert wurde der Aufschwung auf dem Buchmarkt im letzten Drittel des 19. Jhs. durch verbesserte Satz- und Drucktechniken, die es ermöglichten, auf die Lesebedürfnisse und finanziellen Möglichkeiten der einzelnen Zielgruppen exakt zugeschnittene Angebote herzustellen – vom billigen Heftchen in Massenauflage bis zum repräsentativen Prachtband. Die Produktionszahlen der Verlage schnellten in die Höhe. Die zahllosen, nur auf den kommerziellen Erfolg hin hastig geschriebenen und nachlässig gedruckten Unterhaltungsromane sowie Kinder- und Jugendbücher erreichten zwar ein großes Publikum, forderten aber zunehmend die Kritik derer heraus, die es sich zur Aufgabe gemacht hatten, die literarische Kompetenz von Heranwachsenden aus den unteren Bevölkerungsschichten zu fördern.

„Herzlichen Glückwunsch zum ersten Schulgang", Postkarte, 1909

Diese Bestrebungen standen im Zusammenhang mit der Herausbildung einer Arbeiterkulturbewegung, die unter dem von dem Sozialdemokraten Wilhelm Liebknecht geprägten Schlagwort

Empfehlungen der Jugendschriftenwarte — Reformbewegungen

»Wissen ist Macht« seit den siebziger Jahren des 19. Jhs. Anstrengungen unternahm, die Arbeiterschaft an die vom Bildungsbürgertum gesetzten und tradierten Kultur- und Wissensstandards heranzuführen. Die Beschäftigung mit Kunst und Kultur in der freien Zeit sollte einen Ausgleich zur Monotonie und »Fremdbestimmtheit« der Industriearbeit bieten. Zu diesem Zweck wurden unter anderem Arbeiter-Bildungsvereine gegründet, Volkshochschulen und Volksbibliotheken, aber auch erste Lesehallen (Bibliotheken) speziell für Kinder eingerichtet.

Vor dem Hintergrund der Bemühungen um einen kulturellen Ausgleich der Klassengegensätze und eine »Veredlung der Arbeiter« sind auch die Aktivitäten der vor allem von Volksschullehrern getragenen Jugendschriftenbewegung zu sehen, der es insbesondere darum ging, zur literarischen Geschmacksbildung von Heranwachsenden unterer Sozialschichten beizutragen. Mit Empfehlungslisten und Besprechungen in dem in der Volksschullehrerschaft weit verbreiteten Fachblatt »Jugendschriften-Warte« (ab 1893) strebte man zwei Hauptziele an: der trivialen Massenliteratur für Heranwachsende Leser zu entziehen und für literarisch anspruchsvolle Werke zu werben. Bekanntester Vertreter der Jugendschriftenbewegung war der Volksschullehrer und Schriftleiter der Zeitschrift Heinrich Wolgast (1860–1920), der mit seiner 1896 veröffentlichten Streitschrift »Das Elend unserer Jugendliteratur« großes Aufsehen erregte. In seiner rückwärtsgewandten kulturellen Utopie verband er die sozialdemokratische Forderung nach einer Hebung des allgemeinen Bildungsniveaus mit idealistischen Positionen, wie sie etwa Schiller in »Über die ästhetische Erziehung des Menschen« formuliert hatte, und spätromantischen Vorstellungen über die Bedeutung volkspoetischer Gattungen für die Formung einer nationalkulturellen Identität.

Wolgast sprach sich rigoros gegen eine spezifische Kinder- und Jugendliteratur aus, weil sie seiner Überzeugung nach eine allein aus wirtschaftlichen Erwägungen produzierte Massenware ohne jeden poetischen

Reformbewegungen
Heinrich Wolgast

Wert war. Pädagogische Intentionen erkannte er nicht an. Werke, die moralische, religiöse oder politische Überzeugungen vermittelten, waren für ihn »Tendenzschriften«, die er mit gleicher Vehemenz ablehnte wie die reinen »Unterhaltungsschriften«. Einer seiner Kernsätze lautete: »Die Jugendschrift in dichterischer Form muß ein Kunstwerk sein«. Da aber – so seine Folgerung – literarische Kunstwerke stets zur Allgemeinliteratur gehörten, sei eine besondere Literatur für junge Leser überflüssig.

Illustration in expressionistischem Gestus von Ursula Kirchberg (*1938) zu „Der kleine Häwelmann" von Theodor Storm in einem Bilderbuch von 1970. Storms Traumerzählung handelt von einem abenteuerlustigen Jungen, der des Nachts mit seinem Bett bis zum Mond reist.

Welche Lektüre empfahl Wolgast Jugendlichen? Sie sollten sich mit den »klassischen Denkmälern« der Literatur vertraut machen, wozu er vor allem Kunstmärchen und andere Gattungen der Volksliteratur zählte. Im Rückgriff auf die Spätromantik setzte er seine Hoffnung darauf, dass diese Literatur eine über soziale Grenzen und Lebensalter hinweg verbindende, einheitsbildende Funktion in der modernen Gesellschaft übernähme. Von den zeitgenössischen Werken galt ihm Theodor Storms (1817–1888) »Pole Poppenspäler« (1874) als vorbildlich, sicher auch, weil Storms im Zusammenhang mit der Entstehung der Novelle geäußertes Diktum »Wenn du für die Jugend schreiben willst, [...] so darfst du nicht für die Jugend schreiben!« von Wolgast als Beleg für seine Position angesehen wurde. Als eine ebenso »literarisch wertvolle Lektüre« für junge Leser erachtete er Adalbert Stifters (1805–1868) Erzählung »Der Waldbrunnen« (1866). Auf die Kriterien, die seiner Bewertung zugrunde lagen, gab Wolgast allerdings nur wenige Hinweise. Thematisch sollte – wie in »Pole Poppenspäler« – ein Zusammenhang zwischen Kindheits- und Erwachsenenwelt und eine Parteinahme für das bürgerliche Leben deutlich werden; wichtig waren für Wolgast

Erziehung »vom Kinde aus« — Reformbewegungen

ferner die Geschlossenheit der Handlung, eine schlichte Sprache und die Gestaltung eher einfacher, klar strukturierter Charaktere.

Die Aktivitäten der Jugendschriftenbewegung kamen der Kinder- und Jugendliteratur selbst nur bedingt zugute. Die alten Vorurteile über ihre ästhetische Minderwertigkeit wurden eher verstärkt als abgebaut, und die eng gefassten, am traditionellen Literaturbegriff orientierten Bewertungskriterien verhinderten einen Innovationsschub auf breiter Ebene. Auch die weitere Expansion des Marktes der populären Massenliteratur für Kinder und Jugendliche konnte nicht gestoppt werden. Trotzdem ließen sich in den beiden folgenden Jahrzehnten auch Aufbrüche in die Moderne beobachten.

> „Der Dichter und Kenner der Kinderseele versetzt sich vermöge seiner Imagination auf den Standpunkt des Kindes, und aus kindlicher Stimmung, Gesinnung und Sprache heraus gestaltet sich eine Dichtung." Aus der 3. Auflage von Heinrich Wolgasts Schrift „Das Elend unserer Jugendliteratur" von 1910.

Jugendstil und Kunstmoderne

Ansätze der Reformpädagogik und künstlerische Positionen des Jugendstils, beide beeinflusst durch romantische Kindheits- und Einheitsvorstellungen, trugen entscheidend zum Entstehen der Gattung des künstlerischen Bilderbuchs in Deutschland um die Wende zum 20. Jh. bei.

Zum Leitbegriff der Reformpädagogik wurde die Erziehung »vom Kinde aus«, wie sie etwa die Schwedin Ellen Key in ihrer programmatischen Schrift »Das Jahrhundert des Kindes« (1902) propagierte. Die Kunsterzieherbewegung um Georg Kerschensteiner und Alfred Lichtwark und die Jugendschriftenbewegung um Heinrich Wolgast und Hermann Leopold Köster entwickelten daraus neue Vermittlungskonzepte, die an die Stelle der üblichen formalen und abstrakten Lehrmethoden treten sollten. Durch sinnlich-praktisches Erfahrungslernen wollte man zu einer ganzheitlichen ästhetischen Erziehung gelangen, die sich auf Kriterien wie Anschaulichkeit, Erklärung und Selbsttätigkeit gründete. Wolgast gab seine generelle Ablehnung von Kinderliteratur auf und forderte nun Bücher für Kinder, die ein »geistiges Kindsein mit dem Kinde« verrieten. Der Autor sollte sich in die kindliche Psyche hineinversetzen und aus dieser Perspektive sein literarisches Werk

> Als **Bilderbuch** werden in der Kinder- und Jugendliteratur Bücher bezeichnet, die gekennzeichnet sind durch eine Gleichwertigkeit von Bild und fiktionalem Text. Einander ergänzend bilden sie die Grundlage der literarisch-künstlerischen Gesamtaussage. Sachbilderbücher hingegen zielen darauf, die Kinder mit den Gegenständen und Lebensformen ihrer Umwelt vertraut zu machen. Als primäre Zielgruppe werden in der Regel Kinder im Vorschulalter angesprochen.

Reformbewegungen — Das Bilderbuch als »Gesamtkunstwerk«

gestalten. Ein solches Bemühen um eine Annäherung an das Kind zeigten auch empirische Untersuchungen zur Kinderpsychologie (Charlotte Bühler), zum Spracherwerb (Clara und William Stern) und zu künstlerischen Wahrnehmungs- und Gestaltungsweisen von Kindern (Konrad Lange, Georg Kerschensteiner).

Wichtige Impulse für die Entwicklung des künstlerischen Bilderbuchs gab zudem die sozialreformerische und künstlerische Bewegung des Jugendstils. In England hatten unter anderem Walter Crane und William Morris die Rolle des Künstlers in der modernen Gesellschaft neu bestimmt, indem sie die Kunst dem Leben unmittelbar zuordneten. Im nicht zuletzt auch sozialrevolutionär gefassten Prinzip des Organischen sahen sie den Ursprung jeder Gestaltung. Eine Neubelebung erfuhr der in der Romantik wurzelnde Gedanke, durch Verbindung aller Künste zu einer Einheit auf höherer Ebene zu gelangen. Dem entsprach das Grundkonzept, die Dinge des alltäglichen Lebens ästhetisch durchzuformen und einem einheitsstiftenden ornamentalen Dekor zu unterwerfen.

Auch Bücher wurden als Gesamtkunstwerke aus Text, Typografie, Illustration, Buchschmuck und Einband betrachtet. Deshalb konnte im Jugendstil vor allem das Bilderbuch mit seiner engen Verbindung von Wort und Bild zum hervorragenden kinderliterarischen Medium werden. Wegweisend dafür waren die Illustrationen der Engländerin Kate Greenaway. Beatrix Potter

Farbholzschnitt von Kate Greenaway (1846–1901) zu „A day in a cild's life" (1881). Greenaways ungemein erfolgreiche Arbeiten wurden zum Wegbereiter einer stilistischen Neuorientierung in der Illustrationskunst.

Gegen den Pomp des Historismus — Reformbewegungen

schuf mit den Abenteuern des vorwitzig-liebenswerten »Peter Hase« (1902) den international meistverkauften Bilderbuchklassiker. Bemerkenswert für ein Kinderbuch war die hohe künstlerische Qualität der ganzseitigen, noch in der Tradition des Naturalismus stehenden Illustrationen, für die Potter intensive naturkundliche Studien betrieben hatte. Ein besonderer Reiz lag auch in der Verbindung von realistischen, anthropomorphisierten und märchenhaften Elementen in der Tierdarstellung, durch die eine humoristische Wirkung erzielt und kindliche Leser zur Identifikation mit der Hauptfigur angeregt wurden. Dem Denken der Zeit entsprach die Vorstellung, dass vom Garten – dem Symbol für Kultur – größere Gefahren ausgehen als von der freien Natur des Waldes, in dem die Hasenfamilie lebt.

In Deutschland entwickelte sich der Jugendstil in Opposition zum Pomp des Historismus und zu den erstarrten Strukturen in Kultur, Kunst und Bildung. Reformpädagogen und Vertreter des Jugendstils waren sich einig in der Forderung, die Gestaltung von Büchern für junge Leser nicht länger dilettierenden Laien zu überlassen. Anerkannte Maler, Grafiker und Dichter wie Ernst Kreidolf, Karl Hofer und Richard Dehmel arbeiteten zusammen mit engagierten Verlagen (Schaffstein, Insel) daran, handwerklich vollkommene Bücher zu schaffen und verfolgten dabei das Ziel, eine Einheit von Alltagsleben, Kunst und Natur zum Ausdruck zu bringen. In den Bilderbüchern des Jugendstils zeigt sich eine idealisierte, romantisch gefärbte Vorstellung vom Kind, dessen harmonisches Wesen in inniger Verbindung mit der Natur steht. Blumen und Tiere in Menschen-, bevorzugt Kindergestalt machen die ersehnte Symbiose augenfällig.

Als bedeutendster Illustrator dieser Richtung im deutschsprachigen Raum gilt der Schweizer Grafiker und Maler Ernst Kreidolf (1863–1956). Mit »Blumen-Märchen« (1898) und »Die Wiesenzwerge« (1902) verhalf er der Bilderbuchkunst in Deutschland zum Durchbruch. Seine eigenwilligen Naturdarstellungen lassen in ihrer geometrischen Komposition an Spät-

„Wenn die Schlüsselblumen golden / In dem Garten blüh'n, / Und durch ihre Blütendolden / Süsse Düfte zieh'n: / Ist im Schlüsselblumengarten / Bald die Herrschaft zu erwarten."
„Der Schlüsselblumengarten" aus Ernst Kreidolfs „Blumen-Märchen" (1898)

Reformbewegungen — Illustrationen der Kunstmoderne

„Der Schlüsselblumengarten", Illustration von Ernst Kreidolf aus „Blumen-Märchen" (1898/2000)

Von Ernst Kreidolf gestaltetes Werbeplakat des Insel-Verlags für „Fitzebutze" (1900)

impressionisten wie Paul Cézanne denken, die organische Ornamentik dagegen erinnert an das allegorische Gemälde »Der Morgen« des romantischen Künstlers Philipp Otto Runge. Die märchenhaft-fantastischen Sujets, die handwerkliche Perfektion, vor allem aber der schwungvolle, lebendige Duktus seiner feinstrukturierten Aquarelle zeigen deutlich den Unterschied zum starren, pseudo-naturalistischen Genrestil von Bilderbuch-Illustrationen des 19. Jhs., denen oft eine individuelle künstlerische Handschrift fehlte.

Den wichtigsten literarischen Beitrag zu den Bilderbüchern der Kunstmoderne leisteten Richard Dehmel (1863–1920), der den Zeitgenossen als berühmtester deutscher Lyriker galt, und seine erste Frau Paula Dehmel (1862–1918). Für »Fitzebutze. Allerhand Schnickschnack für Kinder« (1900) trugen sie verstreut erschienene Gedichte zusammen und beauftragten Kreidolf mit der bildnerischen Gestaltung. Der Maler verwendet eine klare, eindeutige Bildsprache, die zuweilen Züge der Karikatur trägt. Noch deutlicher als bei den vorhergehenden Werken zeigt sich seine Absicht, eine Kinderperspektive einzunehmen.

Diesem Anspruch versuchten auch Richard und Paula Dehmel gerecht zu werden. Auch wenn ihre Gedichte deutlich in der Tradition der »Wunderhorn«-Lieder stehen, fehlt ihnen dennoch jede romantische Verklärung des Kindes. Beide haben das Prinzip einer Dichtung vom Kinde aus mit literari-

Richard Dehmels »Fitzebube« — Reformbewegungen

schen Mitteln konsequent verwirklicht. Sie ließen sich von den Eigentümlichkeiten kindlichen Sprachgebrauchs und Verhaltens inspirieren. Dehmel belauschte seine Kinder und nutzte deren spontane Wort- und Reimschöpfungen zur Gestaltung einer stilisierten Kindersprache. Die Verse sollten nicht zuletzt das Sprunghafte, Zufällige und Spontane kindlichen Denkens und Handelns ausdrücken. Auch thematisch orientierten sich die Autoren an der Fantasie- und Spielwelt der Kinder. So entstanden freche, unsentimentale Gedichte, denen jede autoritäre Attitüde und belehrende Intention fehlen, und die das Bild einer freien, ungebändigten und individuellen Kindheit vermitteln. Gedichte, in denen ein lispelndes Mädchen den »lieben« Gott einen Menschenfresser nennt und ein »frecher Bengel« meint, er sei »ein großer Lump«, konnten im deutschen Kaiserreich nicht auf uneingeschränkte Zustimmung hoffen. Und so wurde »Fitzebutze« von konservativer Seite heftigst attackiert, von den Reformpädagogen, z. B. auch von Wolgast, jedoch euphorisch gefeiert.

Mit dem avantgardistischen Bilderbuch »Der Buntscheck« (1904) konnte Richard Dehmel den Erfolg von »Fitzebutze« nicht wiederholen, obwohl er neben bekannten Illustratoren auch renommierte zeitgenössische Dichter wie Robert Walser, Detlev von Liliencron und Jakob Wassermann dafür gewonnen hatte. Während er sich aus der Kinderliteratur zurückzog, gewann seine geschiedene Frau Paula Dehmel mit ihren originellen, zeitlos schlichten Gedichten, Erzählungen und Märchen für Kinder weiter an Profil. Man bezeichnete sie als Verfechterin einer »sanften Revolution« im Bilderbuch, in der Tradition romantischer Kinderlieder, aber auch der »Mutter- und Koselieder« von Friedrich Fröbel. Dehmels Erfahrungen als allein erziehende Mutter dreier Kinder kamen dem Bilderbuch »Rumpumpel« (1903) zugute. Die in Reim und Rhythmus eingängigen, oft lautmalerischen Verse zwischen witzigem Nonsens und zarter Poesie thematisieren eine innige Mutter-Kind-Beziehung in unspektakulären Alltagssituationen. Die ungewöhnlichen Illustrationen

„Pst, sagt Hater, Fitzebott / war einmal ein lieber Dott, / der auf einem Tuhle saß / und sebratne Menßen aß; huh! –
Huh, da sah der Hampelmann / furchtbar groß die Detta an, und sein alter Bommelhut / kullerte vom Stuhl vor Wut, plumps." Paula Dehmel „Wie Fitzebutze seinen alten Hut verliert", aus: „Fitzebutze" (1900)

Die zeitgenössische Kritik beurteilte „Fitzebutze" höchst unterschiedlich: „Typisch für den Geist, der diese modernen Pädagogen beseelt, ist die Empfehlung eines Bilderbuches, das man nach Versen und Bildern geradezu als eine Verhöhnung alles Schönen, Wahren und Frommen bezeichnen muß." (Evangelische Kirchenzeitung, 1903)

„Der *Fitzebutze* ist das beste und wertvollste Kinderbuch, das dies Jahr auf den Markt kommt." (Johannes Schlaf, in: „Die Zeit" 1900)

Reformbewegungen
Paula Dehmels »Rumpumpel«

Illustration von Karl Hofer zu Paula Dehmels „Osterlied" aus „Rumpumpel" (1903/1978)

„Has, Has, Osterhas, wir möchten nicht mehr warten! / Der Krokus und das Tausendschön, / Vergißmeinnicht und Tulpe stehn / schon lang in unserm Garten." Strophe des „Osterlieds" von Paula Dehmel aus „Rumpumpel"

stammen von Karl Hofer (1878–1955), der damals noch am Beginn seiner künstlerischen Laufbahn stand. Für seine szenischen Pantomimen mit ihrer teilweise bizarrer Gestik und ausdrucksstarken Form- und Farbgebung gab es keine Vorbilder. Sie wiesen bereits über den Jugendstil hinaus und ließen Bezüge zum Primitivismus und zum Expressionismus erkennen. Während andere gesellschaftskritische Künstler der Zeit wie Paul Gauguin oder Henri Rousseau ihre Sehnsucht nach dem Unbekannten und Unverfälschten in exotische Länder oder vergangene Naturzustände führte, sah Hofer das Ursprüngliche im künstlerischen Ausdrucksvermögen von Kindern verwirklicht. Seine spielerischen Adaptionen eines naiven, unbeholfen wirkenden kindlichen Malstils, mit denen er »Rumpumpel« illustrierte, wurden erst viele Jahrzehnte später wirklich akzeptiert.

Als sich der Jugendstil seinem Ende zuneigte, erschienen zwei Bilderbücher, die, vermutlich gerade weil sie sich nicht mehr so deutlich künstlerischen Reformideen verpflichtet fühlten, bis heute zu den bekanntesten Titeln aus dieser Zeit gehören. Die Schwedin Elsa Beskow (1874–1953) nutzte Anregungen durch nordische Troll- und Elfensagen für ihr Bilderbuch »Hänschen im Blaubeerwald« (1901, dt. 1903). Sibylle von Olfers (1881–1916) erreicht in ihren Illustrationen zu

Tendenz zum Oberflächlichen — Reformbewegungen

»Etwas von den Wurzelkindern« (1906) nicht die filigrane Struktur von Vorbildern wie Ernst Kreidolf, auch wenn sie mit der Personifizierung von Wurzeln und der sie beschützenden »Mutter Erde« noch einmal das Jugendstilmotiv einer Symbiose von Mensch und Natur bzw. Mutter und Kind aufgreift.

Bilderbücher in der Nachfolge des Jugendstils

Die Leistungen der Bilderbuchkünstler des Jugendstils prägten die folgende Generation von Illustratoren nachhaltig. In den nächsten Jahrzehnten entstanden Bilderbücher wie »Kinderland, du Zauberland« oder »Die Häschenschule«, die den Bilderbuchgeschmack und die -produktion bis in die Gegenwart hinein maßgeblich bestimmen. Im Laufe der Zeit verloren die Bilder jedoch gegenüber den Jugendstil-Illustrationen an gestalterischer Dichte und ästhetischer Kraft und zeigten eine Tendenz zum Oberflächlichen. Kindlichkeit wurde nicht länger mit Natürlichkeit und Ursprünglichkeit gleichgesetzt, sondern erneut mit Niedlichkeit. Auch fanden die bürgerliche Wirklichkeit und damit die Erziehungsfunktion allmählich wieder zurück ins Bilderbuch.

Einen recht eigenen Weg ging Gertrud Caspari (1873–1948), die in Werken wie »Lustiges Kleinkinderbuch« (1907) oder »Kinderland, du Zauberland« (1908) ihren typischen »Kleinkinderstil« entwickelte, der kunstpädagogische Erkenntnisse über die Bildwahrnehmung von Kindern berücksichtigte, wie sie der Königsberger Professor Konrad Lange beschrieben hatte. Danach bevorzugen Kinder in der Wahrnehmung Gegenstände mit vereinfachter, kräftiger Konturierung und

Illustration von Gertrud Caspari zu dem Kinderlied „Puppendoktor" von Paula Dehmel in „Kinderland, du Zauberland" (Ausgabe von 1922)

Reformbewegungen
»Niedlich« statt »natürlich«

Den Bilderbuch-Evergreen „Die Häschenschule" (1924) gestaltete Fritz Koch-Gotha (1877–1956), der als Illustrator für den Ullstein-Verlag tätig war. Die Komik der Bilder entsteht aus der genau beobachteten Nachahmung menschlicher Schwächen, die Koch-Gotha auf Tiergestalten überträgt. So werden bürgerliche Ordnung und Harmonie durch kleine satirische Seitenhiebe in Frage gestellt.

flächiger Farbgebung. Charakteristisch für die Illustrationen von Caspari sind dementsprechend starke Konturen, runde Formen, eine flächige Komposition und Farbigkeit sowie fehlende Hintergründe.

Mit Caspari in einem Atemzug wird häufig Else Wenz-Viëtor (1882–1973) genannt, die zweite namhafte Bilderbuch-Gestalterin der ersten Hälfte des 20. Jhs. Attribute wie »treuherziglieb« oder »gemütvoll« bezeichnen ihren Illustrationsstil, der eine deutliche Tendenz zu trivialer Niedlichkeit zeigt. Ihr umfangreiches Werk kennzeichnet eine verklärte, sentimentale Realitätssicht; ihre Darstellung einer anthropomorphisierten Tier- und Pflanzenwelt ist üppig ausgestattet mit allen Requisiten eines antiquierten Kleinbürgeralltags.

Mehr als sechzig Bilderbücher illustrierte die Wienerin Ida Bohatta (1900–1992), deren Hauptschaffensphase in den dreißiger Jahren lag. Auf ihre Vorliebe für kindertümelnde Verkleinerungsformen deuten Buchtitel wie »Mäuschensorgen« (1934), »Eisbärli« (1942) oder »Raupelinchen lernt fliegen« (1951). Die ehemals programmatisch geforderte Kinderperspektive ist hier zur nostalgischen Verklärung einer vermeintlich heilen Kinderwelt umgedeutet. Ihre lang anhaltende Popularität verdanken die Geschichten über Wichtel, Zwerge und Tiere mit menschlichen Zügen wohl der Fähigkeit Bohattas, ein offensichtlich bestehendes Bedürfnis – vermutlich eher der erwachsenen Käufer als der kindlichen Leser – nach einer harmonisch geordneten, überschaubaren Lebenswelt mit intakten Sozialstrukturen zu befriedigen.

Klima des Aufbruchs **Reform-bewegungen**

Anfänge des Adoleszenzromans

Immer deutlicher wurde der Widerspruch zwischen dem Modernisierungsschub einer sich nach 1870 rapide beschleunigenden Industrialisierung und dem starren Festhalten des Bildungsbürgertums an überholten kulturellen Werten und Orientierungen. Das daraus entstehende gesellschaftliche Krisenbewusstsein des Fin de Siècle betraf vor allem die junge Generation, die sich in ihrer individuellen Entfaltungsmöglichkeit gehemmt sah. Die bürgerliche Jugend begann zu rebellieren: gegen Eltern, Konventionen und Institutionen. Sie weigerte sich, auf den durch Herkunft und Erziehung vorgezeichneten Bahnen einfach ins wohlgeordnete Erwachsenenleben hinüberzugleiten, sondern wollte eigene Erfahrungen machen, eigene Wege finden, eigene Lebensstile entwickeln. Man floh aus den dunklen, übermöblierten Salons, aus den Schulen, die an Kasernen erinnerten, und aus den Städten, die immer unwirtlicher wurden. »Zurück zur Natur« lautete das Motto, unter dem sich ab 1901 die »Wandervögel« zu Sonntags- und Ferienausflügen verabredeten, die Abenteuer, gemeinschaftliche Erlebnisse und Freiheit verhießen.

Mitglieder des „Wandervogel e.V. zu Steglitz bei Berlin" (1904). Der Steglitzer Verein (ab 1896) gilt als Urzelle der Wandervogelbewegung.
Der Wandervogel war eine anti-urban und allen Formen der Industrialisierung gegenüber kritisch eingestellte Bewegung von Gymnasiasten. Im Gruppenerlebnis des gemeinsamen Wanderns wollten sie zu Einfachheit, Natürlichkeit und „Wahrhaftigkeit" zurückfinden und erhofften sich eine Freisetzung „schöpferischer Energien".

In diesem Klima jugendlichen Aufbruchs und Ausbruchs konnte sich die Adoleszenzliteratur des 20. Jhs. entwickeln. In Erzählungen, Dramen und Romanen wurde das Erwachsenwerden als Phase tief greifender Irritationen und Leiden bis hin zum Tod begriffen. Ob-

Reformbewegungen: Bildungskritische Anklageschriften

> Unter **Adoleszenzliteratur** werden literarische Werke, zumeist Romane, verstanden, die den Übergang vom Jugend- ins Erwachsenenalter thematisieren und dabei insbesondere den Bereich der Sinn- und Identitätssuche ansprechen. Behandelt werden Themen wie die Ablösung von den Eltern, die Ausbildung eigener Wertvorstellungen, erste sexuelle Kontakte, der Aufbau von Sozialbeziehungen und das Hineinwachsen oder die Ablehnung einer eigenen sozialen Rolle.

wohl sie zur Allgemeinliteratur zählten, wurden einige dieser Werke zu Kultbüchern der Jugendlichen. Autoren wie Frank Wedekind und Robert Musil gestalteten in »Frühlings Erwachen« und »Die Verwirrungen des Zöglings Törleß« Identifikationsfiguren für junge Leser, die so authentisch wirkten, weil die Autoren zumeist auch eigene Erfahrungen verarbeiteten. Die Werke waren als bildungskritische Anklageschriften ebenso wie als individuelle Versagensgeschichten sensibler, künstlerisch ambitionierter junger Männer mit einer »beschädigten Seele« zu lesen, die Außenseiter in der Industrie- und Militärgesellschaft des Kaiserreichs blieben. Oft sahen sie nur im Freitod ein hinreichend radikales Mittel der Verweigerung. Zuweilen – z. B. in dem psychologisch einfühlsamen Schulroman »Freund Hein« (1902) von Emil Strauß (1866–1960) – wurde im Stil der Dekadenz ein »schöner« Tod inszeniert, der als symbolische Rückkehr in die Natur verstanden werden sollte.

Bereits 1891 hatte Frank Wedekind (1864–1918) in seinem Schauspiel »Frühlings Erwachen. Eine Kindertragödie« eine Gesellschaft angeklagt, die durch ihre lebens- und sexualfeindliche Scheinmoral Jugendliche an freier erotischer Entfaltung und dem Aufbau einer selbstbestimmten Identität hinderte. Psychologisch genau erfasste er das zwischen Hilflosigkeit und Aggression schwankende Empfinden der Jugendlichen, das er in scharfen Kontrast setzte zur Selbstgerechtigkeit der Repräsentanten bürgerlicher Ordnung (Lehrer, Pastor). Die visionär gesteigerten Szenen sowie die von Pathos und dunkler Naturpoesie durchzogenen Dialoge in der Tradition des Sturm und Drang weisen bereits auf den Expressionismus voraus. Erst 1906 durfte das Stück in zensierter Form uraufgeführt werden.

Robert Musil (1880–1942) schildert in »Die Verwirrungen des Zöglings Törleß« (1906) den Prozess sexueller und seelischer Selbstfindung durch Grenzüberschreitung. Der Internatsschüler sieht sich gezwungen, seine »verwirrte« Psyche angesichts seiner sinnlichen Begierde und der Faszination über das sadistische Treiben seiner Mitschüler in einem grundsätzlichen Sinn

»Die Verwirrungen des Zöglings Törleß« — Reformbewegungen

1966 drehte Volker Schlöndorff nach Robert Musils Erzählung den Film „Der junge Törless" mit Matthieu Carrière (links) in der Titelrolle. Schlöndorffs Spielfilmdebüt wurde einer der ersten großen Erfolge des Neuen Deutschen Films.

zu ordnen. Die Identitätsprobleme Törleß' resultieren aus der Erfahrung des Widerspruchs zwischen seinem Anspruch auf Autonomie und den Gegebenheiten im sozialen Umfeld. Es gelingt ihm nicht, innerhalb der Gemeinschaft seinen Platz zu finden. Dass seine Welt weithin von Heuchelei und Inhumanität bestimmt wird, führt zu Törleß' rigorosem Rückzug auf sich selbst. Letztlich formuliert Musil hier eine Auffassung, wonach idealistische Wertehorizonte stets gefährdet sind.

Im gleichen Jahr erschien Hermann Hesses (1877–1962) Erzählung »Unterm Rad« (1906), in der er aufzeigt, wie durch das rigide Erziehungs- und Gesellschaftssystem der Zeit ein junger, talentierter Mensch zugrunde gerichtet wird. Hesse wollte die Biografie seines Protagonisten Hans Giebenrath, der von Eltern und Lehrern kein Verständnis erfährt, seinen Aufenthalt im Klosterseminar Maulbronn als Martyrium empfindet und schließlich in eine perspektivlos scheinende Außenseiterrolle gerät, als Modellfall für das Schicksal der Jugend seiner Zeit verstanden wissen. Sein humanistisch geprägtes, teilweise in aggressiver Sprache vorgetragenes Plädoyer richtet sich gegen die Nivellierungstendenzen einer nur an konformistischen Untertanen interessierten Gesellschaft, die keine individuell gestalteten Lebenswege zulassen wollte.

Exkurs: Comics

Um 1900 erschienen in der Tages- und Wochenpresse der USA die ersten Comic-Strips: lustige Bildergeschichten mit einer narrativen Struktur und der gattungstypischen Verknüpfung von Illustrationen, Sprechblasen und Blockkommentaren. Obwohl für die populären »Katzenjammer Kids« (1897) »Max und Moritz« Pate gestanden hatte, begann die Geschichte des Comics in Deutschland erst nach 1945. Durch die amerikanischen Soldaten lernen Kinder und Jugendliche die neue Gattung kennen. »Mecki«, »Petzi« und »Nick Knatterton« gehörten zu den Figuren, die zunächst über Zeitungen und Zeitschriften ein schnell wachsendes Publikum fanden. Anfang der 50er Jahre explodierte der deutsche Comic-Markt, Bildergeschichten erschienen nun auch in Heften, Alben, Sammelbänden und Magazinen. Allein die Zahl der Serien stieg innerhalb eines Jahres (1952–1953) von 5 auf 34. Den größten Anteil daran hatten Abenteuer-Comics, deren klischeehafter Heroismus vor allem Jungen ansprach. Die in den USA seit dem Ende der 20er Jahre erfolgreiche Reihe »Tarzan« (1929ff., dt. 1952ff.) wurde mit großem Werbeaufwand in Deutschland eingeführt und zum Muster für weitere Comic-Serien: Alle vierzehn Tage erschien ein neues Heftchen mit einem Umfang von exakt 32 Seiten zum Preis von 50 Pfennig. Es gab kaum einen bekannten Stoff der Abenteuer- und Sagenliteratur, der nicht im Comic visualisiert wurde. Den edlen Rittern wie »Prinz Eisenherz« (1937ff., dt. 1951ff.) oder »Sigurd« (1953ff.) folgten Weltraumkrieger wie »Flash Gordon« (1934ff., dt. 1952ff.) und in den 60er Jahren »Superman« (1938ff., dt. 1966ff.) und »Batman« (1939ff., dt. 1966ff.). Der Siegeszug der lustigen Comics, der so genannten Funnies, ist untrennbar mit dem Namen »Micky Maus« (1933ff., dt. 1951ff.) verbunden. Doch avancierte in Deutschland der oft frustrierte, mit der Erziehung seiner Neffen und den Geizattacken eines älteren Onkels überforderte Enterich Donald Duck bald zum heimlichen Star der Serie. Hinter dem komisch-grotesken Entenhausen-Kosmos musste sich das biedere deutsche Pendant »Fix und Foxi« (1953ff.) von Rolf Kauka (1917–2000) immer mit dem zweiten Platz begnügen. In dem neuen Lesevergnügen sahen konservative Kreise eine akute Gefährdung von Moral und Sittlichkeit. Mit »Schmökergrab-Aktionen« bemühte man sich vergeblich, das »Opium aus der Kinderstube« (»Der Spiegel« 1951) zu verbannen.

Als in den 60er Jahren anspruchsvollere Comics in Deutschland erschienen, besserte sich das Image der Gattung allmählich; auch (junge) Erwachsene fanden nun Interesse an den Bildgeschichten. Mit den »Peanuts« (1950ff., dt. 1964ff.) von Charles M. Schulz (1922–2000) wurde erstmals der ganz normale Alltag zum Thema eines Comics. In der fantasti-

Exkurs: Comics

schen Kinderwelt von Charlie Brown, seiner schwierigen Freunde und seines philosophisch veranlagten Hundes Snoopy spiegeln sich elementare Denk- und Verhaltensweisen der Erwachsenenwelt, gepaart mit hintersinnigem Humor. Längere Erzählungen, die in großformatigen Alben erschienen, zeichnete zum Beispiel der Belgier Hergé (1907–1983) mit seinen Detektivgeschichten »Tintin« (1929 ff., dt. »Tim und Struppi« 1967 ff.) oder sein Landsmann André Franquin (1924–1997) mit »Spirou und Fantasio« (1938 ff., dt. 1981 ff.). Die abenteuerlichen Geschichten, die René Goscinny (1926–1977) und Albert Uderzo (*1927) in »Asterix« (1959 ff., dt. 1968 ff.) über den fortwährenden Kampf der unbeugsamen Gallier gegen die römische Besatzungsmacht erzählen, gehören mit ihrer Fülle von Anspielungen auf Geschichte und Ethnografie zur intelligentesten und witzigsten Form der Comic-Unterhaltung. In den 80er Jahren zeigte sich ein Trend zu unangepassten Antihelden wie Franquins chaotischem Redaktionsboten »Gaston« (1957 ff., dt. 1985 ff.), dem ebenso faulen wie frechen Kater »Garfield« (1978 ff., dt. 1984 ff.) von Jim Davis (*1945) oder dem bierliebenden »Werner« (1981 ff.) von Rötger Feldmann (*1950), dessen flache Witze und Nonsenssprüche Eingang in die Jugendsprache fanden. Vor allem sind die letzten Jahrzehnte aber gekennzeichnet durch eine zu-

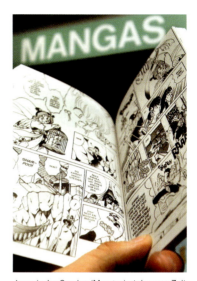

Japanische Comics (Mangas) stehen zur Zeit bei Jugendlichen auch in Deutschland ganz hoch im Kurs. Die erfolgreichste Reihe ist „Dragon Ball" (1984 ff., dt. 1997 ff.) von dem populären japanischen Zeichner Akira Toriyama (*1956).
In 42 Bänden werden die aufregenden Abenteuer und die Kämpfe mit schrecklichen Kriegern und Außerirdischen geschildert, die Son Goku und seine Freunde bei der Suche nach den sieben Drachenkugeln mit magischen Kräften zu bestehen haben.

nehmende Mehrfachverwertung der bekannten Serien und Figuren in Film und Fernsehen, in Videos, Comics, Zeitschriften und weiteren Produkten, vom Stofftier bis zum Radiergummi (z. B. »Alf«, »Raumschiff Enterprise«).

Sonderfälle der Kinderliteratur sind Comic-Varianten des Bilderbuchs. So zitiert etwa Yvan Pommaux (*1946) in »Detektiv John Chatterton« (1993, dt. 1994) die unterschiedlichsten Elemente der Literatur, Kunst- und Filmgeschichte.

Von der Jahrhundertwende...
Neuromantische Strömungen

1900 Beschluss zur Hochrüstung der deutsche Marine
1906 Erste Marokko-Krise
1906 Erdbeben in San Francisco
1908 „Daily-Telegraph"-Affäre
1911 Zweite Marokko-Krise
1912 Untergang der „Titanic"
1912/13 Balkankriege
1914 Ausbruch des Ersten Weltkriegs
1918 Kaiser Wilhelm II. dankt ab; die deutsche Republik wird ausgerufen.
1919 Russische Oktoberrevolution
1920 Kapp-Putsch
1923 Währungsreform beendet Inflation.
1929 „Schwarzer Freitag" an der New Yorker Börse löst Weltwirtschaftskrise aus.

Der Begriff **Neuromantik** bezeichnet eine gegen den Naturalismus gerichtete literarische Strömung um die Wende zum 20. Jh., die durch eine Neubelebung der Romantik gekennzeichnet ist. Motive der romantischen Literatur und vor allem Gattungen wie Traumliteratur, Märchen und Legenden werden wiederentdeckt. Vertreter der Neuromantik in der Allgemeinliteratur waren Hermann Hesse, Hans Carossa, Ricarda Huch und Gerhart Hauptmann („Hanneles Himmelfahrt", 1893)

Furcht vor dem Untergang

Die zunehmende Differenzierung der Lebensformen, sozialen Ordnungen und kulturellen Ausdrucksweisen zeigte sich ab 1900 in einem Nebeneinander verschiedener Stile und Strömungen in Kunst und Literatur. Einfluss auf die Kinder- und Jugendliteratur hatte insbesondere die zivilisationskritische Haltung des Bildungsbürgertums, das die rasant fortschreitende Industrialisierung als Bedrohung erlebte. Die Furcht vor dem Untergang der bürgerlichen Lebens- und Bildungswelt wurde durch die stürmische Entwicklung in Politik, Gesellschaft, Wissenschaft und Technik bestärkt. Antworten auf die Gefährdungen der Gegenwart fanden manche der Künstler und Schriftsteller in der neuerlichen Rückbesinnung auf romantische und naturphilosophische Ansätze.

Märchen und Fantastik

In die neuromantische Strömung fügte sich das erneuerte Interesse an Märchen ein, die in den ersten Jahrzehnten des 20. Jhs. wieder als eine wichtige Gattung der Kinderliteratur begriffen wurden. In Sammelbänden und illustrierten Ausgaben unterschiedlichster Ausstattung wurden die deutschen Volksmärchen, aber auch »Märchen der Weltliteratur« (40 Bände, ab 1912) herausgegeben.

Doch war Autoren wie Manfred Kyber oder Ina Seidel sehr wohl bewusst, dass das »Naivitätsprinzip« traditioneller Volksmärchen nicht mehr der komplexen Gegenwart entsprach. Durch literarische Mittel der Distanzierung und Verfremdung brachten sie ihre Zweifel zum Ausdruck.

Der als »deutscher Andersen« titulierte Manfred Kyber (1880–1933), ein Anhänger der Pädagogik Rudolf Steiners, ließ in seinen Tiergeschichten und Märchenbüchern – z. B. »Drei Waldmärchen« (1903) oder »Märchen« (1922) – anthroposophische Positionen erkennen, manchmal aber auch seine berufliche Nähe zum Kabarett (er schrieb Texte für das Berliner »Überbrettl«). Seine humoristisch gefärbten Geschichten beziehen

Annäherungen an die Fantastische Literatur ... zur Weimarer Republik

ihren eigenwilligen Reiz aus dem Umstand, dass hier genau beobachtete Merkwürdigkeiten menschlichen Handelns in einem märchenhaftem Ambiente von Tieren oder Fabelwesen vorgeführt werden, wobei stets eine gesellschaftskritische Komponente erkennbar bleibt.

Ina Seidel (1885–1974) treibt ein ironisches Spiel mit bekannten Stoffen und Figuren der Märchenliteratur. In »Das wunderbare Geißleinbuch« (1925) haben ein Geißlein, der Bärenhäuter, Frieder, Katherlieschen und andere Gestalten aus Grimms Märchen ihre angestammten Geschichten verlassen und sich im »Räuberwirtshaus« der Bremer Stadtmusikanten eingefunden. Die Erlebnisse eines Jungen, der sich sowohl in einer Märchen- als auch in der realen Welt bewegt, wobei er über so manches Phänomen in ungläubiges Staunen gerät, bietet der Autorin die Möglichkeit, die Selbstverständlichkeit übernatürlicher Ereignisse und Erfahrungen, wie sie bis dahin für Märchen kennzeichnend war, in Frage zu stellen. Mit den in ihren Traummärchen angewandten literarischen Erzähltechniken näherte sich Seidel zugleich der Fantastischen Literatur der Moderne an.

Wesentliche Anregungen hatte die deutsche Fantastik aus anderen europäischen Ländern bekommen. Dazu gehörten neben dem kaum erreichbaren Vorbild »Alice im Wunderland« (1865, dt. 1869) von Lewis Carroll (1832–1898) auch »Die Abenteuer des Pinocchio«

Rudolf Steiner (1861–1925) begründete die **Anthroposophie**, eine Aspekte des deutschen Idealismus und der Weltanschauung Goethes aufgreifende Lehre, die unter anderem naturwissenschaftliche Erkenntnisse und im weitesten Sinne religiöses Gedankengut einbezieht. Der anthroposophischen Lehre zufolge ist der Mensch als triadische Einheit zu verstehen: Diese umfasst den Leib, die Seele und den Geist. Im weiteren geht die Anthroposophie davon aus, dass der menschliche Erkenntnisprozess so mit der Wirklichkeit verknüpft ist, dass erst das Erkennen die Wirklichkeit entstehen lässt.

Das pädagogische Konzept der **Freien Waldorfschulen** beruht auf Steiners Lehre. Die erste Waldorfschule wurde von Steiner 1919 als Werkschule für Arbeiterkinder der Waldorf-Astoria-Zigarettenfabrik in Stuttgart eröffnet. Kennzeichnend für diesen Schultyp ist die große Bedeutung, die künstlerisch-musischen und praktisch-handwerklichen Fächern beigemessen wird, sowie der Verzicht auf die herkömmliche hierarchische Schulgliederung.

Als **Fantastische Literatur** werden Texte bezeichnet, in denen Phänomene geschildert werden, die jenseits der Erfahrungswirklichkeit liegen. Im Unterschied zur geschlossenen Welt des Märchens, in der irrationale Erscheinungen selbstverständlich sind, ist für die Fantastische Literatur ein „Zwei-Welten-Modell" von realer und magischer Sphäre konstitutiv; damit einher geht die Verunsicherung des Lesers darüber, wie die irrationalen Phänomene zu deuten sind. Eine rationale Erklärung ist kennzeichnend für die Schauer- oder Horrorgeschichte, aber auch die Traumgeschichte; in der rein fantastischen Geschichte bleibt dagegen das Irrationale als Erscheinung der magischen Welt unaufgeklärt.

Von der Jahrhundertwende... »Alice im Wunderland« und »Pinocchio«

Titelillustration von Jassen Ghiuselev zu **Alice im Wunderland** (1865/2000) in einer Bearbeitung von Barbara Frischmuth. Der englische Mathematikdozent **Lewis Carroll** (d. i. Charles Lutwidge Dodgson) schrieb den von zahllosen literarischen Anspielungen, skurrilen Einfällen und hintergründigem Humor durchzogenen Roman über die kleine Alice, die durch ein Kaninchenloch aus ihrem unbeschwerten Kinderalltag in eine bizarre Traumwelt der Unwägbarkeiten und Verwandlungen fällt. Hier muss sie sich gegen unhöfliche und tyrannische Tiere wehren, die als Repräsentanten der rauen Erwachsenenwelt zu deuten sind. Bedeutsam ist das Werk vor allem, weil es durch die Verknüpfung von Traditionen des romantischen Kunstmärchens (E. T. A. Hoffmann) mit denen der logik- und sprachverkehrenden Nonsens-Literatur, für die z. B. Edward Lears »Book of Nonsens« (1846) steht, wegweisend für die fantastische Kinderliteratur der Moderne wurde. Von „Alice" ließen sich u. a. Lyman Frank Baum („Der Zauberer Oz"; 1900), M. Ende („Die unendliche Geschichte"; 1979) und Joanne R. Rowling („Harry Potter"; 1997) anregen.

(1883, dt. 1913) des italienischen Journalisten Carlo Collodi (1826–1890). Das aus einem einfachen Holzscheit geschnitzte »Bengele« durchläuft die Entwicklungsphasen eines Kindes, vom egozentrischen zum sozialen Wesen. Im wilden Zickzackkurs schlingert es zwischen Triebhaftigkeit und Vernunft, zwischen Anarchie und Anpassung hin und her, bis es endlich ein richtiger Junge werden kann. Der deutsche Schriftsteller und Publizist Otto Julius Bierbaum (1865–1910) wollte mit seiner sehr freien Bearbeitung des Stoffes auch deutlich machen, dass gestaltete Natur als Kunst zu begreifen ist. Der Titel »Zäpfel Kerns Abenteuer« (1905) verweist auf den Tannenzapfen als Ursprung für das Stück Holz, aus dem ein alter Tischler-

»Pu der Bär« ... zur Weimarer Republik

meister das »Bild eines Menschleins« herausarbeitet. Doch es entsteht kein Mensch, sondern Kunst: Von dem geschnitzten Kasperle, dem »künstlichen Komödianten«, können Kinder etwas lernen, indem sie über ihn lachen.

Auch Alan Alexander Milne (1882–1956) entführt die Leser in seinen wunderbar skurrilen Geschichten um »Pu den Bären« (1926, dt. 1928) in eine Spielzeugwelt, wobei hier zum ersten Mal in der Geschichte der Kinderliteratur ein Teddybär begegnet. Die raffinierte Konstruktion des Werkes, in dem die Figur des Autors im Buch als Geschichtenerzähler jener Abenteuer fungiert, die Pu selbst erlebt hat, steht im Kontrast zur einfach strukturierten, klar geordneten Spielwelt des Potagonisten Christopher Robin. Der Junge vermittelt zwischen der realen Welt und der fantastischen Zauberwelt des »Hundertsechzig-Morgen-Waldes«, in dem Pu und seine Freunde agieren. Sprachlich steht Milne mit seinen Wortspielen und Nonsens-Elementen in der Tradition von Lewis Carroll. Der besondere Humor des Buches ergibt sich aus der eigenwilligen Logik, der Selbstverständlichkeit, mit der Dinge als lebendig begriffen werden, und dem egozentrischen Verhalten des Bären. Milne verweist hier auf Muster frühkindlicher Weltaneignung, die der Entwicklungspsychologe Jean Piaget in den zwanziger Jahren empirisch erforschte. Kindliche Leser, die diese Entwicklungsphase bereits überwunden haben, können den Narreteien des Bären deshalb mit Nachsicht und einem Gefühl der Überlegenheit begegnen.

Ob auf der Jagd nach dem „Heffalump" oder nach Honigtöpfen, der liebenswerte „Winnie-the-Pooh" bzw. „Pu der Bär" mit dem „geringen Verstand" und seiner unnachahmlichen Logik begeisterte Generationen von jungen (und älteren) Lesern.

Wildgänse, Rehe und andere Tiere

Der Übergang vom Agrarstaat zur Industrienation wurde von vielen Menschen als Entfremdung von der Natur empfunden. Im Zuge der Verstädterung verschwanden Flora und Fauna immer mehr aus der menschlichen

Gegenüberliegende Seite unten:
Auf seiner abenteuerlichen Flucht gerät Pinocchio einem garstigen Fischer ins Netz, der ihn in der Pfanne braten will. Illustration von Val Munteanu zu einer „Pinocchio"-Ausgabe von 1972

Von der Jahrhundertwende... Vergleiche zwischen Tier- und Menschenwelt

Unter **Darwinismus** werden Vorstellungen verstanden, die auf die Evolutionstheorie des britischen Naturforschers **Charles Darwin** (1809–1882) zurückgehen. Die in seinem 1859 erschienenen Werk „Über die Entstehung der Arten" formulierte These, dass der Mensch biologisch keine Sonderstellung in der Evolutionsgeschichte einnehme, vielmehr von einer gemeinsamen Abstammung aller Arten auszugehen sei – zugleich eine Widerlegung der biblischen Schöpfungsgeschichte –, hatte weitreichende Folgen für die biologische Forschung, aber auch für die theologische, politische und kulturwissenschaftliche Theoriebildung. Darwins These von der „natürlichen Auslese" durch Begrenztheit natürlicher Ressourcen als Grundprinzip des „Daseinskampfes" wurde durch Popularisierung und Übertragung auf gesellschaftliche Ordnungsstrukturen zum **Sozialdarwinismus** erweitert, demzufolge die naturbedingte Ungleichheit der Menschen die Bildung hierarchischer Systeme vorgibt, in denen sich die Schwachen den Starken unterordnen müssen.

„Das Verhältnis des Kindes zum Tiere hat viel Ähnlichkeit mit dem des Primitiven zum Tiere. Das Kind zeigt noch keine Spur von jenem Hochmut, welcher dann den erwachsenen Kulturmenschen bewegt, seine eigene Natur durch eine scharfe Grenzlinie von allem anderen Animalischen abzusetzen. Es gesteht den Tieren ohne Bedenken die volle Ebenbürtigkeit zu; im ungehemmten Bekennen zu seinen Bedürfnissen fühlt es sich wohl dem Tiere verwandter als dem ihm wahrscheinlich rätselhaften Erwachsenen." Aus: Sigmund Freud, „Totem und Tabu" (1912/13)

Erfahrungswelt. In den Jahrzehnten zwischen 1900 und 1930 schrieben Autoren wie Rudyard Kipling, Selma Lagerlöf, Kenneth Grahame, Hugh Lofting, Felix Salten und Waldemar Bonsels bedeutende Werke der Kinderliteratur, die das zunehmend problematische Verhältnis zwischen Mensch und Natur aus einer zumeist zivilisationskritischen Haltung heraus in Form von Tiergeschichten thematisierten und literarisch neu zu definieren versuchten. Vielfach wurden die Tiererzählungen mit Elementen des Entwicklungsromans, der Naturbeschreibung oder des Märchens verknüpft, häufig auch symbolisch oder fantastisch überformt. Die Vergleiche zwischen Tier- und Menschenwelt waren auch vom Darwinismus beeinflusst, die häufig benutzte Analogie von Kindern und Tieren verdankte sich der romantischen Vorstellung von der ursprünglichen Verbundenheit des Kindes mit der Natur, entsprach aber auch psychoanalytischen Deutungen, wie sie zum Beispiel Sigmund Freud (1856–1939) formuliert hatte.

Die zwei Bände der »Dschungelbücher« (1894–95, dt. 1898) des in Indien aufgewachsenen Engländers Rudyard Kipling (1865–1936) erzählen vor allem von Mowgli, einem indischen Jungen, der von einem Tiger in die Wildnis verschleppt und von Wölfen aufgezogen wird. Der Junge lernt, im Urwald zu überleben und sich als »Führer« durchzusetzen. Kipling ging es um eine naturalistische Darstellung der Tiere. Ihr Zusammenleben nach dem »Gesetz des Dschungels« und ihre soziale Ordnung galt ihm als Urbild einer unberührten Natur und zugleich als Modell eines hierarchisch organisierten Gesellschaftssystems nach dem Prinzip von Herrschaft und Unterordnung – eine Sichtweise, die

Rudyard Kipling und Selma Lagerlöf ... zur Weimarer Republik

sich in einen zeitgeschichtlichen Kontext zur englischen Kolonialpolitik stellen ließ. Ungewöhnlich war Kiplings straffer, packender Erzählstil, der sich auf die weitere Entwicklung der Kurzgeschichte auswirkte.

Von Kipling ließ sich die Schwedin Selma Lagerlöf (1858–1940) anregen. Für die »Wunderbare Reise des kleinen Nils Holgersson mit den Wildgänsen« (1906/07, dt. 1907/08) bekam sie 1909, zwei Jahre nach ihrem Vorbild, den Literaturnobelpreis verliehen. Ihr Lesebuch für Volksschulen war vor allem in formaler Hinsicht innovativ, da es Elemente des Abenteuer- und Entwicklungsromans, des Sachbuchs und des Märchens zu einem in sich geschlossenen Ganzen zusammenfügte. In ihre Erzählung der aufregenden Abenteuer, die der kleine Nils auf seiner unfreiwilligen Reise mit den Wildgänsen erlebt, integriert Lagerlöf Wissenswertes aus Literatur, Geografie und Landeskunde und unterstützt ihre lebhafte Darstellung durch einen realistischen, schnörkellosen Stil. Der als Wichtel verzauberte Nils lernt sein Land zunächst aus der Vogelperspektive kennen, wobei ihm die Tiere nicht nur wichtige Detailkenntnisse vermitteln, sondern auch Lektionen in Sozialverhalten. Am Ende hat sich der ungehorsame, leichtsinnige Nils durch das Beispiel der Tiere zu einem verantwortungsvollen Jungen entwickelt.

Eine zivilisationskritische Perspektive bestimmt Kenneth Grahames (1859–1932) Buch »Der Wind in den Weiden« (1908, dt. 1929), das Züge der Idylle mit Elementen der Gesellschaftssatire verbindet. Das Leben der vier Individualisten Maulwurf, Ratte, Dachs und Kröte in der heiteren Landschaft am Fluss kann

Mowgli und Balou der Bär in der Walt-Disney-Verfilmung (1967) des „Dschungelbuchs" von Rudyard Kipling

Von der Jahrhundertwende...
Hugh Loftings »Doktor Dolittle«

als Chiffre für die vorindustrielle Lebensweise des englischen Landadels gedeutet werden. Die Tiere, die sowohl menschliche als auch animalische Züge aufweisen, wagen kleine Ausbrüche aus ihrer wohlgeordneten Umwelt, unternehmen gemeinsame Ausflüge, vergnügen sich auf Ruderbootpartien und machen Picknicks. Zwar packt sie zuweilen die Sehnsucht nach der Ferne oder einem Vagabundenleben, doch letztlich ziehen sie ein Leben am friedlichen Fluss den Gefahren des wilden Waldes und der weiten Welt vor. Grahames konservatives Gegenmodell zur Moderne zeigt eine in gepflegtem Müßiggang verharrende Gesellschaft, die auf Werte wie Freundschaft, Geselligkeit, Geborgenheit und Sicherheit setzt. Wegen der zahlreichen Anspielungen auf die viktorianische Gesellschaft wurde das Buch erst mit erheblicher zeitlicher Verzögerung für den deutschen Jugendbuchmarkt entdeckt.

Als die »besseren Menschen« gelten Hugh Lofting (1886–1947) die von ihm gestalteten Tierfiguren in seinen zwölf Büchern über »Doktor Dolittle und seine Tiere« (ab 1920, dt. 1926). In einfacher, nüchterner Sprache, angereichert mit viel Situationskomik und Ironie, werden die Tiere, die zum Haushalt des hilfsbereiten Landarztes und Naturforschers gehören und diejenigen, denen er auf seinen zahlreichen Reisen begegnet, als vernunft- und sprachbegabte Wesen mit individuellen, ganz unverwechselbaren Charaktereigenschaften geschildert. Loftings von einer humanistischen Grundhaltung bestimmte Utopie einer Wiederannäherung von Mensch und Natur durch das Bemühen des Menschen, die Kommunikation mit der Natur, d. h. den Tieren zu suchen, verwirklicht Doolittle, insofern er nicht nur die Sprachen der Tiere beherrscht, sondern auch deren Leiden heilen kann.

In der Tradition des Entwicklungsromans steht »Bambi« (1923), die Tiergeschichte des Wiener Journalisten Felix Salten (1869–1945). Klug geleitet vom »alten Fürsten«, seinem Vater, wächst das Rehkitz Bambi zu einem mächtigen Hirschen heran. Die spannungsreiche Erzählung über den gefahrvollen Weg in die Selbstständigkeit endet eher melancholisch – der Gewinn von Stärke und Unabhängigkeit geht einher mit einem Verzicht auf Geselligkeit und Liebe. Die nach archaischen Prinzipien geordnete Tierwelt sollte nach Saltens Vorstellungen zugleich ein sittliches Vorbild für die menschliche Gesellschaft abgeben. Salten, ein Verfechter des Tierschutzgedankens, wollte zudem deutlich machen, dass auch Tiere zu Empfindungen fähig sind. Er zeichnet das ambivalente Bild einer gefährdeten Natur, deren Gleichgewicht nur durch stete Wachsamkeit gewahrt bleiben kann, wobei von den Menschen eine größere Bedrohung ausgeht als von anderen Tieren.

»Die Biene Maja«

Die bekannteste deutsche Tiergeschichte am Beginn des 20. Jhs. ist Waldemar Bonsels (1881–1952) neuromantisches Naturmärchen »Die Biene Maja« (1912). Von dem Buch wurden bis 1922 eine halbe Million Exemplare verkauft. Viele davon steckten in den Tornistern junger Soldaten, die 1914 mit lautem »Hurra« in den Krieg zogen. Möglicherweise hat das vorwitzige Insekt sogar einiges zu dieser Begeisterung beigetragen. Denn »Die Biene Maja« ist nicht nur als anthropomorphisierte Tierparabel, kleine Insektenkunde oder evolutionstheoretischer Essay zu lesen, sondern auch als »politischer Roman« (Klaus Doderer), der ideologisch auf eine erneute kriegerische Auseinandersetzung mit »den alten Todfeinden« einstimmen will.

In zeittypischer Weise symbolisiert Majas Ausbruch aus dem Bienenstock aber auch das Lebensgefühl der Jugendbewegten, die in der Natur Freiheit, Abenteuer und Lebensfreude suchten. Doch im Moment der Gefahr für das Staatswesen – hier wirkt das Buch fast prophetisch – endet alles schwärmerische Naturerleben.

„Majas Flucht aus der Heimatstadt". Lithografie von Fritz Franke, 1920, Illustration der 1922 bei Ruetten & Loening in Frankfurt/M. erschienenen Ausgabe. Seit 1976 summen Maja und ihr Freund Willie in „Die Biene Maja. Ihre schönsten Abenteuer" auch unermüdlich über die Fernseh-Bildschirme. Außer dem Namen der Hauptfigur erinnert in den harmlos-lustigen Episoden der japanisch-österreichischen Koproduktion allerdings kaum noch etwas an den patriotischen Opfermythos des Originals.

Von der Jahrhundertwende... »Die Schatzinsel«

Jeder ist bereit, Verantwortung zu übernehmen, Opfer zu bringen und einen ehrenvollen Soldatentod zu sterben. Bonsels' »Biene Maja« liefert ein prägnantes literarisches Beispiel für die ambivalente Haltung der bürgerlichen Jugend am Beginn des 20. Jhs., hin und her gerissen zwischen Freiheits- und Sicherheitsstreben.

In den schwelgerischen Beschreibungen von Landschaften und Stimmungen, vor allem in der ausgeprägten Licht- und Sonnenmetaphorik, zeigt sich Bonsels dem neuromantischen Stilideal verpflichtet. Die schwärmerische Sprache der Naturschilderungen kontrastiert mit lebendigen, dem Alltag entlehnten Dialogen zwischen der naiven Maja und den Tieren, die ihr begegnen; aus dem so entstehenden Spannungsverhältnis zwischen Pathos und Komik gewinnt die Erzählung ihre literarische Bedeutung.

Von Schatzsuchern und Goldgräbern

Das aus dem Gleichgewicht geratene Verhältnis zwischen Mensch und Natur ist nicht nur beherrschendes Thema der Tiergeschichten, sondern wird auch in Abenteuerromanen und -erzählungen z. B. von Robert Louis Stevenson oder Jack London gestaltet, Autoren, die erst mit einiger zeitlicher Verzögerung in Deutschland bekannt werden.

Filmstill aus „Die Schatzinsel" (1950) mit Robert Newton und Bobby Driscoll

In seiner »Schatzinsel« (1883, dt. 1897) wusste Robert Louis Stevenson (1850–1894) Motive der Schauerromantik, die beim Leser wohligen Grusel erzeugen, äußerst effektvoll in Szene zu setzen. Die Lebenserinnerungen des ehemaligen Schiffsjungen Jim Hawkins enthalten alles, was einen aufregenden Abenteuerroman ausmacht: geheimnisvolle Charaktere, beängstigende Atmosphäre, schnelle und unerwartete Wendungen, Piraterie, Meuterei, Schatzsuche, Überlebenskämpfe, Gewalttätigkeiten und Mord.

»Ruf der Wildnis« ... zur Weimarer Republik

Das Muster des englischen See- und Abenteuerromans (Defoe, Marryat), in dessen Tradition »Die Schatzinsel« steht, wird von Stevenson erweitert und modernisiert: An die Stelle schematischer Figurenzeichnung tritt eine psychologische Differenziertheit der Charaktere; der Verzicht auf weitschweifige Beschreibungen und Belehrungen führt zu einer beträchtlichen Erhöhung des Erzähltempos und der Spannung; die Verwendung von Umgangssprache in den Dialogen sowie Versatzstücken aus Dialekt und Seemannsjargon steigern Anschaulichkeit und Authentizität des Romans.

Jack London (1876–1916), der große Außenseiter der amerikanischen Literatur, verarbeitete die Erfahrungen seines kurzen, ruhelosen Lebens in Abenteuererzählungen über Goldgräber, Matrosen, Jäger und Fallensteller. Bei deutschen Jugendlichen war insbesondere die in Alaska spielende, dramatisch dicht gestaltete Geschichte des tapferen Schlittenhundes Buck beliebt, der am Ende als Rudelführer einer Wolfsmeute dem »Ruf der Wildnis« (1903, dt. 1929) folgt. Die naturalistische Darstellungsweise wird durch Elemente symbolischen Erzählens (z. B. die Farbe »Weiß« als Symbol für Kälte) ergänzt. Deutlich von Kipling beeinflusst und in Übereinstimmung mit vielen anderen zeitgenössischen Natur- und Tiergeschichten, entwirft London hier wie in »Der Seewolf« (1904, dt. 1926) und »Lockruf des Goldes« (1910, dt. 1928) ein Bild vom Leben als Kampf, der nur mit Mut, Stärke und Scharfsinn zu bestehen ist. Diese durch die sozialdarwinistische Position vom »Recht des Stärkeren« geprägte Vorstellung verbindet er mit einer Zivilisationskritik, derzufolge der Mensch durch Rückkehr zu einer ursprünglichen Natur zu seinen eigenen Wurzeln und seiner Identität zurückfindet.

Der »Kolonialroman«

In der deutschen Kinder- und Jugendliteratur hatten Abenteuerbücher für Jungen auch in den ersten Jahrzehnten des 20. Jhs. weiterhin Konjunktur. Die allseits beliebten See- und Indianergeschichten wurden durch Werke ergänzt, die Spannungselemente mit politischen

Von der Jahrhundertwende... Begeisterung für neue Länder

Umschlag zu „Ein afrikanischer Lederstrumpf" (1888) von C. Falkenhorst alias Stanislaus von Jezewski

Inhalten verknüpften. Mit so genannten »Kolonialromanen« sollten junge Leser für die Überseegebiete begeistert werden, die das nach Weltgeltung strebende Kaiserreich seit Mitte der achtziger Jahre des 19. Jhs. in Afrika und im Pazifik erworben hatte. Einen Namen in diesem Genre machte sich Stanislaus von Jezewski, der unter dem Pseudonym C. Falkenhorst zuerst »Ein afrikanischer Lederstrumpf (1888) und anschließend die zehnbändige Reihe »Jung-Deutschland in Afrika« (1893–1900) veröffentlichte, in der Schicksale deutscher Pioniere und Naturforscher vorgestellt werden.

In einer Werbeanzeige wurde ausdrücklich betont, dass die Erzählungen nicht die »Wiedergabe märchenhafter Abenteuer« bezweckten, denn »alle stehen sie im Dienste der Belehrung und sind geeignet, ebenso zur Verbreitung geographischer Kenntnisse, wie zur Förderung der deutschen Kolonialbewegung beizutragen.« Um die fiktionalen Werke glaubwürdig erscheinen zu lassen, gab man sie als biografische oder autobiografische Erlebnisberichte aus. Wurden anfangs noch die friedlichen Absichten der Eroberer hervorgehoben, so verschärfte sich der Ton nach dem Burenkrieg (1899–1902) und den Herero-Aufständen (1904) in Deutsch-Südwestafrika. Mit unverhohlenem Rassismus behaupten die Autoren die angebliche Rückständigkeit der Eingebore-

Illustration aus „Zehn kleine Negerlein" (1946) von Adolf Uzarski. Das seit der Jahrhundertwende in zahllosen Varianten und Parodien verbreitete Lied von den „Zehn kleinen Negerlein", die sich als unzivilisiert und unkultiviert erweisen und durch eigene Dummheit nach und nach ums Leben kommen, birgt keine besonders subtile Form von Rassismus.

Indienstnahme für politische Propaganda **... zur Weimarer Republik**

nen auf allen Gebieten, die sie durch herabsetzende Schilderungen der fremden Sitten und Gebräuche zu belegen suchen. Mit evolutionstheoretischen Argumenten leitete man daraus das Recht zu Unterdrückung und grausamen Strafaktionen durch die Kolonisatoren ab. Typisch für diese Sichtweise ist Gustav Frenssens »Peter Moors Fahrt nach Südwest« (1906), in dem ein Ich-Erzähler den Kampf gegen die Rebellen beschreibt. Dabei glauben die deutsche Truppen Gottes Gerechtigkeit auf ihrer Seite zu haben, weil sie vorgeblich »die Edleren und Vorwärtsstrebenden« sind.

Krieg als Abenteuer

Auf dem Höhepunkt der Indienstnahme der Kinder- und Jugendliteratur für politische Propaganda im Kaiserreich wurde der Krieg zum spannenden Abenteuer verklärt. In einer Gesellschaft, in der der Militarismus selbst Sprache (»Offizierston«), Umgangsformen und Kindermode (Matrosenanzug) bestimmte, konnten die Herrschenden mit breiter Zustimmung zu ihrer forcierten Kolonial-, Flotten- und Kriegspolitik rechnen. Erzählungen und Romane über die »großen«, siegreichen Kriege des 19. Jhs., über die glorreichen Preußen und Hohenzollern und die Erbfeinde Frankreich und England trugen zur ideologischen Aufrüstung bei und mündeten im Hurrapatriotismus von 1914. In der Kinder- und Jugendliteratur war der Lehrer Wilhelm Kotzde (1878–1948) ein eifriger Verfechter eines emotional übersteigerten, antisemitisch geprägten Nationalismus. Die von ihm herausgegebenen »Mainzer Volks- und Jugendbücher« sollten ebenso wie seine

Die Ursache des **Burenkrieges** (1899–1902) zwischen Großbritannien und den Burenrepubliken in Südafrika gründete im britischen Interesse an einem geschlossenen Kolonialgebiet und vor allem an den südafrikanischen Gold- und Diamantenfeldern. 1900 besetzten die Briten die Burenrepubliken. Auf den Guerillakrieg der Buren reagierten die Briten mit der Taktik der „verbrannten Erde" und der Errichtung von Konzentrationslagern. 1902 wurden die Burenrepubliken endgültig zu britischen Kolonien erklärt.

1904 rebellierte der Bantu-Stamm der **Hereros** in Deutsch-Südwestafrika gegen die fortschreitende Verdrängung durch deutsche Siedler. In zwei Schlachten wurden die Hereros vernichtend geschlagen.

Der **Matrosenanzug** war im Kaiserreich das wohl verbreitetste Kleidungsstück für Jungen (und auch für Mädchen) aus dem Bürgertum. Illustration aus einem Reklame-Bilderbuch für Bleyle Kinderkleidung (um 1910).

Von der Jahrhundertwende... Warnende Stimmen

Titelillustration von Karl Bauer zu „Bismarck" (1913). Wilhelm Kotzde schildert in dem Band aus der Reihe „Vaterländische Bilderbücher" den „eisernen" Kanzler kurz vor dem Ersten Weltkrieg als Verfechter einer deutschen Politik der Stärke gegen Frankreich.

„Kameraden, angesichts des Todes ein Hurra für unsern Kaiser! Seine Majestät der Kaiser hurra, hurra, hurra!" Und donnernd, mächtiger als Wogenschwall und Heulen des Orkans erscholl es aus dem Munde der dem Untergang Geweihten: „Hurra, hurra, hurra!" – „Deutsche! Deutsche Jugend, das vergeßt nie! Der Iltis, sein Kommandant, seine Besatzung bleibe in Eurem Geist, in Eurem Herzen in steter Erinnerung. Die Männer, die dort im fernen Asien starben, die waren echte deutsche Helden!" – Aus: Karl Tanara: „Der Freiwillige des Iltis" (1900)

historischen Kriegsschilderungen, etwa »Die Geschichte des Stabstrompeters Kostmann« (1910) oder »Und deutsch sei die Erde« (1912), der vaterländischen Bildung dienen, deren Ausgangsposition die behauptete kulturelle Vorrangstellung Deutschlands vor anderen Nationen, auch vor den westlichen Nachbarn England und Frankreich, war. Damit einher ging eine Geringschätzung parlamentarisch-demokratischer Werte, die Betonung von Führerschaft und einer hierarchisch geordneten Gemeinschaft, in die
der Einzelne sich einzufügen hatte. Eine derartige Gesinnungserziehung leistete auch Karl Tanara. Mit der Erzählung »Der Freiwillige des Iltis« (1900), die vom Untergang des Kanonenbootes Iltis während eines Taifuns im Jahr 1896 handelt, warb er für den Ausbau der deutschen Flotte und beschwor zugleich Werte wie Mut, Gehorsam und Opferbereitschaft, die in der völkischen Erziehung ganz obenan standen.

Im lauten Säbelrasseln der Kinder- und Jugendliteratur gingen warnende Stimmen fast unter. Als der sozialdemokratische Lehrer Wilhelm Lamszus (1881–1965) in »Das Menschenschlachthaus« (1912) drastische und illusionslose Visionen eines kommenden Krieges entwarf, suspendierte man ihn vorübergehend vom Schuldienst. Und 1915, als die Jugendlichen bereits zu Tausenden in den flandrischen Schützengräben starben, wurde sein Buch verboten. Man hielt fest am Bild der deutschen Kriegshelden, die sich treu und mutig für ihr Vaterland opferten. Zum Kultbuch der nationalistischen Jugendbewegung wurden die Aufzeichnungen des 1917 in Livland gefallenen Kriegsfreiwilligen Walter Flex (1887–1917). In »Der Wanderer zwischen beiden Welten« (1917) setzt er – voller Pathos und völkischem Idealismus – einem Kameraden ein literarisches Denkmal. Kriegsverherrlichende Jugendbücher mit deutlich chauvinistischen Untertönen blieben auch in der Weimarer Zeit weit verbreitet.

Als sich Ende der zwanziger Jahre in der Allgemeinliteratur Autoren der desillusionierten »verlorenen Generation« zu Wort meldeten, die als Jugendliche im Ersten Weltkrieg teilweise noch Fronterfahrungen gemacht hatten, fanden ihre Bücher auch unter Heranwachsenden zahlreiche Leser. Neben »Jahrgang 1902« von Ernst Glaeser und »Krieg« (1929) von Ludwig Renn war es insbesondere Erich Maria Remarque (1898–1970) mit seinem aufrüttelnden Roman »Im Westen nichts Neues« (1929), der die Gräuel und Schrecken des Krieges in ungeschminktem Realismus zeigte. Angeprangert wurde von diesen Autoren auch der in Gesellschaft, Schule und Militär der Kaiserzeit weit verbreitete Chauvinismus und der Zynismus, mit dem eine ganze Generation junger Männer bedenkenlos dem Krieg geopfert wurde.

Illustration aus „Hurra! Ein Kriegs-Bilderbuch" (1915) von Herbert Rikli. Das Soldatenleben wird hier in einer menschenverachtenden, die realen Verhältnisse nicht nur ignorierenden, sondern auch inakzeptabel verharmlosenden Weise thematisiert.

Das bürgerliche Familienmodell: »Nesthäkchen«

Obwohl das bürgerliche Ehe- und Familienideal längst Risse aufwies, hielt die Kinder- und Jugendliteratur in unzähligen Varianten weiter daran fest. Das Gefühl ver-

Von der Jahrhundertwende... Ilse Urys »Nesthäkchen«

meintlicher wie tatsächlicher Bedrohung durch Arbeiter- und Frauenbewegung, Krieg, Revolution und Wirtschaftskrise scheint die Sehnsucht nach einer intakten Familie und einem gemütlichen Heim noch verstärkt zu haben. Das zeigt beispielhaft Agnes Sapper (1852–1929) mit ihrer populären Erzählung »Die Familie Pfäffling« (1907), in der Eltern und sieben Kinder wie in einem »kleinen Staat« zwar finanziell beschränkt, aber glücklich zusammenleben.

Am erfolgreichsten und nachhaltigsten jedoch hat Else Ury (1877–1943) in den ursprünglich zehn »Nesthäkchen«-Bänden (um 1913–1925; »Nesthäkchen im Weltkrieg« wurde nach 1945 nicht mehr neu aufgelegt) das traditionelle Familienmodell literarisch gestaltet. Die vor der Folie tatsächlicher Lebensverhältnisse fragwürdig gewordene Fixierung auf die »heile« bürgerliche Familie mit christlich-patriotischer Gesinnung und bildungsbürgerlichem Wertekanon diente Ury wohl als literarische Projektion einer Wunschbiografie, die allerdings nie in Erfüllung ging. Die gebürtige Berlinerin Else Ury wurde als Jüdin immer wieder ausgegrenzt, diffamiert und als »Bürgerin zweiter Klasse« behandelt. In ihrem verklärten Bild der deutschen Familie dokumentiert sich ihr Bemühen um Assimilierung und Bestätigung ihrer nationalen und kulturellen Identität.

In der ersten von Beginn an auf mehrere Bände hin konzipierten Mädchenbuchreihe wird die Berliner Arzttochter Annemarie Braun durch sieben Jahrzehnte eines unspektakulären Mädchen- und Frauenlebens begleitet: von der Puppenmutter zur Schülerin, Abiturientin, Studentin, Ehefrau und Mutter bis hin zur Groß-

Titelblatt zu „Nesthäkchen und ihre Puppen" (1924) von Else Ury. Die Gesamtauflage der Nesthäkchen-Bände liegt inzwischen bei weit über sieben Millionen Exemplaren. Allerdings sind die Bücher im Laufe der Jahrzehnte so stark überarbeitet, modernisiert und vor allem gekürzt worden, dass einige nur noch 70–80 % des Originaltextes enthalten.

Mangelnde Rückbindung an die Realität ... zur Weimarer Republik

mutter »im weißen Haar«. In einer zwischen lebendigem Umgangston und Schwulst wechselnden Sprache schildert Ury Glücksmomente und Peinlichkeiten, heitere und sorgenvolle Stunden, Familienfeste und Krankheiten: also das ganze Spektrum des Lebens – allerdings mit einem entscheidenden Unterschied: Für jedes Problem findet sich eine glückliche Lösung. Die mangelnde Rückbindung an die Realität, die durch eine in den verschiedenen Bearbeitungsstufen zunehmende Eliminierung von Zeitbezügen noch verstärkt wurde, aber auch die Oberflächlichkeit der Figurengestaltung und die unverbrüchliche »Alles-ist-gut«-Haltung der Protagonisten bestimmen »Nesthäkchen« als triviale Mädchenliteratur.

Illustration von Hedvig Collin zu „Bibi" (Ausgabe von 1936) der dänischen Autorin Karin Michaelis (1872–1950). Von den insgesamt sieben Bänden der Reihe erschienen zwischen 1929 und 1936 sechs auch in Deutschland. „Bibi" war die unkonventionelle Gegenfigur zu den braven Protagonistinnen der deutschen Mädchenbuchreihen. Sie handelt sehr selbstständig und ist weitgehend unabhängig von ihrer Familie, sie unternimmt verschiedene Reisen ins Ausland und gerät stets in aufregende Situationen.

Dass die Bände trotzdem Klassikerstatus gewonnen haben, verdanken sie insbesondere einer Hauptfigur, der neben den gängigen Klischees auch Attribute eingeschrieben sind, die über das zeitgenössische Rollenbild hinausweisen: Nesthäkchen besucht das Gymnasium und beginnt ein Studium, wenngleich sie mit der Heirat ganz selbstverständlich den Hörsaal gegen Haushalt und Kinder tauscht. Aber sie ist alles andere als eine perfekte Hausfrau, handelt manchmal eigensinnig und unbedacht und bleibt bis ins Alter auch unkonventionellen Ideen gegenüber aufgeschlossen. In diesen Ansätzen zu einer Überschreitung gesellschaftlich definierter Grenzen liegt das besondere Identifikationspotenzial, das die »Nesthäkchen«-Bücher jungen Leserinnen anbieten.

Es war bitterste Ironie der Geschichte, dass die populärste deutsche Kinderbuchautorin des 20. Jhs., die Frau, die das bürgerliche Familienbild literarisch so nachhaltig tradierte, Anfang 1943 im Konzentrationslager Auschwitz ermordet wurde.

Neue Sachlichkeit ... Sprachskeptizistische Traditionen

Bekannte Künstler und Dichter

Wenngleich in den ersten drei Jahrzehnten des 20. Jhs. in der deutschen Kinder- und Jugendliteratur konservative und nationalistische Gesinnungen dominierten, so gab es daneben in geringerem Umfang auch – vor allem in der künstlerischen und literarischen Aufbruchstimmung der zwanziger Jahre – moderne und experimentelle Tendenzen, die von den avantgardistischen Bewegungen der Zeit beeinflusst waren. Allgemein anerkannte Künstler wie Kurt Schwitters oder George Grosz und Dichter wie Christian Morgenstern, Joachim Ringelnatz oder Bertolt Brecht scheuten sich nicht, für junge Leser zu schreiben und zu zeichnen.

Auch in der Kinderliteratur bildete der u. a. von Friedrich Nietzsche und Fritz Mauthner vertretene Sprachskeptizismus der Jahrhundertwende einen wichtigen Bezugspunkt für diese neuen, mit den bisherigen Traditionen radikal brechenden Positionen. Man stellte die konventionalisierte Sprache des Bürgertums in Frage und entlarvte Leitbegriffe wie »Sittlichkeit«, »Vaterland« oder »Ehre« als leere Floskeln. Wenn – wie die Kritiker meinten – die Sprache letztlich auch unzureichend zur umfassenden Erkenntnis von Welt war, so taugte sie dennoch zum Spiel oder zu einer »poetischen« Gegensprache der Bilder, Träume und Affekte.

Im Kontext der Rückwendung zu einer »ursprünglichen« Sprache steht auch die Lyrik Christian Morgensterns (1871–1914), die wesentlich durch Elemente des Musikalischen und Spielerischen bestimmt ist. Er knüpfte an gesellschaftskritische Traditionen des Sprachspiels an, aber auch an die Volks- und Kinderlieder der Romantik und die Kinderlyrik Paula Dehmels. Doch die »Kindlichkeit« seiner Verse verdankte sich nicht einer bewussten Orientierung an Kindern als Zielgruppe, sondern ergab sich aus seinem Bemühen um eine »natürliche« Sprache. Abgesehen von einzel-

Von Josua Leander Gampp gestaltetes Titelblatt zu „Klein Irmchen" (1921, Ausgabe von 1931), einem Sammelband mit Liedern und Gedichten für Kinder von Christian Morgenstern, der von Bruno Cassirer nach dessen Tod herausgegeben wurde.

Christian Morgenstern und Joachim Ringelnatz ... und Sozialismus

nen Gedichten wie etwa »Das Häslein«, »Beim Mausbarbier« oder »Elbenreigen«, die in Verssammlungen für Kinder aufgenommen wurden, verfasste Morgenstern nur »Das Hasenbuch« (1908) speziell für junge Leser – es war eine Auftragsarbeit. Der Berliner Verleger Bruno Cassirer hatte ihn um Verse zu Illustrationen von Konrad Ferdinand von Freyhold (1878–1944) gebeten, der zu den geschätzten Illustratoren der Kunstmoderne zählte. Freyhold wollte im Sinne der Kunsterzieherbewegung mit bewusst gewählter Form- und Farbgebung das ästhetische Empfinden von Kleinkindern schulen. Seine Bilder zu den Themen Osterfest und Osterbrauchtum zeigen sich vom Jugendstil beeinflusst, lassen in der ausgeprägt schlichten Linienführung und der klaren, fast geometrischen Komposition aber auch bereits Momente erkennen, wie sie für die Neue Sachlichkeit typisch werden sollten. Morgenstern passte seine – nach eigenen Aussagen – bewusst »epigrammatischen« Verse dem einfachen und knappen Stil der Bilder an. Wie auch in seinem übrigen lyrischen Werk machen Rhythmus und Reim, Lautmalereien und Wortspiele den besonderen Reiz seiner Gedichte aus. Im Unterschied zu anderen Formen des Sprachspiels bleibt bei Morgenstern jedoch zumeist ein – in den Gedichten für Kinder meist komischer oder parodistischer – Sinnzusammenhang gewahrt.

Ein tiefes Misstrauen gegenüber den Manipulationsmöglichkeiten durch Sprache kennzeichnet auch das dichterische Werk von Joachim Ringelnatz (1883–1934), dessen Annäherung an das Kindliche aus der Abwendung von bürgerlichen Konventionen resultierte. Die humoristischen Sprachspielereien Morgensterns steigerte er ins Schaurig-Groteske. Beeinflusst durch das literarische Kabarett, das um die Jahrhundertwende entstand, verhöhnte Ringelnatz mit anarchischen, teilweise aggressiven Versen das Bürgertum und seine Sprache. Aufsehen erregte er mit seinem »Geheimen Kinder-Spiel-Buch« (1924), in dem er an die Stelle des pädagogisch Empfehlenswerten fantasievolle, freche, und zuweilen grausame Kinderspiele setzte. Thema-

> „Der Flügelflagel gaustert / durchs Wiruwaruwolz, / die rote Fingur plaustert, / und grausig gutzt der Golz."
> Christian Morgenstern, „Gruselett"

> In Hamburg lebten zwei Ameisen, / Die wollten nach Australien reisen. / Bei Altona auf der Chaussee, / Da taten ihnen die Füße weh, / Und da verzichteten sie weise / Dann auf den letzten Teil der Reise.
> Joachim Ringelnatz, „Die Ameisen" (1912)

Neue Sachlichkeit … Dadaistische Wort- und Bildkunst

> Der **Dadaismus** ist eine avantgardistische Kunstbewegung des frühen 20. Jhs., die sich – als Reaktion auf den Ersten Weltkrieg – gegen eine nur rationalistische Weltsicht und das Fortschrittsdenken der Zeit wandten. Gefordert wurde die Freiheit der Kunst, in der alle Verfahren und Materialien ihre Berechtigung haben sollten. Bevorzugte künstlerische Verfahren waren Montage und Collage; in der Literatur kam dem Laut- und Simultangedicht besondere Bedeutung zu. In Zürich, Berlin, Köln und Paris entstanden verschiedene Zentren des Dadaismus. Bekannte Dada-Künstler waren u.a. Hugo Ball, Richard Huelsenbeck, Johannes Baader und Kurt Schwitters.

tisch knüpfte er damit an Wilhelm Busch und Mark Twain an. Seine provokanten Aufforderungen zur Tierquälerei und Aufmüpfigkeit gegenüber erwachsenen Respektspersonen gingen manchem entschieden zu weit. Die Polizei teilte Gustav Kiepenheuer mit, dass das von ihm verlegte Werk »eine ernste Gefahr für die sittliche Entwicklung der Kinder« bedeute. Der Adressatenhinweis auf dem Umschlag – »Für Kinder von 5 bis 15 Jahren« – musste überklebt werden.

Im Kontext des Konstruktivismus, wie er von Kasimir Malewitsch und El Lissitzky entwickelt wurde, sind die »Buchstaben-Harlekinaden« (Hans Ries) des dadaistischen Wort- und Bildkünstlers Kurt Schwitters (1887–1948) zu sehen, der mit seinen völlig neuartigen typografischen Büchern »Die Märchen vom Paradies« (1924) und »Die Scheuche« (1925) herkömmliche Vorstellungen vom »schönen« Bilderbuch gründlich auf den Kopf stellte. Die Buchstaben übernehmen hier den Part der Figuren, die Grenzen zwischen Text und Bild sind aufgehoben. Die rhythmischen, assoziativen Kompositionen erinnern an improvisierte Kinderspiele, ohne dass eine pädagogische Zielsetzung erkennbar wäre. Schwitters ging es vielmehr darum, die bisherigen, weitgehend von einem akademischen Hintergrund her definierten Grenzen der Kunst durch eine Zerstö-

Textseite aus dem Märchen „Die Scheuche" (1925) von Kurt Schwitters

George Grosz und Bertolt Brecht ... und Sozialismus

rung konventioneller Strukturen und Vorstellungen von Bild und Sprache zu erweitern. In seinen experimentellen Text-Bild-Montagen spiegelt sich nicht zuletzt die Überzeugung, dass es notwendig sei, Kunst und Alltag miteinander zu verbinden.

Selbst im Œuvre so bedeutender Künstler wie Otto Dix (»Bilderbuch für Muggli«, 1922) und George Grosz finden sich Arbeiten für Kinder. Grosz illustrierte Bertolt Brechts (1898–1956) erstes Kinderbuch »Die drei Soldaten« (1932). Brecht, der in seinen Anfängen bekannte Kinderverse parodierte, wollte mit dieser Gedichtfolge das kritische Bewusstsein von Heranwachsenden schärfen. Die drei Soldaten sind Allegorien auf Hunger und Krankheiten. Ihre Botschaft lautet: Wer passiv bleibt, wird untergehen, wer sich gegen politische Ungerechtigkeiten wehrt, wird sie überwinden. Auch in seinen späteren Kindergedichten bleibt Brecht zumeist dem Ziel politischer Aufklärung verpflichtet. Im Exil entstanden Kinderlieder, die zusammen mit den Texten für Erwachsene in der Sammlung »Svendborger Gedichte« erschienen sind. Und mit dem »Kinderkreuzzug« (1939) gestaltete er ein eindrucksvolles Dokument gegen die Unmenschlichkeit des Krieges. Geschildert wird, wie eine Gruppe von Kindern auf der Suche nach Frieden durch zerstörte polnische Dörfer irrt.

Illustration von George Grosz zu „Die drei Soldaten" (1930) von Bertolt Brecht.
Der karikierende Zeichenstil ist für Grosz' gesellschaftskritische Intentionen insgesamt kennzeichnend. Hier stellt er Armut und Kapitalismus am Beispiel typisierter Figuren einander gegenüber.

Realistische Großstadtgeschichten

Im Verlauf des 19. Jhs. entdeckten Schriftsteller wie Eugéne Sue, Émile Zola oder Charles Dickens mit Paris und London die Großstadt als literarischen Ort. Mit Charles Dickens' (1812–1870) Waisenjungen »Oliver Twist« (1838, dt. 1838) kämpft zum ersten Mal ein Kind in den bedrohlich wirkenden Gassen der Großstadt gegen Armut und Verbrechen. In Deutschland verzö-

Neue Sachlichkeit ... Berlin als Schauplatz von Romanen für Kinder

Illustration aus „Gross-Stadt-Bilder-Buch" (1909) von Sophus Hansen (1871–1960)

gerte sich der Prozess der Urbanisierung aufgrund der verspäteten nationalen Einigung. Erst mit der Gründung des Kaiserreichs 1870 wurde Berlin zur Hauptstadt bestimmt, die von der Kinderliteratur zunächst ebensowenig beachtet wurde wie andere große Städte des Landes. Realistische Geschichten für junge Leser spielten bevorzugt in ländlicher Idylle, in Dörfern und Kleinstädten. Der erste, der die Stadt als kindlichen Wahrnehmungs- und Erlebnisraum begriff, war der Reformpädagoge Heinrich Scharrelmann (1871–1940). Scharrelmann, der den üblichen Schulunterricht als zu trocken und »verkopft« kritisierte, entwickelte eine praxisbezogene Lehrmethode, die auf lebendigen Schilderungen und eigenen Erfahrungen beruhen sollte. In diesem Kontext stehen seine vier »Berni«-Bände (1908–1922), Geschichten über einen Jungen, der – anfangs noch im Vorschulalter – seine Heimatstadt Bremen erkundet. Die alltäglichen Begebenheiten aus der Welt der Kleinbürger und Handwerker werden in einfacher Sprache und konsequent aus der Perspektive eines Heranwachsenden geschildert, der sich in Augenhöhe mit dem Leser befindet. Durch diese Sichtweise sollen die in den Erzählungen enthaltenen Sachkenntnisse auf ebenso anschauliche wie leicht eingängige Weise vermittelt werden.

Nach dem Ersten Weltkrieg wurde Berlin zum politischen, wirtschaftlichen und kulturellen Mittelpunkt Deutschlands – und auch zum Schauplatz von Kinderbüchern. Den Anfang machte »Peter Stoll« (1925), dessen Titelheld sich vom Arbeiterjungen zum klassenbewussten Proletarier entwickelt. Die Alltagsgeschichte

| Im Geist der Neuen Sachlichkeit | ... und Sozialismus |

verrät, dass der Autor Carl Dantz (1884–1967) bestens mit dem Milieu der städtischen Fabrikviertel vertraut war. Eine kleine Revolution löste Wolf Durian (1892–1969) mit »Kai aus der Kiste« (1926) aus, eine »ganz unglaubliche Geschichte«, die zunächst 1924 in Fortsetzungen von der Kinderzeitschrift »Der heitere Fridolin« abgedruckt worden war. Endlich einmal folgte ein Kinderbuch nicht den allgemeinen künstlerischen und literarischen Tendenzen, sondern trug sie mit. Deutlich ist die Signatur der Neuen Sachlichkeit erkennbar: in der schnörkellosen Sprache, der konzentrierten Handlung, der »neutralen« Darstellung aus dem Blickwinkel einer Filmkamera, dem rasanten Erzähltempo, das mit der Dynamik des Großstadtlebens korrespondiert, und dem aktuellen, die Menschen ungeheuer faszinierenden Thema Werbung. Ein amerikanischer Zigarettenproduzent sucht den besten Werbestrategen, um eine neue Marke auf dem deutschen Markt zu etablieren. Den Wettbewerb mit einem »diplomierten Reklameagenten« kann der Straßenjunge Kai dank pfiffiger Ideen, ausgeprägter Cleverness und zahlreicher Helfer gewinnen. Einen solchen Helden kannte die Kinderliteratur bis dahin noch nicht: Er fährt schwarz, beschmiert fremdes Eigentum mit »Graffitis«, führt die Polizei hinters Licht, und doch erwartet ihn keineswegs eine drakonische Strafe, sondern eine steile Karriere als Werbekönig mit eigener Agentur. Kein Wunder, dass zwar die jungen Leser begeistert waren, die einflussreichen Jugendschriftenausschüsse in dem Buch aber »keine wertvolle Lektüre« sehen wollten.

Die Radikalität in Form und Inhalt dürfte der Grund dafür gewesen sein, dass den wilden Kai drei Jahre später ein Musterknabe an Popularität klar überflügelte.

Kai macht Werbung für die neue Zigarettenmarke „TUT". Illustration von Max Ludwig zu „Kai aus der Kiste" von Wolf Durian (Ausgabe von 1972)

Der Begriff **Neue Sachlichkeit** bezeichnet verschiedene Gegentendenzen und Abgrenzungen zum Expressionismus. Als allgemeine Stilkennzeichen gelten: wirklichkeitsnahe und zeitbezogene Themengestaltung, sachlich-neutrale Perspektive, schlichte Alltagssprache, Lakonie und Sprachwitz. Als wichtige Vertreter der Neuen Sachlichkeit gelten Kurt Tucholsky, Walter Mehring und Erich Kästner.

Neue Sachlichkeit ... Erich Kästner

Erich Kästner (1899–1974) war der populärste Kinderbuchautor des 20. Jhs. in Deutschland. Der Dresdner wuchs in kleinbürgerlichen Verhältnissen auf. Nach dem Studium arbeitete er zunächst als Journalist in Leipzig. Der Höhepunkt seines literarischen Schaffens fiel in seine ersten Berliner Jahre zwischen 1928 und 1933, in denen neben zahllosen gesellschaftskritischen Gedichten und dem „Fabian" (1931) seine berühmten Kinderromane entstanden: „Emil und die Detektive" (1929), „Pünktchen und Anton" (1931), „Der 35. Mai" (1932) und „Das fliegende Klassenzimmer" (1933). In der Zeit des Nationalsozialismus umging er das Publikationsverbot durch die Veröffentlichung von harmlosen Unterhaltungsbüchern unter wechselnden Pseudonymen. Ab 1945 lebte Kästner in München. Nach „Das doppelte Lottchen" (1949) und „Die Konferenz der Tiere" (1949) zeigte sein kinderliterarisches Werk zunehmend Züge von Resignation. Er bearbeitete Klassiker für Kinder, z. B. „Die Schildbürger" (1954) und „Gullivers Reisen" (1961), schrieb seine Kindheitserinnerungen unter dem Titel „Als ich ein kleiner Junge war" (1957) und erfand als letzten seiner Kinderhelden mit „Der kleine Mann" (1963 und 1967) einen Miniatur-Erwachsenen im Streichholzschachtel-Format. Dass er trotz oft sehr deutlichen moralischen Botschaften zu einem Lieblingsautor junger Menschen wurde, verdankte er seiner Fähigkeit, deren Probleme und Hoffnungen glaubwürdig und mit großer Ernsthaftigkeit, zugleich aber mit ausgeprägtem Humor darzustellen.

Erich Kästner (um 1929), gezeichnet von seinem Freund Erich Ohser

Die Großstadt- und Kriminalgeschichte um »Emil und die Detektive« (1929) wurde auch international zum erfolgreichsten deutschen Kinderbuch des 20. Jhs. Als Erich Kästner (1899–1974) seinen ersten Roman für Kinder schrieb, hatte er sich bereits als kritischer »Weltbühne«-Journalist und Verfasser frivoler und bissiger Gedichte einen Namen gemacht. Sein »Emil« gehört ganz in die »sachliche Zeit«. Aus der Kleinstadt, die nicht zuletzt der überbesorgten Mutter wegen Geborgenheit, aber auch Enge symbolisiert, gerät der Schüler Emil Tischbein bei der Verfolgung des »Herrn im steifen Hut« mitten hinein in die pulsierende Metropole. Eine Gruppe kesser Berliner Jungs hilft ihm dabei, den Dieb zu überführen, der ihm auf der Zugfahrt hundertvierzig Mark gestohlen hat.

Die Großstadtgeschichte für Kinder fand viele Nachfolger, etwa »Das rote U« (1932) von Wilhelm Matthießen, einige von Werner Bergengruens (1892–1964) Episoden um »Zwieselchen« (1931) und Kästners zweiter in Berlin spielender Kinderroman »Pünktchen und

Kinderliteratur und Klassenkampf ... **und Sozialismus**

Anton« (1931), in dem es um soziale Unterschiede, Freundschaft und – wiederum – ein Verbechen geht. Die Großstadt war in diesen Büchern zum Ort kindlicher Sozialisation und Bewährung geworden. Hier lernten Heranwachsende ganz selbstständig miteinander und voneinander, unabhängig von Eltern und anderen Erziehungsinstanzen. Die neuen Helden der realistischen Kinderliteratur handelten selbstbewusst, solidarisch, klug und vernünftig, oft sogar effektiver als die Erwachsenen, die nur noch in Nebenrollen auftraten. Dieses moderne Kindheitsbild barg eine utopische Dimension, die vor allem Erich Kästner immer wieder gestaltete. Es war die Hoffnung, die nachwachsende Generation werde eine menschlichere und friedlichere Gesellschaft schaffen.

Titelillustration von Walter Trier (1890–1951) zu Erich Kästners „Emil und die Detektive" (1929). Triers schwungvollen Zeichnungen im Stil der Neuen Sachlichkeit hatten großen Anteil am Erfolg von Kästners Kinderbüchern.

Sozialistische Kinderliteratur

Die Diskussion um eine spezifisch sozialistische bzw. kommunistische Kinderliteratur begann mit der Reformbewegung um die Wende zum 20. Jh. Getragen wurde sie von Clara Zetkin, Otto Marko, Julian Borchardt und Richard Levy. Es ging um die Kernfrage, ob Bücher für junge Leser überhaupt politisch aufklären sollten, oder ob nicht Funktionen der Unterhaltung oder der literarischen Erziehung wichtiger seien. Clara Zetkin gehörte zu denen, die ausdrücklich eine eigenständige sozialistische Kinder- und Jugendliteratur mit klassenkämpferischer Tendenz forderten. Erziehung im Geiste des Kommunismus sollte Ideale wie Brüderlichkeit, Solidarität und proletarische Freiheitsliebe vermitteln und zur Veränderung der Realität motivieren.

Im Märchen sahen viele Autoren die literarische Gattung, mit der sie diese Ziele am wirkungsvollsten erreichen konnten. Doch diese Autoren wollten nicht zur

Neue Sachlichkeit ... Hermynia Zur Mühlen

Titelillustration von George Grosz zu „Was Peterchens Freunde erzählen" (Auflage von 1924) von Hermynia Zur Mühlen

Gedankenflucht in vergangene Idyllen animieren, sondern zum visionären Blick voraus in eine sozialistische Gesellschaft. Der Wahrheit im Sinne der Aufklärung verpflichtet, ließen sich die Handlungsweisen vernunftbegabter Fantasiewesen allegorisch deuten. Die bekannteste Autorin proletarischer Kindermärchen in der Weimarer Republik war Hermynia Zur Mühlen (1883–1951), die in Heranwachsenden die »Erbauer einer freien, brüderlichen Welt« sah. In ihrer von George Grosz illustrierten Märchensammlung »Was Peterchens Freunde erzählen« (1921) überträgt sie die Dimension des Wunderbaren auf die Wirklichkeit des Arbeiteralltags. Dem kranken Peter erzählen die Gegenstände, die ihn in seinem Zimmer umgeben (Kohle, Bettdecke, Eisentopf usw.), von ihrer Herkunft und ihrer Bedeutung im jeweiligen Produktionszusammenhang. Jede dieser Schilderungen veranschaulicht Prinzipien des Kapitalismus und enthält eine politische Lehre.

Titelblatt zu „Auf dem Flügelpferde durch die Zeiten" (1925) von Berta Lask

Ein Beispiel für die zahlreichen Kinder- und Jugendbücher, in denen aus der geschichtlichen Erfahrung Handlungsperspektiven für die Zukunft entwickelt werden, ist Berta Lasks Sozialutopie »Auf dem Flügelpferde durch die

Alex Wedding alias Grete Weiskopf ... und Sozialismus

Zeiten« (1925). Auf einem »Gedankenpferd« gerät der Arbeiterjunge Karl im Traum in Epochen und Ereignisse hinein, die für den fortwährenden Klassenkampf in der Geschichte stehen. Durch sein Mithandeln und Mitleiden werden ihm die daraus abzuleitenden visionären marxistischen Lehren unmittelbar deutlich.

Nicht durch die Zeiten, sondern durch die Länder der Erde reist der von Lisa Tetzner (1894–1963) als »proletarischer Nils Holgersson« bezeichnete »Hans Urian« (1931). Tetzner, die sich zunächst als Märchenerzählerin und Leiterin der Kinderstunde beim Berliner Rundfunk einen Namen gemacht hatte, schildert, wie Hans Urian auf der Suche nach Brot für seine Familie lernt, dass die Prinzipien des Kapitalismus überall dieselben sind.

Titelblatt zu „Ede und Unku" (1931) von Alex Wedding alias Grete Weiskopf

Sowohl Lask wie Tetzner verwendeten nur noch einzelne Elemente der Fantastik und näherten sich insgesamt einem realistischen Erzählen an. Um 1930 hatten Märchen ihre Bedeutung für die »kommunistische Erziehung« weitgehend verloren. 1932 wollte die Autorin Grete Weiskopf unter ihrem programmatischen Berlin-Pseudonym Alex Wedding (1905–1966) beweisen, dass der Großstadtalltag jungen Lesern doch viel näher steht als ferne Märchenwelten. »Ede und Unku« (1932), ein Arbeiterjunge und ein Zigeunermädchen, bilden das soziale Gegenpaar zur harmonischen Allianz von Kleinbürger- und Fabrikantenkind, die Erich Kästner mit »Pünktchen und Anton« ein Jahr zuvor geschaffen hatte. Neben Freundschaft und Solidarität ist das Hauptthema von Weddings Geschichte allerdings die politische Wandlung Edes, der, nachdem der Vater arbeitslos geworden ist, soziale Verantwortung übernehmen muss und binnen weniger Tage zum klassenbewussten Proletarier wird.

National-sozialismus ... »Unerwünschtes Schrifttum«

Literaturlenkung

Mit der Machtübernahme der Nationalsozialisten im Januar 1933 endete die Phase der lebendigen und innovativen Kinder- und Jugendliteratur der Weimarer Republik. In der Folgezeit zielten unterschiedliche Maßnahmen und Aktionen darauf ab, Markt und Kritik der Bücher für Heranwachsende parteikonform auszurichten. Das gesamte Jugendschriftenwesen wurde durch Erlasse des Reichsministers für Erziehung, Wissenschaft und Volksbildung neu geordnet. Ab Juli 1933 koordinierte die »Reichsstelle für das Jugendschrifttum« die Bestrebungen um einen ideologisch einheitlichen Kurs in der Kinder- und Jugendliteratur. Werke von sozialdemokratisch oder kommunistisch gesinnten Autoren, aber auch von Vertretern der Neuen Sachlichkeit wie Erich Kästner oder Irmgard Keun wurden verboten, missliebige Bücher aus den Bibliotheken entfernt, die Jugendschriftenausschüsse und ihre Zeitschrift »Jugendschriftenwarte« gleichgeschaltet. »Schwarze« Listen wie die berüchtigte »Liste 1 des schädlichen und unerwünschten Schrifttums« (1936) oder »Wir lehnen ab« (1937) und Empfehlungskataloge wie »Das Buch der Jugend« (1934) oder »Verzeichnis guter Mädchenbücher« (1942) dienten der Literaturlenkung im nationalsozialistischen Sinne und schließlich der Gleichschaltung des gesamten Publikationswesens.

Doch die staatliche Kontrolle war nie absolut. Immer wieder konnten Werke die Zensurbehörden passieren, obwohl es sich um Bücher handelte, die offiziell verboten waren. So erschien beispielsweise noch im Dezember 1933 Erich Kästners Internatsgeschichte »Das fliegende Klassenzimmer« in einem Stuttgarter Verlag. 1935 kam das Kinderbuch »Der Bankrott des kleinen

Titelblatt zu „Jüdisches Jugendbuch" (1935) von Emil Bernhard Cohn und Else Rabin. Mit diesem Jugendkalender und anderen Kinderbüchern, die jüdische Verlage in Deutschland noch bis 1938 herausbringen durften, sollten assimilierten Jugendlichen die religiösen Traditionen, kulturellen Werte und Leistungen des Judentums nahegebracht werden. Auswanderungswillige erhielten aus einigen Büchern Informationen über Palästina und den Zionismus.

Gleichgeschaltete Helden ... und Exil

Jack« (1929, dt. 1935) in einer deutschen Übersetzung heraus. Geschrieben hatte es der jüdische Arzt Janusz Korczak (1878–1942), der sich im Warschauer Getto um die Kinder des Waisenhauses kümmerte und mit diesen 1942 in den Gaskammern von Treblinka ermordet wurde. Ansonsten gab es neben den »erwünschten« noch die »geduldeten« Werke, die zumindest für eine gewisse Bandbreite der Kinder- und Jugendliteratur zwischen 1933 und 1945 sorgten.

Literarische Erziehung zu Gemeinschaft und Krieg

Nationalsozialistische Erziehung wie sie etwa Bildungsminister Bernhard Rust durchsetzen wollte, sollte uneingeschränkt in den Dienst der Machtsicherung gestellt werden. Deshalb kam einer nationalistisch und völkisch ausgerichteten Kinder- und Jugendliteratur eminente Bedeutung zu. Gefordert wurden »echte«, »gegenwartsbetonte« Werke, die nicht die sachliche Information und Aufklärung, sondern die emotionale Beeinflussung in den Mittelpunkt stellten. Helden, die sich ohne Wenn und Aber der Bewegung opferten, sollten den Lesern vermitteln, dass die völkische Gemeinschaft nur durch Einordnung, Unterordnung und absoluten Gehorsam des Einzelnen funktioniere. Kennzeichnend für diese Literatur war ein »reaktionärer Modernismus« (Ulrich Nassen) zwischen Germanen- und Technikkult. Häufig aber mangelte es Schriftstellern an der Fähigkeit, die »erwünschten« Inhalte angemessen umzusetzen. In zahllosen, von der Jugendschriftenstelle als »nationaler Kitsch« kritisierten »Konjunkturschriften« begnügten sich Autoren damit, Versatzstücke der neuen Weltanschauung mit viel Pathos in konventionelle Erzähltexte zu montieren.

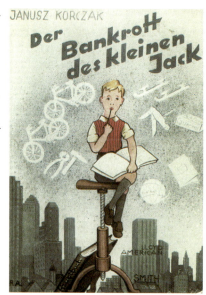

„Der Bankrott des kleinen Jack" (1929, dt. 1935) von Janusz Korczak handelt von einem Jungen, der mit seinen Mitschülern einen Laden nach dem Genossenschaftsprinzip führt. Das Buch wurde von der „Jugendschriften-Warte" (1937) abgelehnt, weil man in dem Verfahren eine „amerikanische" Sitte sah, die in deutschen Schulen nicht nachgeahmt werden sollte.

National- »Hitlerjunge Quex«
sozialismus ...

Karl Aloys Schenzinger (1886–1962) jedoch erfüllte die ideologischen und ästhetischen Vorgaben der Nationalsozialisten bereits vor 1933 in mustergültiger Weise. Sein »Hitlerjunge Quex« (1932) zeigt die Wandlung des Tischlerlehrlings Heini Völker vom Kommunisten zum überzeugten Nationalsozialisten und Hitlerjungen. Der Junge lebt in ärmlichen, proletarischen Verhältnissen, sein Vater ist arbeitslos und alkoholkrank, das aggressive Gebaren seiner kommunistischen Jugendgruppe stößt ihn ab. In dieser als trostlos empfundenen Situation wird die Begegnung mit der Hitlerjugend zum einschneidenden Erweckungs- und Bekehrungserlebnis. Nicht der Sonnenaufgang, sondern der Schein des lodernden Lagerfeuers zeigt Heini den Weg und symbolisiert seinen Aufbruch. Bei den Hitlerjungen erfüllt sich seine Sehnsucht nach einer festen Gemeinschaft, die ihm als Modell einer klassenlosen Gesellschaft erscheint, geeint durch Gehorsamspflicht und Führerprinzip. Am Ende wird Heini Völker Opfer kommunistischer Gewalt, sein Sterben verklärt Schenzinger als quasireligiösen »Märtyrertod«.

Plakat des Deutschen Jungvolks in der Hitlerjugend. Die Erfassung der Heranwachsenden in dieser NSDAP-Organisation begann mit der Aufnahme der Zehnjährigen zum Deutschen Jungvolk. Damit einher ging eine größere Unabhängigkeit von Elternhaus und Schule, aber auch die absolute Unterordnung und Disziplin innerhalb der Organisation. Ab 1936 wurde die Mitgliedschaft zur Pflicht.

Illustration von Alfred Weidenmann zu seinem von ihm selbst gestalteten Buch „Jungzug 2" (1941)

Demselben NSDAP-konformen Wertesystem zeigte sich auch Alfred Weidenmann (1918–2000) verpflichtet, der als gerade Achtzehnjähriger ein für jugendliche Leser besonders glaubwürdiger Autor war. Sein Erstling »Jungzug 2« (1936) galt auch der eingefügten

»Ulla, ein Hitlermädchen« ... und Exil

Fotografien und »schmissigen« Zeichnungen wegen als ein besonders gegenwartsnahes und modernes Buch und wurde mit dem »Hans-Schemm-Preis« für nationalsozialistische Jugendliteratur ausgezeichnet. Erzählt wird von einem Kfz-Lehrling, der 50 »Pimpfe« verschiedenster sozialer Herkunft zu einem Jungzug organisiert. Leitbegriffe sind die »Schwertworte der Jungvolkjungen«: Härte, Tapferkeit, Treue, Haltung, Wahrheit, Kameradschaft und Ehre. Im Mittelpunkt der Handlung steht die erlebte Gemeinschaft bei Fahrten, Zeltlagern, Weihestunden, Fahnen- und Feuerritualen. Doch die straffe Ordnung und der Kommandoton verraten, dass die Atmosphäre von Romantik und Abenteuer nur die Kulisse für die Einübung soldatischen Verhaltens darstellt.

1933 Machtergreifung der Nationalsozialisten
1935 Nürnberger Gesetze
1938 Judenpogrom
1939 Beginn des Zweiten Weltkriegs
1943 Kapitulation der 6. Armee in Stalingrad
1944 Invasion der Alliierten in der Normandie
1945 Hitler begeht Selbstmord, Ende des Zweiten Weltkriegs

Die nationalsozialistische Gesinnungsbildung wollte man auch mit zahlreichen »Lebens- und Kampfbildern« unterstützen, in denen bevorzugt »Blutzeugen« oder Führer der Bewegung glorifiziert wurden. Viele Werke waren historischen Personen und Themen gewidmet (z. B. Armin dem Cherusker, Widukind oder Heinrich dem Löwen), wobei es primär darum ging, die kontinuierliche »Volkwerdung« der »germanischen Rasse« von der Steinzeit bis in die Gegenwart zu begründen. Unter den Kriegsschilderungen nahmen diejenigen zum Ersten Weltkrieg, den man zu »einem der größten Schicksalserlebnisse der deutschen Volksgemeinschaft« verklärte, eine herausgehobene Position ein.

Titelblatt zu „Ulla, ein Hitlermädchen" (1933) von Helga Knöpke-Jost. Jungen Mädchen sollte mit dieser Bekehrungsgeschichte ein Vorbild und eine Identifikationsfigur im nationalsozialistischen Sinne geboten werden. Ulla baut eine Gruppe des BDM (»Bund deutscher Mädel«) auf und kämpft gegen Kommunisten und Juden. Die Hauptfigur repräsentiert zugleich den neuen Mädchentypus der Kameradin, die Idealismus und Tatkraft in ihrem Wesen vereint.

129

Nationalsozialismus ... Fritz Steubens »Tecumseh«

Jugendlieder im Nationalsozialismus
Wegen ihrer starken emotionalen Wirkung spielten Musik und Gesang eine wichtige Rolle im nationalsozialistischen Gemeinschaftserleben. Mit Liedersammlungen wie „Trommel der Rebellen" (1935) oder „Horch auf, Kamerad" (1936) tat sich Hans Baumann (1914– 1988) in diesem Genre besonders hervor. Von ihm stammen bekannte Texte in volkspoetischer Tradition wie „Es geht eine helle Flöte" oder „Die Morgenfrühe, das ist unsere Zeit", aber auch „Es zittern die morschen Knochen" oder „Die Ostlandfahrer" und viele weitere Lieder im Kontext des „Blut-und-Boden-Mythos". Aus einer Sicht, die individualistische Konzepte insgesamt negierte, fasste Baumann Themen wie Lebensverachtung und Todessehnsucht in eingängige Verse und gab die Parolen für einen Eroberungskrieg im Osten vor.

Seite aus „Mein Buch zum Anschauen, Zeichnen, Lesen und Schreiben" (1941), einer stark an der Nazi-Ideologie ausgerichteten Fibel

Krieg, Führertum und Volk waren auch bevorzugte Themen der Kriegs- und Indianerbücher von Fritz Steuben. Als Klassiker gilt die achtbändige Reihe mit Geschichten über den Shawnee-Häuptling »Tecumseh« (1930–1939), der zu Beginn des 19. Jhs. die Indianerstämme einigen wollte, um gegen die weißen Siedler bestehen zu können. Eine solche Hauptfigur stand im Widerspruch zur Rassenlehre der Nationalsozialisten. Der einflussreiche Schriftsteller Will Vesper forderte, »mit aller weichlichen literarischen Farbigenschwärmerei« endlich Schluss zu machen. Deshalb gestand Steuben dem Häuptling zwar Heldenattribute wie Mut und Tapferkeit zu, ließ aber keinen Zweifel daran, dass sein Scheitern unausweichlich war.

Mit Beginn des Krieges sollte dann die gesamte Literatur für

»Pucki« und andere Mädchenbuchreihen ... und Exil

Heranwachsende der »wehrgeistigen Erziehung« dienen. Ein Werk von literarischem Rang hat die genuin nationalsozialistische Kinder- und Jugendliteratur nicht hervorgebracht.

Flucht in die kinderliterarische Provinz

Es gab Autoren, die mit dem Nationalsozialismus nicht sympathisierten, aber trotzdem weiterhin in Deutschland lite-rarisch tätig sein wollten. Mit kleineren oder größeren Zugeständnissen an den »braunen Zeitgeist«, einer betont unpolitischen Haltung und einem Rückzug in die topografische wie literarische Provinz hofften sie, der Aufmerksamkeit der Zensurbehörden zu entgehen.

Dass aber Literatur trotz eines Verzichts auf direkte Bezüge zur gesellschaftspolitischen Realität ideologisch wirksam sein konnte, zeigen beispielsweise die Mädchenbuchreihen »Goldköpfchen« (ab 1928), »Pommerle« (1926–1938) und »Pucki« (1935–1941) von Magda Trott (1880–1945). Die Autorin vollzog 1933 einen radikalen Positionswechsel, nachdem sie in den zwanziger Jahren in der Frauenbewegung engagiert gewesen war, als Journalistin für feministische Zeitschriften geschrieben hatte, für die Gründung eines »Frauenstaates« eingetreten war und auch mit »Pommerle« anfangs einen eher unkonventionellen Mädchentyp gestaltet hatte. In der populären »Pucki«-Reihe erzählt Trott in zwölf Bänden die Lebensgeschichte der Förstertochter Hedi Sandler, genannt Pucki. Die sentimental verklärte Naturbegeisterung der Heldin, das anspruchslose, von Arbeit und Ordnung bestimmte Familienleben in ländlicher Idylle, vor allem aber die Erziehung zu Gehorsam, Unterordnung, Verzicht und Willenskraft vermittelten auf sehr subtile Weise wichtige Elemente nationalsozialistischer Gesinnung.

Titelblatt zu „Auf Feindfahrt in nordischen Gewässern" (1942) von Fritz Boeltz. In der „Kriegsbücherei der deutschen Jugend" erschienen insgesamt 156 Titel, in denen der Krieg zum großen Technik-Abenteuer stilisiert wurde. Die Herausgabe in Form der vormals heftig kritisierten „Groschenhefte" zeigt, dass nach Kriegsausbruch die früheren literarischen Maßstäbe offenbar bedeutungslos geworden waren.

Gegenüberliegende Seite unten:
Die Kolonialliteratur wurde auch im Zeichen völkischer Erziehung weiterhin gefördert. Paul von Lettow-Vorbecks Klassiker „Heia Safari!" (1920) erreichte 1940 eine Auflage von 150 000 Exemplaren.

Nationalsozialismus ... Verfolgung und Internierung

Aus der Bildergeschichte „Zurück zur Natur" von Erich Ohsers „Vater und Sohn" (Ausgabe von 1996)

Soweit passten sich andere nicht an. Der Zeichner und Karikaturist Erich Ohser (1903–1944) aus dem sächsischen Plauen versuchte, seine kleine Familie mit humorvoll-hintersinnigen Bildergeschichten von »Vater und Sohn« über Wasser zu halten, die ab 1934 unter dem Pseudonym E. O. Plauen in der »Berliner Illustrierten« erschienen. So harmlos sie auf den ersten Blick wirken, oft steckt ein kleiner Stachel der Subversion in ihnen, denn immer wieder zeigt sich, dass sich aus menschlichem, partnerschaftlichem, tolerantem und unkonventionellem Handeln glücklichere Lösungen ergeben als aus blindem Gehorsam. Ohser selbst nützte diese Erkenntnis allerdings nichts. Im Gegenteil – er wurde denunziert und wegen »defätistischer Äußerungen im Luftschutzkeller« verurteilt. Der Vollstreckung der Todesstrafe konnte er nur noch durch Selbstmord zuvorkommen.

Titelblatt zu „Puckis Familienglück" (um 1940) von Magda Trott

Ehm Welk (1884–1966) und Hans Fallada (1893–1947) hofften, nach ihrem Umzug aufs Land und der Hinwendung zur Kinderliteratur unbehelligt zu bleiben. Nachdem Welk wegen regimekritischer Artikel kurze Zeit im Konzentrationslager Sachsenhausen inhaftiert war, sah er sich gezwungen, nur noch »unpolitische Bücher« zu schreiben. In »Die Heiden von Kummerow« (1937) verarbeitete er autobiografische und familiengeschichtliche Erinnerungen zu einem Reigen humoristischer Episoden über das Leben in einem pommerschen Dorf. Im Mittelpunkt steht der zehnjährige Martin, der erkennen muss, dass sein naiver Glaube an die

Gerechtigkeit vor der Wirklichkeit keinen Bestand hat. Auch Hans Fallada (1893–1947), den die Nationalsozialisten nach seinem Welterfolg »Kleiner Mann, was nun?« (1932) sozialkritischer Tendenzen verdächtigten, gab sich mit »Hoppelpoppel, wo bist du?« (1936) und »Geschichten aus der Murkelei« (1938) als betont harmloser Erzähler für Kinder. Diese Texte zwischen Märchen und Groteske sind jedoch ebenso wenig als literarische Dokumente des inneren Widerstands zu verstehen wie die Kinderbücher, die Erich Kästner zwischen 1933 und 1945 veröffentlichte. Im Unterschied zu den genannten Autoren besaß Kästner keine Publikationserlaubnis für Deutschland, alle seine Bücher für Kinder und Erwachsene waren verboten, außer »Emil« – möglicherweise wegen der internationalen Popularität der Detektivgeschichte. Der wenig überzeugende Folgeband »Emil und die drei Zwillinge« (1935), in dem die »Detektive« ein Selbsterziehungsmodell an der Ostsee erproben, und die Nacherzählung einiger Schwänke von »Till Eulenspiegel« (1938) mussten in der Schweiz erscheinen. Offenbar hat Kästner aber unter dem Namen seiner Freundin, der 1939 bei einem Autounfall ums Leben gekommenen Schauspielerin Herti Kirchner (1913–1939), zwei weitere Kinderbücher in Deutschland herausgebracht (»Lütte«, 1937 und »Wer will unter die Indianer«, 1938), wie stilistische und inhaltliche Vergleiche mit seinen Werken aus der Weimarer Zeit nahelegen.

Hoffnungen und Utopien der Exilautoren

Die Kinder- und Jugendbücher, die deutsche Autoren im Exil schrieben, sind trotz ihrer teilweise außergewöhnlichen Qualität Außenseiter der Kinderliteraturgeschichte geblieben. Als sie während der restaurativen Nachkriegsjahre in der Bundesrepublik erscheinen konnten, fanden sie oft nicht die Beachtung, die sie verdient hätten. Das trifft zum Beispiel auf die unprätentiösen Kinderbücher von Irmgard Keun (1905–1982) zu, die jegliche Erziehungsabsicht vermissen lassen. Am Ende der Weimarer Republik war Keun

Nationalsozialismus ... Irmgard Keun

Irmgard Keun, Fotografie von 1954

durch ihre Romane »Gilgi« (1931) und »Das kunstseidene Mädchen« (1932) ungemein populär geworden war. Ab 1936 verbrachte sie vier unruhige Exiljahre in mehreren europäischen Ländern und den USA, bis sie 1940 heimlich nach Deutschland zurückkehrte. In »Kind aller Länder« (1938) – noch im Exil geschrieben und publiziert – plaudert die zehnjährige Kully altklug und scheinbar ungerührt über das unstete Leben auf der Flucht, die ständige Geldnot und den exzentrischen Vater, lässt den Leser dabei aber doch viel von der Halt- und Heimatlosigkeit des Exils spüren. Bereits zwei Jahre zuvor hatte Keun Erinnerungen an ihre Kölner Kindheit literarisch verarbeitet. Ganz und gar aus der Perspektive eines Kindes schildert »Das Mädchen, mit dem die Kinder nicht verkehren durften« (1936) mit umwerfendem Humor, eigenwilliger Logik und entlarvender Naivität das heuchlerische Alltagsleben des Kleinbürgertums in der Zeit um den Ersten Weltkrieg.

Die bedeutendsten Kinderbücher, die Autoren während ihres Exils verfassten, wurden in der Schweiz geschrieben, wo unter anderem auch Kurt Held (1897–1959), der eigentlich Kurt Kläber hieß und seine Karriere als kommunistischer Arbeiterdichter begonnen hatte, und seine Ehefrau Lisa Tetzner Zuflucht gefunden hatten. »Die rote Zora und ihre Bande« (1941), Helds bekannter Räuberroman mit Robin-Hood-Motiven, avancierte nach einer Umarbeitung (1950) zum Klassiker der Jugendliteratur. Die von der rothaarigen Albanerin Zora angeführte Bande haust in einer Burgruine und lebt von Mundraub und Diebstahl. Es ist eine Notgemeinschaft von Jugendlichen, die nach dem Verlust ihrer Eltern oder anderer familiärer Bindungen aus der »anständigen« Gesellschaft der dalmatischen Kleinstadt herausgefallen sind. Held verbindet Spannungselemente des Abenteuerromans mit Kritik an sozialer Ausgrenzung und wirtschaftlicher Ausbeutung und der Vermittlung humanistisch-christlicher Werte wie Mitgefühl und Hilfsbereitschaft. Am Ende finden

„Niemals möchte ich später General werden, denn ein General hat tausend und abertausend Soldaten – ich wüßte nicht, was ich als General mit denen von morgens bis abends anfangen sollte. Vielleicht weiß ein General es auch nicht und läßt sie darum totschießen. Herr Kleinerz hat auch gesagt, Generale wollten immer Krieg, und erst wenn der Krieg verloren ist, wollen sie Frieden und ziehen sich zurück und züchten Rosen." Aus: „Das Mädchen, mit dem die Kinder nicht verkehren durften" (1936) von Irmgard Keun

Lisa Tetzners »Die Kinder aus Nr. 67« ... und Exil

sich einsichtige Erwachsene, die den Jugendlichen dabei helfen, wieder in die städtische Gemeinschaft aufgenommen zu werden.

Den Anspruch auf realistische Zeitzeugenschaft erfüllt wohl kein kinderliterarisches Werk besser als Lisa Tetzners neunbändiger Romanzyklus »Die Kinder aus Nr. 67« (1933–1949), der eine Gruppe Heranwachsender aus einem Berliner Hinterhaus durch die Jahre zwischen 1931 und 1946 begleitet. Am Anfang steht die Geschichte der Freundschaft von Erwin und Paul. 1933 werden sie getrennt. Erwin muss mit seinem Vater, einem Sozialdemokraten flüchten, eine andere Hausbewohnerin ist gezwungen ihre Heimat zu verlassen, weil sie Jüdin ist. Tetzner schildert in verschiedenen Handlungssträngen und unter Verwendung unterschiedlicher Erzählformen die Schicksale der Flüchtlinge, ihre Irrfahrten durch Europa, Nord- und Südamerika und ihr Robinsonleben auf einer einsamen Insel nach einem Schiffbruch. Paul, der in Deutschland geblieben ist, verhält sich zunächst affirmativ, wird dann Mitglied der Hitlerjugend, beteiligt sich schließlich an Aktionen gegen die Juden und denunziert einen Lehrer. Doch als Zweifel und Schuldgefühle immer drängender werden, flüchtet er ebenfalls. Nach und nach hat sich der Kreis der Figuren immer mehr erweitert, sodass nach dem Krieg elf junge Menschen in der Schweiz zusammentreffen, um Wiedersehen zu feiern und einen »Bund der Gerechten« zu gründen, der alle Völker miteinander vereint. So scheint auch hier die viel beschworene Utopie jener Jahre auf, der nächsten Generation werde ein Neuanfang in Frieden und Humanität gelingen.

Von Richard Hallgarten (1905–1932) gestaltetes Titelblatt zu „Stoffel fliegt übers Meer" (1932) von Erika Mann (1905–1969). Trotz einiger Anleihen bei der Neuen Sachlichkeit ist die Geschichte des kleinen Christoph, der als blinder Passagier mit dem Luftschiff nach Amerika fliegt, recht konventionell erzählt. Die meisten von Erika Manns sieben Kinderbüchern entstanden in den Jahren des Exils, u.a. „Muck, der Zauberonkel" (1934), „A Gang of ten" (1942) und „Zugvögel" (4 Bde., 1953–1955).

Nachkriegszeit Fortführung des Altbekannten

1945 Atombomben auf Hiroshima und Nagasaki
1947 Marshallplan-Hilfe
1948 Währungsreform in den Westzonen
1949 Inkrafttreten des Grundgesetzes; Gründung der DDR; Konrad Adenauer wird Bundeskanzler.
1952 Die Bundesrepublik wird ein souveräner Staat; das Fernseh-Zeitalter beginnt.
1956 Einführung der allgemeinen Wehrpflicht
1961 Kuba-Krise; Bau der Berliner Mauer
1963 Ludwig Erhard wird Bundeskanzler.
1964 Die USA greifen Nord-Vietnam an.

Keine Stunde Null

Nach dem Ende des Zweiten Weltkriegs kam auch das literarische Leben nur allmählich wieder in Gang. Papiermangel, Kontroll- und Zensurmaßnahmen der Alliierten und die »leeren Schubladen« junger, politisch unbelasteter Autoren waren mit dafür verantwortlich, dass der Buchmarkt sich erst nach der Währungsreform von 1948 normalisierte. Doch wie in der Erwachsenenliteratur so gab es auch in der Kinder- und Jugendliteratur keinen Neuanfang von einer »Stunde Null« aus. In manchem kinderliterarischen Werk lebte die nationalsozialistische Ideologie weiter fort. So passierte etwa 1948 das Buch »Hornissenvolk« von Kurt Knaak (1902–1976) ungehindert die französische Zensur, obwohl die Insektenkunde als deutliche Apologie des totalitären Staatssystem zu lesen war. Erfolgsreihen wie Trotts »Pucki« oder Steubens »Tecumseh« (s. S. 130) konnten problemlos wieder aufgelegt werden und hochrangige Repräsentanten der nationalsozialistischen Kinder- und Jugendliteratur wie Hans Baumann oder Alfred Weidenmann setzten ihre Karrieren ungestört fort. Baumann schrieb fortan viel beachtete Sach- und Abenteuerbücher, und Weidenmann, der sich als Film- und Fernsehregisseur einen Namen machte, passte »Werte« wie bedingungslose Kameradschaft, straffe Gruppenhierarchie und Autoritätsglauben ganz pragmatisch der veränderten gesellschaftlichen Situation an. Das zeigt etwa sein bekannter Kinderkrimi »Gepäckschein 666« (1959).

Titelblatt zu „Tecumseh der Berglöwe" in einer Ausgabe von 1977. Fritz Steubens Romanreihe um den Indianerhäuptling Tecumseh entwickelte sich zu einem echten Longseller, die neuste Auflage erschien 2002.

Erich Kästners »Konferenz der Tiere« **Nachkriegszeit**

Aufbruchstimmung

»Wir müssen unsere Tugenden revidieren«, forderte Erich Kästner, der weiter daran glauben wollte, dass die junge Generation eine friedliche und humanitäre Welt verwirklichte. Als Herausgeber der Jugendzeitschrift »Pinguin« (1946–1948) setzte er sich in zahlreichen moralischen Appellen dafür ein. Dieses Ziel leitete auch Jella Lepman (1891–1970), auf deren Initiative hin 1949 die »Internationale Jugendbibliothek« in München gegründet wurde, die durch Sammlung, Erschließung und Vermittlung von Kinder- und Jugendliteratur aus aller Welt zur globalen Verständigung beitragen will. Lepmann war es auch, die Kästner zu seinem politischen Kinderroman »Die Konferenz der Tiere« (1949) anregte. Löwe, Elefant und Giraffe streiten für das Recht der Kinder auf Frieden und Menschlichkeit. Da die Politiker Forderungen nach einer Abschaffung von Krieg, Not und Revolution ignorieren, greifen die Tiere zu drastischen, an die biblische Apokalypse erinnernde Maßnahmen. Doch erst, als alle Kinder verschwunden sind, lenken die Verantwortlichen ein und unterzeichnen »den ewigen Friedensvertrag«. Während diese märchenhafte, mit viel Witz geschriebene Tierparabel zu gesellschaftlichem Umdenken aufruft, geht es in Kästners ebenfalls 1949 erschienenem Kinderroman »Das

„Pinguin ist mein Name! Ich rede, wie mir der Schnabel gewachsen ist. Ich lache, wie es mir gefällt. Ich will mich anfreunden mit all denen, die jung sind und sich jung fühlen. Ich liebe das Leben und alles, was lebendig ist. Ich hasse das Abgelebte und Verstaubte, den Spießbürger und den Schnüffler. Ich freue mich an der Schönheit der weiten Welt, an den Wundern der Natur und den Schöpfungen der großen Künstler. Ich habe ein offenes Ohr für die Klagen der Bedrückten, und mein Herz schlägt mit allen, die guten Willens sind. Ich will Euch begeistern für all das, was wir tun können, um uns selbst ein besseres Leben zu schaffen."

Von Walter Trier gestaltetes Titelblatt zu Erich Kästners „Die Konferenz der Tiere" (1949)

137

Nachkriegszeit »Der kleine Prinz«

> „Daß wir wieder werden wie die Kinder, ist eine unerfüllbare und bleibt eine ideale Forderung. Aber wir können zu verhüten suchen, daß die Kinder werden wie wir."
> Erich Kästner in der Ansprache „Resignation ist kein Gesichtspunkt" (1953)

doppelte Lottchen« darum, die defekte Familienwelt wieder ins Lot zu bringen. Als den Opfern von Egoismus und Rücksichtslosigkeit der Erwachsenen gelingt den Kindern wieder einmal das, wozu die Erwachsenen unfähig sind. Die Zwillinge Lotte und Louise versöhnen die geschiedenen Eltern miteinander. In den folgenden Jahren musste Kästner erkennen, dass sich Politik und Gesellschaft immer weiter von seinen Utopien einer besseren Welt entfernten. Der Autor, der sich selbst als Schulmeister, Moralist und Aufklärer beschrieb, resignierte.

Neue Kinderbuchhelden

Nach Jahren kultureller Isolation konnten ab Ende der 40er Jahre ganz ungewöhnliche Kinderbuchhelden in Deutschland heimisch werden. Noch während des Krieges hatte der französische Schriftsteller und Pilot Antoine de Saint-Exupéry (1900–1944), der bei einem Aufklärungsflug über dem Mittelmeer abgeschossen wurde, von New York aus eine der liebenswertesten Figuren der gesamten Kinder- und Jugendliteratur in die Welt hinausgeschickt. »Der kleine Prinz« (1943, dt. 1950) vom Astroiden Nr. B 612 gab nicht nur dem in der Sahara notgelandeten Erzähler, sondern auch den schon bald nach Millionen zählenden jungen und erwachsenen Lesern ihren Glauben an die einfachen Wahrheiten des Lebens zurück. Seine melancholischen, existenzialistischem Denken nahestehenden Überlegungen zum Geheimnis von Freundschaft und Liebe und zur Einsamkeit des Menschen haben offenbar auch für die Menschen des 21. Jhs. nichts von ihrer Trostfunktion verloren. »Man sieht nur mit dem Herzen gut. Das Wesentliche ist für die Augen unsichtbar« – jene so leicht formulierte, doch überaus lebenskluge Sentenz, dem Schein der Dinge besser nicht zu trauen, ist längst zu einem geflügelten Wort geworden.

Wesentlich mächtiger noch war der Wirbel, den die exaltierteste Gestalt der Kinderliteratur auf dem deutschen Buchmarkt erzeugte.

„Der kleine Prinz", Zeichnung von Antoine de Saint-Exupéry (Detail der Umschlagabbildung, Ausgabe von 1982)

»Pippi Langstrumpf« **Nachkriegszeit**

Astrid Lindgren (1907–2002) ist die weltweit berühmteste Kinderbuchautorin. Sie wuchs in einem südschwedischen Dorf auf und zog 1926 nach Stockholm. Mit „Pippi Langstrumpf" wurde sie 1945 berühmt. Zwischen 1946–1970 arbeitete sie als Lektorin beim Verlag Rabén & Sjögren, der auch ihr parallel entstandenes, über 100 Titel umfassendes Gesamtwerk herausbrachte. Zwei Grundtendenzen lassen sich unterscheiden: Humorvolle Bücher über glückliche, starke Kinder in einem idyllischen Lebensumfeld wie „Wir Kinder aus Bullerbü" (1946, dt. 1954) oder „Michel in der Suppenschüssel" (1963, dt. 1964) stehen neben den melancholischen Märchenromanen über Einsamkeit, Sterben und Tod wie „Mio, mein Mio" (1954, dt. 1955) oder „Die Brüder Löwenherz" (1973, dt. 1974). Zu ihren bekanntesten Figuren gehören auch der eitle und unberechenbare „Karlsson vom Dach" (1955, dt. 1956) und die Heldin von Lindgrens letztem großen Kinderroman „Ronja Räubertochter" (1981, dt. 1982). Zu den wichtigsten der zahlreichen Auszeichnungen, die sie erhielt, gehören: „Deutscher Jugendliteraturpreis" (1957), „Friedenspreis des Deutschen Buchhandels" (1978), „Internationaler Book Award" (UNESCO) (1993), „Alternativer Nobelpreis" (1994).

Anknüpfend an romantische Vorstellungen sowie an Traditionen von Nonsenspoesie und Fantastik gestaltete Astrid Lindgren (1907–2002) mit »Pippi Langstrumpf« (1945, dt. 1949) eine starke, anarchische Heldin mit wunderbaren Eigenschaften, übernatürlicher Kraft, unermesslichem Reichtum und unerschöpflichen Einfällen. Zu erkennen ist in dieser Figur das auf E. T. A. Hoffmann zurückgehende Motiv des »fremden Kindes«, eines Naturkindes, das mit seinem Handeln immer wieder in Widerspruch zu den Regeln und Normen der zivilisierten Gesellschaft gerät. In Pippis völlig ungebundenem Leben in der »Villa Kunterbunt« erfüllen sich kindliche Wunschträume von Autonomie gegenüber den Forderungen der Erwachsenen. Angeregt durch antiautoritäre Erziehungsvorstellungen, wie sie etwa A. S. Neill vertrat, bezog Lindgren ganz klar Stellung: gegen repressive Systeme und pädagogische Botschaften, für Fantasie und Freiheit. Doch Pippis Argumente gegen traditionelles Schulwissen und blinden Gehorsam, ihre Schwäche für Lügengeschichten, Komik und subversiven Sprachgebrauch fanden keine ungeteilte Zustimmung. Begeisterte Auf-

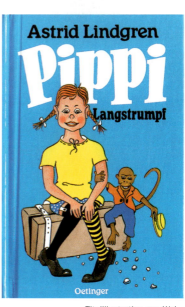

Titelillustration von Walter Scharnweber zur deutschen Ausgabe von Astrid Lindgrens „Pippi Langstrumpf" (1949). Es erschienen zwei Fortsetzungsbände: „Pippi geht an Bord" (1946, dt. 1950) und „Pippi in Taka-Tuka-Land" (1948, dt. 1951)

Nachkriegszeit   Trollähnliche »Mumins« aus Finnland

Astrid Lindgren – wie viele ihrer literarischen Helden und Heldinnen kletterte auch die schwedische Autorin gerne auf Bäume.

nahme stand scharfer Ablehnung gegenüber. Pippi erinnere an »die Fantasie eines Geisteskranken oder an krankhafte Zwangsvorstellungen«, meinte zum Beispiel ein schwedischer Kritiker. Als Anführerin einer »Revolution in der Kinderstube« blieb »Pippi Langstrumpf« zunächst eine singuläre Erscheinung. Auch in ihren zahlreichen anderen Kinderbüchern wie z. B. »Wir Kinder aus Bullerbü« (1946, dt. 1954) oder »Ronja Räubertochter« (1981, dt. 1982) ging es Lindgren immer um die Utopie einer Gesellschaft, die auf Friedfertigkeit und Verantwortungsgefühl basiert.

Fünf Jahre später kam eine Schar sympathischer Wesen aus Finnland auch nach Deutschland. Die trollähnlichen »Mumins«, von denen die schwedischsprachige Finnin Tove Jansson (1914–2001) in ihren insgesamt neun »Muminbüchern« (1945–1970, dt. 1954ff.) erzählt, fröhnen im sich immer weiter verzweigenden Familienverband einem fröhlichen Anarchismus zwischen Bürgerlichkeit und Boheme. Mit Gelassenheit und Pragmatismus meistern sie die Naturkatastrophen, die ihre paradiesische Muminwelt bedrohen. Jansson hatte sich unter dem Eindruck des Zweiten Weltkriegs in eine literarische Fantasiewelt der Tiere und Fabelwesen zurückgezogen. In allen »Mumin«-Bänden kommen eine pazifistische Tendenz und die Forderung nach Toleranz zum Ausdruck. Von der sprachlichen Qualität des Originals, das in gelungener Weise die Balance zwischen Komik und Melancholie hält, ist in der harmlos-heiteren deutschen Übersetzung allerdings kaum noch etwas erhalten geblieben.

Suche nach der »heilen Welt«

Die deutsche Kinder- und Jugendliteratur der 50er Jahre ist weniger durch Neubeginn und demokratischen Aufbruch gekennzeichnet als vielmehr – dem Zeitgeist entsprechend – durch restaurative Tendenzen. In einer Phase kollektiver Unsicherheit und ungewisser Zukunft

»eine saubere, gesunde, quicklebendige Jugend« Nachkriegszeit

blickten viele lieber zurück auf die vermeintlich bessere Zeit vor 1933. Zahlreiche »Klassiker« und Erfolgsbücher wie »Robinson«, Grimms Märchen, »Schatzinsel«, »Trotzkopf«, »Winnetou« und »Heidi« wurden wieder aufgelegt. Auch neue Werke hielten sich meist sehr eng an konventionelle Erzählformen und -inhalte und orientierten sich allenfalls vage an der zeitgenössischen Realität. Bevorzugte Handlungsorte waren Dorf und Kleinstadt, wobei die intakte, patriarchalisch organisierte Großfamilie meist im Mittelpunkt stand. Die Hauptfiguren waren charakterlich gefestigt, im christlichen Glauben verwurzelt, von Heimat- und Elternliebe durchdrungen, zielstrebig und optimistisch.

Im Bemühen, Kinder und Jugendliche durch »gesunde Lesekost« weiterhin im bildungsbürgerlichen Sinne zu erziehen, sahen sich konservative gesellschaftliche Kräfte vor allem durch Wildwest-, Landser- und Liebesromane in Heftchenform sowie Comics behindert, die ein breites junges Publikum erreichten. Der mit Vehemenz geführte Kampf gegen »Schmutz und Schund« trug teilweise Züge von Hysterie. Dem pädagogischen Denken der Zeit entsprechend wollte man junge Menschen vor den sittlichen Gefährdungen schützen, die man dieser »Kioskliteratur« zuschrieb. Es wurden Sammel- und Umtauschaktionen veranstaltet, und einige Gemeinden schreckten auch vor neuerlichen »Bücherverbrennungen« nicht zurück. 1953 trat das »Gesetz über die Verbreitung jugendgefährdender Schriften« in Kraft, 1954 wurde die »Bundesprüfstelle für jugendgefährdende Schriften« eingerichtet. Da deren Arbeit nicht so erfolgreich war, wie manche Pädagogen es sich erhofft hatten, begann man Mitte der 50er Jahre damit, gegen die kommerzielle Massenproduktion »einen Damm des Guten« (Anna Krüger) aufzubauen. Das »gute« Jugendbuch sollte Unvereinbares leisten: in Sprache und Thema der entwicklungspsychologisch bestimmten Altersstufe entsprechen und zugleich ästhetisch überzeugen. Gefordert wurden Werke, die Lebenshilfe boten, positive Grundhaltungen und ein intaktes Weltbild vermittelten, von inhaltlicher und for-

Wie man sich die ideale Jugend in den 50er Jahren vorstellte, zeigt die Äußerung des CDU-Abgeordneten Emil Kemmer (von 1952 bis 1961 Vorsitzender des Ausschusses für Kinder und Jugendfragen) 1952 im deutschen Bundestag: „Wir wollen ohne jede Prüderie und ohne jedes Muckertum eine saubere, gesunde, quicklebendige Jugend, der alles offenstehen soll, was schön und gut ist, von der aber auch ferngehalten werden muß, was ihr schadet." Aus: „Stenographischer Bericht" zur Verhandlung des Deutschen Bundestages (17.9.1952)

Nachkriegszeit Der Deutsche Jugendliteraturpreis

Titelblatt zur Broschüre der nominierten Titel für den Deutschen Jugendliteraturpreis 1999, illustriert von Jacky Gleich

maler Geschlossenheit zeugten und keine Fragen offen ließen. Die wichtigste der zahlreichen Institutionen, die sich seither um die Verbreitung anspruchsvoller Kinder- und Jugendliteratur bemühen, ist der 1955 gegründete »Arbeitskreis für Jugendliteratur e.V.«, ein Zusammenschluss von Organisationen und Einzelpersonen aus unterschiedlichen Bereichen (z. B. Bibliotheks-, Verlags- und Erziehungswesen), die etwas mit Kinder- und Jugendliteratur zu tun haben.

Der Verein organisiert auch den »Deutschen Jugendliteraturpreis«, der – als einziger Staatspreis für erzählende Literatur in Deutschland, gestiftet vom »Bundesministerium für Familie, Senioren, Frauen und Jugend« – seit 1956 für herausragende Werke der Kinder- und Jugendliteratur verliehen wird. Im ersten Jahr wurden das Kinderbuch »Der glückliche Löwe« (1955) (s. S. 147) von Louise Fatio sowie Kurt Lütgens Jugendbuch »Kein Winter für Wölfe« (1955) über die Rettung einer Walfangflotte ausgezeichnet.

Die Erfolgsstory der Enid Blyton

Zum Schrecken all derer, die sich für eine inhaltlich und sprachlich anspruchsvolle Kinderliteratur einsetzen, aber zur Freude zahlloser junger Leser im besten Schmökeralter zwischen acht und zwölf, erschienen gegen Ende der 50er Jahre die ersten Bücher von Enid Blyton (1896–1968) auf dem deutschen Markt. Der Erfolg der ausgebildeten Erzieherin aus England, deren Werk mal auf vierhundert, mal auf sechshundert Titel geschätzt wird, schlug sich schon bald in Superlativen nieder. Heute gilt sie als die meistgelesene und meistübersetzte Kinderbuchautorin der Welt. Mit ausgeprägtem psychologischem Gespür, sicherem Blick für die Mechanismen des Marktes und großem schriftstelleri-

Enid Blyton **Nachkriegszeit**

schem Fleiß eroberte sie sich ein Millionenpublikum rund um den Globus. In Deutschland sind von den vielbändigen Reihen die Abenteuer-Serie der »Fünf Freunde« (1944ff., dt. 1959ff.), die »Geheimnis«-Serie (1943ff., dt. 1963ff.) und die Internatsserien »Hanni und Nanni« (1941ff., dt. 1965ff.) und »Dolly« (1946ff., dt. 1965ff.) am populärsten. Das Erfolgsgeheimnis der Bücher liegt gerade in den Merkmalen, die am meisten kritisiert werden: oberflächlich gezeichnete, idealisierte Charaktere, standardisierte Konflikte, schematische Lösungen und eine ausgesprochen schlichte Sprache. Die vermittelten gesellschaftlichen Werte sind affirmativ und folgen einem einfachen »Gut-Böse-Raster«. Züge von Intoleranz, Rassismus und Sexismus hat man in neueren Bearbeitungen weitgehend beseitigt. Und doch sind es gerade Trivialität und Stereotypie der Geschichten, die bei den jungen Lesern Vertrautheit und Identifikation mit den Figuren und ihren Verhaltensweisen erzeugen, und die mit dem kindlichen Bedürfnis nach Orientierung korrespondieren.

Umschlag zu einer neu bearbeiteten Ausgabe von „Fünf Freunde erforschen die Schatzinsel" (2000), dem ersten Band der Reihe.
Enid Blytons Krimireihe „Fünf-Freunde" nahmen sich viele Autoren zum Vorbild. Erfolgreiche Nachfolger sind unter anderem:
• „Die drei Fragezeichen" (1964ff., dt. 1968ff.) unter dem Namen Alfred Hitchcock von verschiedenen Autoren verfasst, 108 Bände
• „Ein Fall für TKKG" (1979ff.) von Stefan Wolf (d. i. Rolf Kalmuczak), ca. 100 Bände
• „Die Knickerbocker-Bande" (1989ff.) von Thomas Brezina, 50 Bände
• „4½ Freunde" (1992ff.) von Joachim Friedrich, 10 Bände

Ausbruch aus der Bilderbuchidylle

Für die Entwicklung der Bilderbücher, die aufgrund ihrer Verbindung von literarischen und künstlerischen Aspekten eine Sonderstellung in der Kinderliteratur einnehmen, war in den beiden ersten Nachkriegsjahrzehnten, aber auch darüber hinaus, ein Nebeneinander von eher konservativen und mäßig innovativen Tendenzen charakteristisch.

Die Bilderbuchproduktion der ersten Jahre nach 1945 stand noch ganz in der Kontinuität einer zur Idylle verklärten Tier- und Pflanzenwelt mit anthropomorphisierten »Käferchen« und »Blümelein«, wie sie etwa Else Wenz-Viëtor seit den 20er Jahren mit viel Erfolg gestal-

Nachkriegszeit Neue Bilderbücher

Illustration „Die Reichen und Armen" von Hans Leip (1893–1983) zu „Das Zauberschiff" (1947). Das während der Exiljahre in Südtirol entstandene Bilderbuch im Stil des expressiven Realismus erinnert an die so genannten Komplex-Bilder von George Grosz oder die arbeiten von Heinrich Vogeler. Die in Text und Bild thematisierten Eindrücke, Erlebnisse und Begegnungen zweier Kinder auf einer Traumreise durch die Welt sind als Kritik an Krieg, Rassismus und Gewalt und als Plädoyer für Frieden und Menschlichkeit zu verstehen.

tete. Zwischen 1946 und 1960 erschienen von ihr weitere 30 Titel. Dieser Typus der auf Harmonie und Einfachheit beruhenden Illustrationen gilt vielen Erwachsenen bis in die Gegenwart hinein als Synonym für ein »kindgemäßes« Bilderbuch, obwohl es bis heute keine gesicherten Erkenntnisse darüber gibt, welche bildlichen Darstellungsweisen Kindern tatsächlich gemäß sind.

Im Unterschied zum Beginn des 20. Jhs., als die Kunstmoderne die Gestaltung von Bilderbüchern unmittelbar prägte, wurden nach 1945 die jeweils aktuellen künstlerischen Strömungen nur in abgeschwächter Form und mit zeitlicher Verzögerung aufgegriffen. Dies hing mit der konservativen, ablehnenden Haltung der zeitgenössischen Kunstpädagogik gegenüber der Gegenwartskunst zusammen. Das die 50er und 60er Jahre bestimmende, entwicklungspsychologisch ausgerichtete Konzept der musischen Bildung ging von einer besonderen inneren Erlebniswelt der Kinder aus, deren Fantasietätigkeit und Kreativität durch die Bildbetrachtung angeregt und unterstützt werden sollte. Deshalb zählten Märchen und Traumgeschichten zu den Gattungen, die bevorzugt als Vorlage von Bilderbuch-Illustrationen gewählt wurden.

Der Trend zu einer reduzierten Gegenständlichkeit im Bilderbuch war mit angeregt durch künstlerische Strömungen des Informel und abstrakten Expressionismus, aber auch ganz wesentlich pädagogisch motiviert. Naturalistisch genaue Zeichnungen oder Fotografien würden, so fürchtete man, die kindliche Wahrnehmung überfordern und zu wenig Spielräume für eigene Assoziationen und Imaginationen lassen. Mit der Technik der Federzeichnung setzten beispielsweise Gerhard

Reduktion in Form und Farbe — Nachkriegszeit

Oberländer, Lilo Fromm oder Reiner Zimnik das Prinzip des Einfachen in ihren von der Gebrauchs- und Werbegrafik der Zeit beeinflussten Illustrationen um. Gerhard Oberländer (*1907) gestaltete neben Klassikern wie »Die Schatzinsel« (1955) oder »Robinson Crusoe« (1956) und Märchen der Gebrüder Grimm (1958 ff.) und Andersens (1964 ff.) auch eigene Geschichten, wie die über die geheimen Träume von »Krählinde« (1956). Seine großzügigen, grob konturierten und auf das Wesentliche begrenzten Zeichnungen wirken in ihrer kontrastreichen Farbigkeit ungemein lebendig und lassen sich inhaltlich leicht erfassen. Eine eher feine Linienführung ist charakteristisch für Lilo Fromm (*1928), die z. B. in »Gusti sucht die Eisenbahn« (1962), der skurrilen Geschichte über einen Betriebsausflug von Bahnhofsvorstehern, Elemente eines naiven Kinderstils mit professioneller Strich- und Perspektivtechnik mischt und die bewusste Schlichtheit der Bilder durch nur punktuell eingesetzte Farbe betont. Reduktion in Form und Farbe bestimmt auch die eigenwilligen Federzeichnungen Reiner Zimniks (*1930), der sich ebenfalls Kinderbilder zum Vorbild nahm, aber auch Gestaltungsmittel der Karikatur verwendete. Bilderbücher wie »Der Kran« (1956) oder »Der Bär auf dem Motorrad« (1959) handeln von eigenwilligen, verträumten Einzelgängern, die mit großer Geduld und Ausdauer ihre selbstgesteckten Ziele erreichen.

Eine intensive malerische Wirkung erzielte Lieselotte Schwarz (*1930) mit ihren anspruchsvollen, in Collagetechnik gearbeiteten Illustrationen, deren expressive Farbigkeit durch die großzügig angelegte Flächigkeit noch verstärkt wird. An Marc Chagall erinnern die psychologisch tiefgründigen Bilder zu poetischen Texten aus dem Traumerleben eines kindlichen Ich in »Leiermann dreht goldne Sterne« (1959). Schwarz' künstlerische Interpretation von »Dornröschen« (1967) lässt mit ihren extrem reduzierten Figuren, ihren Symbolisierungen und der suggestiven Ausdruckskraft der Farbgebung eine Tendenz zum Abstrakten erkennen.

„Danach kamen sie in eine Gegend mit reichen und armen Leuten. Sieh, da flitzt ein dickes Auto vorbei. Es hat einen Elefanten als Kühlerfigur. Der soll wohl auch Glück bringen. Als wenn die es nötig hätten! Das kleine Mädchen hat es gut. Der prächtige Fahrer! Die freundliche Kinderschwester! Aber es scheint sich zu langweilen. Es vermag nicht mehr zu staunen, nicht über die Musik der Drehorgel, nicht über das zahme Äffchen und nicht über den Drehorgelmann, der aus dem Kriege nur einen Arm, ein Bein und ein Auge, dafür aber zwei Orden mitgebracht hat. Selbst die schönen Pralinen freuen es nicht. Ach, da staunen die armen Kinder. So hat der eine viel, der andere wenig. Besser wäre, alles richtig zu verteilen, damit jeder das Nötige habe."
„Die Reichen und Armen" von Hans Leip, aus: „Das Zauberschiff" (1947)

Nachkriegszeit Leo Lionni und Tomi Ungerer

Illustration aus „Die drei Räuber" (1961) von Tomi Ungerer. Erzählt wird die märchenhafte Geschichte dreier Ganoven, die sich von einem Waisenmädchen dazu animieren lassen, ihren Reichtum zur Unterstützung armer Kinder zu verwenden. Ungerer, der vor allem als politischer Karikaturist und Satiriker bekannt wurde, illustrierte Kinderbücher ganz bewusst gegen die Prinzipien pädagogischer Korrektheit. Seine plakativen, farblich kontrastreichen Zeichnungen mit dem fast groben Strich verweisen auf Ungerers berufliche Herkunft aus der Werbegrafik.

Beeinflusst vom abstrakten Expressionismus und der Farbfeldmalerei in der amerikanischen Kunst der 40er und 50er Jahre gestaltete ein amerikanischer Künstler italienischer Herkunft das erste radikal ungegenständliche Bilderbuch. Leo Lionni (1910–1999), ein Grenzgänger zwischen Werbegrafik, Design, Architektur und Malerei, verwendet in »Das kleine Blau und das kleine Gelb« (1959, dt. 1962) gerissene monochrom-farbige Papiere, um seine in inhaltlicher Hinsicht eher unspektakuläre Geschichte über die Freundschaft zweier Kinder zu erzählen. In Lionnis weiteren Bilderbüchern – z.B. in den bekannten Werken »Swimmy« (1963, dt. 1964) und »Frederick« (1967) – verbinden sich eine stark reduzierte Gegenständlichkeit mit ästhetisch anspruchsvollen Techniken und knappen, gleichnishaft erzählten Geschichten über Toleranz, Altruismus und Solidarität.

Eine pyschologische Tiefendimension brachte Maurice Sendak (*1928) in die Illustrationskunst ein. In »Wo die wilden Kerle wohnen« (1963, dt. 1967) findet er eine Bildsprache für unterbewusste kindliche Ängste und Aggressionen. Im Traum bezwingt Max die grob-

146

Eric Carle und Louise Fatio **Nachkriegszeit**

schlächtigen Monster, die Sendak mit feinem Strich in der Tradition des 19. Jhs. zeichnet. Immer geht es ihm darum, Kindern zu zeigen, dass sie mit Mut, Findigkeit und Fantasie ihre Ängste überwinden können.

Bemalte Papiere sind das bevorzugte Ausgangsmaterial des Deutsch-Amerikaners Eric Carle (*1929), der von Lionni Anregungen für seine Bilderbücher erhielt. Mit »Die kleine Raupe Nimmersatt« (1969, dt. 1970), die sich durch die Buchseiten frisst und am Ende zu einem Schmetterling wird, begründete Carle seine internationale Karriere. Beinahe im Jahresrhythmus erschienen neue Spiel- und Bilderbücher mit ihrer eigenwilligen Verknüpfung von Naturkunde, Poesie und Didaktik. Über das Betrachten der Bilder hinaus will Carle zu eigenem Ausprobieren und neugierigem Weiterforschen anregen. In der Tradition der musischen Erziehung geht es ihm darum, der psychologischen Besonderheit kindlicher Entwicklung gerecht zu werden und mit den bewusst einfach gehaltenen Illustrationen intellektuelles Lernen ganz behutsam in Gang zu setzen, um Kinder so – einer von ihm selbst formulierten Zielsetzung gemäß – den Übergang vom behüteten Zuhause zur leistungsorientierten Schule zu erleichtern.

Zu einem Klassiker wurde das von Louise Fatio geschriebene und ihrem Ehemann Roger Duvoisin illustrierte Bilderbuch „Der glückliche Löwe" (1954, dt. 1955). Der Löwe kann sich nicht erklären, warum die Menschen, die so freundlich sind, wenn sie ihn im Zoo besuchen, entsetzt vor ihm weglaufen, wenn er ihnen in der Stadt begegnet.

Fantastische Zivilisationskritik

In der zweiten Hälfte der 50er Jahre bildete die erzählende Kinderliteratur in Deutschland allmählich ein eigenständiges Profil heraus. Zugrunde lag dem die Vorstellung einer autonomen Kindheit: Kinder sollten sich zunächst ganz ungestört, unbelastet von den gesellschaftlichen und sozialen Anforderungen des Erwachsenenlebens, entwickeln können. Durch Aktivierung und Förderung ihrer eigenen unverdorbenen,

Gegenüberliegende Seite unten: Illustration von Eric Carle aus „Die kleine Raupe Nimmersatt" (Ausgabe von 1985)

Nachkriegszeit Otfried Preußler

Umschlag zu „Die kleine Hexe" (1957) von Otfried Preußler, gestaltet von Winnie Gebhardt-Gayler

schöpferischen Kräfte sollten sie aus sich selbst heraus genügend Selbstvertrauen und Stärke gewinnen, um in der Wirklichkeit bestehen zu können. Deshalb ging es Autoren der jüngeren Generation wie Otfried Preußler, James Krüss oder Michael Ende nicht darum, junge Leser unmittelbar mit der Realität zu konfrontieren, sondern durch darüber hinaus weisende Texte in die inneren Erlebensräume der Fantasie und Imagination vorzudringen. In einem zweiten Schritt sollte die fantastische Literatur wieder zurück in die Wirklichkeit führen, wie Ansätze zu vorsichtiger Kritik an konservativen Werten und Normen, an Klischees und Vorurteilen, aber auch an einzelnen Phänomenen der bundesrepublikanischen Gesellschaft zeigten.

Otfried Preußler (*1923), Volksschullehrer aus Rosenheim, machte mit seinen paradoxen Märchen »Der kleine Wassermann« (1956) »Die kleine Hexe« (1957) und »Das kleine Gespenst« (1966) das Genre der fantastischen Geschichte auch für Vorschulkinder attraktiv. Er versteht die Welt der Fantastik ganz bewusst als Schonraum und poetische Gegenwelt, in der Kinder eine optimistische, harmonische Lebenseinstellung entwickeln können. Preußler knüpfte an Sagen und Märchen seiner Heimat und Kindheit an, verkehrte ihre Wirkung aber durch Verfahren der Entdämonisierung und Entzauberung ins Gegenteil. Eine »gute« Hexe oder ein liebenswürdiges Gespenst verlieren so ihre Bedrohlichkeit und werden zu Verbündeten der Leser. Im Konflikt der kleinen Hexe mit den großen Hexen können Kinder eigene negative Erfahrungen mit der Autorität Erwachsener erkennen. Die originellen »kleinen« Helden, die klare einfache Sprache und die Komik seiner Geschichten machten Preußler zum beliebtesten deutschen Kinderbuchautor der 60er Jahre. Seine Werke belegen sein

Michael Ende **Nachkriegszeit**

Einfühlungsvermögen in die kindliche Erlebenswelt, weisen aber nicht darüber hinaus. So bleibt Preußlers literarischer Kosmos trotz mancher Einsprengsel von Subversion insgesamt weitgehend einem geschlossenen Horizont von Optimismus und Harmonie verhaftet.

Zur Tradition der romantischen Idee von einer Erneuerung der Gesellschaft durch Kunst und Poesie bekannte sich Michael Ende (1929–1995). Er hatte zunächst große Schwierigkeiten, für seinen Erstling »Jim Knopf und Lukas, der Lokomotivführer« (1960) einen Verlag zu finden. Die Geschichte um das Findelkind Jim, das im Postpaket auf die Insel Lummerland gerät, gewann vor allem durch die im Kinderfernsehen ausgestrahlte Adaption der »Augsburger Puppenkiste« (1961) enorm an Popularität. Auch Ende folgte der Vorstellung einer autonomen kindlichen Entwicklung. Im Modellstaat Lummerland sind Mensch, Natur und Technik noch in ein harmonisches Ganzes eingebunden. Von Lummerland aus brechen Jim und sein väterlicher Freund Lukas mit der Lokomotive Emma zu Abenteuern auf, kämpfen gegen Drachen, befreien eine Prinzessin und gewinnen am Schluss das Märchenreich der Kindheit.

Kritik an der kapitalistischen Konsumwelt der Wirtschaftswunderjahre übte James Krüss (1926–1997) in seinem fantastischen Bildungs- und Abenteuerroman über »Timm Thaler« (1962), den Jungen, der sein Lachen verkaufte. Bekannt geworden war der Autor, der Erich Kästner sein Vorbild nannte, mit »Der Leuchtturm auf den Hummerklippen« (1956) und »Mein Urgroßvater und ich« (1959). Für Krüss hatte Fantasie eine Aufklärungsfunktion zu erfüllen, sie sollte als Medium der Erkenntnis und der Wahrnehmung des Unerhörten und Unvorhergesehenen dienen. Im teuflischen Pakt,

Umschlagillustration von Franz J. Tripp zu Michael Endes „Jim Knopf" (1960)

Augsburger Puppenkiste
Im Februar 1948 gründete Walter Oehmichen in Augsburg sein Puppentheater mit dem Märchen „Der gestiefelte Kater". Bekannt wurden die Inszenierungen, zu denen neben den Märchen bald auch Adaptionen zeitgenössischer Kinderliteratur (z. B. „Kater Mikesch", „Urmel", „Sams", „Mumins") gehörten, durch die Ausstrahlung im Fernsehen.

Nachkriegszeit James Krüss und Josef Guggenmos

Titelillustration von Nikolaus Heidelbach zu „Oh, Verzeihung sagte die Ameise" (1990) von Josef Guggenmos (*1922). 1957 gab Guggenmos seine erste Gedichtsammlung heraus. Als erfolgreichster Kinderlyriker der Nachkriegszeit gilt er seit der Publikation von „Was denkt die Maus am Donnerstag?" (1967).

„Als Herr Matz / die Katze / von ihrem Platze / auf der Matratze / vertrieb, / beschloß die Katze, / vor Wut am Platzen, / Herrn Matz / zu besteigen / und ihm mit der Tatze / die Glatze / zu zerkratzen. Doch ließ sie es bleiben / und war lieber lieb."
„Herr Matz und die Katze" von Josef Guggenmos

den Timm Thaler eingeht, stehen Macht und Geld in unaufhebbarem Widerspruch zu einer im Akt des Lachens symbolisch bewahrten Menschlichkeit, die der Junge nach heftigen Kämpfen zurückgewinnen kann. Damit erweist sich Krüss' Werk als weit weniger optimistisch und stärker auf die Realität des gesellschaftlich-politischen Lebens der Zeit bezogen als das von Preußler oder Ende.

Zögerliche Vergangenheitsbewältigung

Das Interesse der Kinder- und Jugendliteratur an der schrecklichen Vergangenheit und der unwirtlichen Gegenwart war in den ersten beiden Nachkriegsjahrzehnten relativ gering. Bücher wie »Die Arche Noah« (1948) von Margot Benary-Isbert oder »Die Haimonskinder« (1950) von Lise Gast, die Flucht, Vertreibung und die Bewältigung des Alltags in den Trümmerstädten schildern, fanden zunächst nur geringe öffentliche Aufmerksamkeit. In den 60er Jahren schrieb Willi Fährmann (*1929) mit »Das Jahr der Wölfe« (1962) und »Es geschah im Nachbarhaus« (1968) gegen Schweigen, Gleichgültigkeit und Vergessen an. Doch die allgemeine Tendenz der Nachkriegsgesellschaft, die Ereignisse zwischen 1933 und 1945 zu verdrängen, war in der Kinder- und Jugendliteratur noch stärker ausgeprägt, weil es dem pädagogischen Denken der Zeit entsprach, Heranwachsende nicht mit derartigen Themen zu konfrontieren. Deshalb setzte die literarische Verarbeitung von Nationalsozialismus, Holocaust und Krieg in Deutschland erst mit Verzögerung ein. Eine Sonderstellung kommt dem »Tagebuch der Anne Frank« (1947, dt. 1950) zu. Jugendliche können hier besonders anschaulich nachvollziehen, welche Schrecken mit der Judenverfolgung einhergingen, handelt es sich doch um Aufzeichnungen eines jungen Mädchens, entstanden zwischen 1942 und 1945. Zu

»Tagebuch der Anne Frank« **Nachkriegszeit**

den allerersten kinderliterarischen Dokumenten der Judenverfolgung gehört außerdem noch Clara Asscher-Pinkhofs (1896–1984) »Sternkinder« (1946, dt. 1961), das erst fünfzehn Jahre nach seinem Erscheinen in den Niederlanden ins Deutsche übersetzt und wegen seiner »tiefbewegenden Schlichtheit und Wahrhaftigkeit« im Jahr darauf mit dem Jugendliteraturpreis ausgezeichnet wurde.

Asscher-Pinkhof zeichnete unmittelbar nach Kriegsende den Leidensweg jüdischer Kinder aus Holland in die Konzentrationslager auf. Hans Peter Richter (*1926) war dann der erste deutsche Autor, der in »Und damals war es Friedrich« (1961) das Thema Judenverfolgung in einem realistischen Kinderbuch erzählerisch gestaltete. Richter geht es über die konkrete Darstellung in Form einer Erzählung hinaus um allgemeine Fragen von Vorurteil, Toleranz und Menschlichkeit. Am Beispiel von zwei gleichaltrigen Jungen, die im selben Haus aufwachsen, beschreibt er das grausame Alltagsgesicht des Faschismus. Der bescheidene Aufstieg der opportunistischen Kleinbürgerfamilie des Ich-Erzählers verläuft entgegengesetzt zum Abstieg der anfangs gut situierten jüdischen Familie. Schließlich wird der Vater verhaftet, die Mutter stirbt an Misshandlungen durch die SA und der Sohn kommt um, weil ihm bei einem Bombenangriff der Zugang zum Keller verwehrt wird. Richter verzichtete auf psychologische Erklärungsansätze und ließ auch den Holocaust selbst in der Erzählhandlung unberücksichtigt.

Eine Seite aus dem Tagebuch von Anne Frank, geschrieben am Freitag, dem 19. Juni 1942, später ergänzt und mit Fotografien versehen. Zwischen ihrem dreizehnten und fünfzehnten Lebensjahr schilderte Anne Frank (1929–1945) in Briefen an die fiktive Freundin Kitty das beengte Leben im Versteck eines Amsterdamer Hinterhauses, die Angst vor Entdeckung, die psychischen Belastungen der Eingeschlossenen, aber auch ihre Träume und Hoffnungen. Anne Frank starb im Konzentrationslager Bergen-Belsen. Ihr Vater veröffentlichte eine gekürzte Fassung des Textes, seit 1991 liegt eine von Mirjam Pressler übersetzte, vollständige kritische Ausgabe der Tagebücher vor. Über das Leben Anne Franks, ihr Tagebuch, ihre Familie und die gesellschaftspolitischen Hintergründe informiert anschaulich das illustrierte Jugendsachbuch „Anne Frank" von Ruud van der Rol und Rian Verhoeven. Hamburg: Oetinger 1993.

Die neue Aufklärung — Umbau der Gesellschaft

1966 Die außerparlamentarische Opposition (APO) beginnt sich zu formieren.
1967 Der Student Benno Ohnesorg wird bei einer Demonstration erschossen.
1968 Attentat auf Rudi Dutschke; Brandanschläge auf Kaufhäuser, unter Beteiligung von Andreas Baader und Gudrun Ensslin; der schwarze Bürgerrechtler Martin Luther King wird in den USA ermordet; Verabschiedung der Notstandsgesetze.
1969 Willy Brandt wird Bundeskanzler.
1972 Der so genannte Radikalenerlass wird verabschiedet.
1976 Kernkraftgegner demonstrieren gegen das Kernkraftwerk Brokdorf.
1977 „Deutscher Herbst" des Terrors

Neu gestiftete Kinder- und Jugendliteraturpreise (1970–1980):
- Buxtehuder Bulle (Buxtehude, 1971)
- Großer Preis der Deutschen Akademie für Kinder- und Jugendliteratur e.V. (Volkach, 1976)
- Die silberne Feder (Köln, 1976)
- Oldenburger Kinder- und Jugendbuchpreis (Oldenburg, 1977)

»1968«

Die fast zwanzig Regierungsjahre der christlich-konservativen CDU in Deutschland standen für das »Wirtschaftswunder« des Wiederaufbaus, für Vollbeschäftigung und eine Verbesserung des Lebensstandards breiter Sozialschichten, schließlich aber auch für eine zunehmende gesellschaftspolitische Erstarrung. Um die Mitte der 60er Jahre wurden erste Proteste gegen eine »Wohlstandsgesellschaft« laut, die jeden Willen zur Veränderung vermissen ließ. 1964 machte der Pädagoge Georg Picht mit dem Schlagwort von der »Bildungskatastrophe« auf Versäumnisse in der Bildungspolitik aufmerksam. Die Thesen einer kritischen Gesellschaftstheorie, wie sie innerhalb des bereits in den 20er Jahren gegründeten Frankfurter »Instituts für Sozialforschung« formuliert worden waren, zu deren maßgeblichen Vertretern Herbert Marcuse, Theodor W. Adorno und Max Horkheimer zählten, wurden von der sich formierenden Studentenbewegung aufgegriffen. Gefordert wurde ein umfassender Umbau der Gesellschaft, wobei insbesondere Institutionen wie Schulen, Medien und Kirchen in den kritischen Blick gerieten. In zahllosen Protestaktionen und Demonstrationen, unter anderem gegen Polizeiwillkür, Vietnamkrieg und Notstandsgesetze, gegen den »Kapitalismus« und das »Establishment« insgesamt, wurde die Öffentlichkeit auf die Anliegen der »Neuen Linken« und der APO (Außerparlamentarischen Opposition) aufmerksam gemacht. Als 1969 zum ersten Mal in der Bundesrepublik eine Koalition aus Sozialdemokraten und Liberalen die Regierung übernahm, begann eine Phase der Reformen, die vor allem zu einer Demokratisierung im Schul- und Hochschulwesen führte, aber auch einen – am Denken der Aufklärung orientierten – allgemeinen gesellschaftlichen Modernisierungsprozess einleitete.

Deutlich wandelte sich auch das pädagogische Grundverständnis. An die Stelle bis dahin dominierender Erziehungsziele wie Gehorsam, Ordnung und Reinlichkeit traten jetzt Selbstvertrauen, Kritik- und Durchsetzungsfähigkeit. Erziehung sollte nicht länger der sozia-

Provokante Erzähltexte **Die neue Aufklärung**

len Ein- und Unterordnung dienen, sondern der Emanzipation und Veränderung der Gesellschaft. Die Vorstellung vom Schonraum, in dem Kinder sich ungestört von äußeren Einflüssen entwickeln sollten, löste eine egalitaristische Sichtweise ab. Kinder galten den Erwachsenen als gleichgestellt, sie sollten die Probleme und Widersprüche der Realität, aber auch Mittel und Wege zu ihrer Bewältigung möglichst früh kennen lernen.

Als ein wichtiges Erkenntnis- und Sozialisationsmedium galt die Kinder- und Jugendliteratur, die gesellschaftlich enorm aufgewertet wurde. Der Kinderliteraturbetrieb weitete sich aus: Zahlreiche neue Fachzeitschriften, Preise und Auszeichnungen kamen hinzu, die Kinder- und Jugendliteratur wurde Gegenstand universitärer Forschung und Lehre. Für die Gestaltung der Kinder- und Jugendbücher resultierte aus dem veränderten Kindheitsbild ein Verzicht auf die Forderung nach »Kindgemäßheit« und auf eine feste Orientierung an Altersstufen. Die Bücher sollten sich prinzipiell nicht mehr von der Erwachsenenliteratur unterscheiden, sondern dieselben gesellschaftlich relevanten Themen behandeln, dasselbe kritische Bewusstsein entwickeln und denselben Wirklichkeitsbezug aufweisen. Der traditionelle Lektürekanon, selbst Werke von Autoren wie Krüss, Preußler oder Kästner, wurde von vielen als bürgerlich reaktionär abgelehnt.

Kinder wehren sich gegen Erwachsene, die ihnen das Spielen verwehren wollen. Illustration von Jutta Kirsch-Korn aus der Bildergeschichte „Jollymann eröffnet einen Kindergarten" in „Geh und spiel mit dem Riesen. Erstes Jahrbuch der Kinderliteratur" (1972), herausgegeben von Hans-Joachim Gelberg.

Antiautoritäre Kinderliteratur

Den Beginn einer neuen Kinderliteratur markierten provokante Erzähltexte, die im Umfeld antiautoritärer Theorieansätze entstanden. Nachhaltig bestimmt wurde die Diskussion von dem repressionsfreien Erziehungsmodell, das A. S. Neill in seiner bereits 1924 gegründeten Internatsschule »Summerhill« erprobt und in mehreren Publikationen vorgestellt hatte. Von Neill

- Hans-im-Glück-Preis (Limburg a. d. Lahn, 1978)
- Das Rote Tuch. Antifaschistischer Jugendmedienpreis (Berlin, 1978)
- Katholischer Kinder- und Jugendbuchpreis (Bonn, 1979)
- Volkacher Taler (Volkach, 1980)

Die neue Aufklärung
»Nein-Buch« und »Anti-Struwwelpeter«

Umschlag zum „Nein-Buch für Kinder" (1972) von Susanne Kilian und Günther Stiller, einer der wenigen wirklichen Erfolgstitel der antiautoritären Kinderliteratur. Es folgten das „Streit-Buch für Kinder" (1973) und das „Ja-Buch für Kinder" (1974).

und den Arbeiten des Kinderpsychologen Siegfried Bernfeld aus den 20er Jahren wurde auch die 1968 von APO-Mitgliedern in Berlin initiierte Kinderladenbewegung beeinflusst. Das Modell einer kollektiven Kleinkindererziehung verband psychoanalytische Implikationen (Bejahung kindlicher Sexualität, Reaktivierung der analen Phase, unmittelbare Bedürfnisbefriedigung) mit dem politischen Ziel einer Erziehung zum Sozialismus.

Dementsprechend zeigten die antiautoritären Bücher für Heranwachsende – in der Tradition von Busch, Ringelnatz oder Lindgren – starke, energische Kinderfiguren, die sich gegen jede Form von Willkür zur Wehr setzten. Sie gaben Modelle für kreatives, solidarisches und selbstbewusstes Handeln ab, das auf eine tatsächliche Änderung der realen gesellschaftlichen Verhältnisse abzielte. Zu den bekannteren Beispielen zählten etwa Günter Herburgers (*1932) technisch-sozialutopischen Geschichten um eine Glühbirne: »Birne kann alles« (1971) oder Irmela Brenders (*1935) Episoden über ein aufmüpfiges kleines Mädchen: »Jeanette zur Zeit Schanett« (1972). Die bis dahin übliche Trennung zwischen Bilder- und Kinderbuch überwanden Susanne Kilian (*1940) und Günther Stiller (*1927) mit ihrem »Nein-Buch für Kinder« (1972), das mit Zeichnungen, Fotos und Texten zum kritischen Nachdenken über die Gesellschaft und zur Überprüfung von Urteilen und Vorurteilen anregen wollte. Fried-

Illustration zu „Die Geschichte vom braven Ordnungsmann" aus „Der Anti-Struwwelpeter"(1970/1982) von Friedrich Karl Waechter

Ursula Wölfel – Ende der »heilen Welt«

Die neue Aufklärung

rich Karl Waechter (*1937), der für Satiremagazine wie »Pardon« und »Titanic« arbeitete, schockte mit seinem sexuell freizügigen »Anti-Struwwelpeter« (1970), in dem die Kinder sich gegen Autoritäten kräftig zur Wehr setzen und die Drohungen der Eltern nicht ernst nehmen. Weniger radikal geriet Waechters Bilderbuch »Wir können noch viel zusammen machen« (1973), in dem drei Tierkinder sich von den Eltern »emanzipieren« und trotz unterschiedlicher Eigenschaften erkennen, dass sie gemeinsam viel erreichen können.

Konsequenter Realismus

Während die extrem antiautoritären Werke nur eine Episode in der Geschichte der Kinderliteratur blieben, konnte sich die parallel dazu entstehende sozialkritische Erzählliteratur für junge Leser bis in die Gegenwart hinein behaupten. Ursula Wölfel (*1922) gilt als Pionierin einer emanzipatorischen, problemorientierten Kinderliteratur. Mit ihrer Geschichtensammlung »Die grauen und die grünen Felder« (1970) wurde sie für viele zur Galionsfigur des politischen Aufbruchs in der Kinder- und Jugendliteratur, obwohl sie selbst einer solchen Einordnung entschieden widersprach. Die Autorin verweigerte jedes Zugeständnis an die bis dahin übliche »Heile-Welt«-Sicht. Die Kurzgeschichten dokumentieren die Schwierigkeiten menschlichen Zusammenlebens in verschiedenen Ländern und Kulturen mit teilweise brutaler Nüchternheit und holzschnittartiger Klarheit. Aufsehen erregte das schmale Bändchen auch, weil hier Themen behandelt wurden, die man bislang in Kinderbüchern vergeblich gesucht hatte: Probleme von Kindern aus Unterschichten und aus der Dritten Welt, Erfahrungen von Gewalt, Krieg und Diktatur. Wölfel erzählt von einer alkoholkranken Mutter und einem behinderten Jungen, von Feindschaft zwischen Kindern, von Angst, Verrat, Diskriminierung, Neid und Schadenfreude. Statt glücklicher Lösungen wird allenfalls aufgezeigt, dass nur etwas ändern kann, wer selbst aktiv wird.

Im Jahr 1970 ...
- kommt es zum ersten deutsch-deutschen Gipfeltreffen zwischen Willy Brandt und Willi Stoph in Erfurt.
- wird der Sozialist Salvador Allende zum Staatspräsidenten Chiles gewählt.
- startet in den USA das Kabelfernsehen.
- wird der „Warschauer Vertrag" als Dokument der Aussöhnung zwischen Deutschland und Polen unterschrieben.
- erscheint Arno Schmidts Essay-Roman „Zettels Traum".
- erhält Alexander Solschenizyn den Literaturnobelpreis.

Ursula Wölfel (*1922)
Begonnen hatte Wölfel mit psychologisch motivierten Büchern wie z.B.:
- „Der rote Rächer" (1959)
- „Sinchen hinter der Mauer" (1960)
- „Feuerschuh und Windsandale" (1961)
- „Mond Mond Mond" (1962)
- „Joschis Garten" (1965)

Die neue Aufklärung
Peter Härtling

Problembücher ohne Tabu

Die Kinderliteratur der 70er Jahre überwand Tabus, stellte ihre Leser mitten hinein ins so genannte »wirkliche Leben« und mutete ihnen auch die dunklen Seiten des Alltags in Familie und Gesellschaft zu. Der literarisch ambitionierteste und produktivste Autor war in dieser Phase Peter Härtling (*1933), der mit gleichem Engagement und Erfolg für Erwachsene und Kinder schreibt. Sein Werk ist geprägt vom Anspruch auf Authentizität, stets geht es ihm darum, die Wirklichkeit mit allen ihren Facetten in Literatur zu übersetzen. Der Sonderpreis des Jugendliteraturpreises wurde Härtling 2001 unter anderem verliehen, weil man in ihm einen »maßgeblichen Vertreter des sozialkritischen Realismus« und einen »Botschafter der Humanität« sieht. Deutlich wird dieses Anliegen gleich in seinem ersten Kinderbuch, »Und das ist die ganze Familie« (1970), einer minutiösen Dokumentation des Alltags seiner Kinder. Bekannt wurde Härtling dann mit der Geschichte über einen geistig behinderten Jungen, der so anders ist als andere und doch auch dazugehören möchte. »Das war der Hirbel« (1973) zeigt Ausgestoßensein nicht nur als individuelles Schicksal, sondern auch als Versagen der Gesellschaft. Neu waren auch Themen wie Alter, Sterben und das nicht immer einfache Verhältnis zwischen Großeltern

Umschlag zu „Das war der Hirbel" (1973) von Peter Härtling

Peter Härtling (*1933), Fotografie von 1999

> „Eine autoritäre Erziehung hat lange Jahre eine autoritäre Literatur geschaffen. Hoch klang das Lied vom braven Kind. Es gab nicht nur den Professor Unrat; es gab auch den Schüler Unrat. Generationen von Eltern halfen mit, seelische und geistige Krüppel ins Leben zu schicken, gelehrige Untertanen, die gelernt hatten, nicht aufzumucken: dem Vater gegenüber nicht, dem Lehrer gegenüber nicht, dem Staat gegenüber nicht. [...] Es ist schwer, dem Kind beizubringen, daß sich Wirklichkeit und Freiheit unaufhörlich verbünden." Peter Härtling, Rede anlässlich der Verleihung des Deutschen Jugendliteraturpreises, 1969

Alltagswirklichkeit als spannende Geschichte

Die neue Aufklärung

In den 90er Jahren wird das Thema „Tod" auch im Bilderbuch thematisiert. Illustration von Jacky Gleich (*1964) zu Amelie Frieds (*1958) „Hat Opa einen Anzug an?" (1997), der sensibel erzählten Geschichte über den kleinen Bruno, der allmählich den Schmerz über den Tod des Großvaters überwindet.

und Enkeln, die in »Oma« (1975) und »Alter John« (1981) einfühlsam und unsentimental gestaltet werden. Dass auch Kinder dem Gefühlschaos einer ersten Liebe begegnen können, macht »Ben liebt Anna« (1979) deutlich. Härtling gelang es in seinen Kinderromanen immer wieder, Alltagswirklichkeit in spannende Geschichten zu packen.

Auch andere Autoren wollten mit den Mitteln des Erzählens aufklären, zu Solidarität, Toleranz und Mitmenschlichkeit erziehen und dazu beitragen, dass Kinder sich zu selbstbestimmten und selbstbewussten Persönlichkeiten entwickeln. Max von der Grün (*1926) lässt in »Die Vorstadtkrokodile« (1976) einen querschnittsgelähmten Jungen seinen Platz in einer Kinderbande finden. Wie Kinder den Tod von Familienangehörigen erleben, schildert Elfie Donnelly (*1950) in »Servus Opa, sagte ich leise« (1977). Der kleine Michi erlebt eine doppelte Tabuisierung des Todes: Die Erwachsenen schweigen nicht nur ihm gegenüber, sondern weichen auch untereinander in Euphemismen und Riten aus.

Einen weiteren Schwerpunkt in der zeitgenössischen Kinderliteratur bildeten Erzähltexte über soziale Probleme, Jugendkriminalität, Drogen, Alkoholismus und Heimerziehung. Einer der ersten, die sich um Aufklärung und Ursachenforschung bemühten, war Hans-

Die neue Aufklärung — Soziale Wirklichkeit ungeschminkt

Georg Noack (*1926). »Rolltreppe abwärts« (1970) schildert den Weg des dreizehnjährigen Jochen in die Kriminalität und in Fürsorgeeinrichtungen. Das Leben im Heim bedeutet für den Jungen Gefangenschaft und Qual. Noacks Darstellung fragt auch nach dem Zustand einer Gesellschaft, in der Jugendliche wie Jochen nur Ausgrenzung und Verachtung erfahren, Hilfe und Verständnis jedoch nirgendwo zu finden sind. »Die große Flatter« (1977) wollen zwei Jugendliche aus einer Obdachlosensiedlung machen, nachdem ihre Versuche, ein bürgerliches Leben zu beginnen, immer wieder gescheitert sind. Ihre eigenen Erfahrungen im Umgang mit Randgruppen nutzte Leonie Ossowski (*1925) zu einer wirklichkeitsnahen Darstellung von Milieu, Sprache und Denkweisen sozialer Außenseiter. Die Gefahren des Drogenmissbrauchs wurden der Mehrheit der deutschen Bevölkerung wohl erst mit dem autobiografischen Protokoll der 16-jährigen Christiane F. hinreichend deutlich. »Wir Kinder vom Bahnhof Zoo« (1979) schildert eine Drogenkarriere mit allen ihren elenden und würdelosen Begleiterscheinungen. Der Vorabdruck des Textes in der Zeitschrift »Stern« sorgte für großes öffentliches Aufsehen. Angesprochen fühlten sich von dem Thema insbesondere Jugendliche, auf die die schonungslose Schilderung nicht nur abschreckend, sondern teilweise auch faszinierend wirkte.

Auseinandersetzung mit der Vergangenheit

Nach 1970 setzte ein bis heute nicht verebbter Strom von Publikationen zur jüngsten deutschen Geschichte für Kinder und Jugendliche ein. Die Zahl der Sach- und Erzählbücher zu Nationalsozialismus, Zweitem Weltkrieg, Judenverfolgung und Holocaust, zu Exil, Flucht und Vertreibung schnellte sprunghaft in die Höhe. Der große Anteil autobiografisch geprägter Texte macht deutlich, dass es den Autoren auch darum ging, das Erlebte für sich selbst zu verarbeiten. Viel Anerkennung bekam Judith Kerr (*1923), die ihre Kindheitserfahrungen während der Emigrationsjahre in der Schweiz und Frankreich unter dem Titel »Als Hitler das rosa

Kaninchen stahl« (1971, dt. 1973) veröffentlichte. Allerdings war das Schicksal der relativ privilegierten Familie des Berliner Literaturkritikers Alfred Kerr nicht repräsentativ für die Mehrheit der Exilanten. Wie ein Junge in einem mährischen Dorf die aus den Fugen geratene Welt in den letzten Kriegswochen erlebt, in denen Gewalt, Tod, Denunziation und Demütigung herrschen, schildert Jan Procházka (1929–1971) in seinem Antikriegsroman »Es lebe die Republik« (1966, dt. 1968). In Wien beobachtete die achtjährige Christine Nöstlinger (*1936) das sie irritierende Verhalten der Erwachsenen am Ende des Krieges und während des Einmarschs der sowjetischen Armee, ein Thema, das die Autorin Jahrzehnte später in ihrem Kinderroman »Maikäfer flieg« (1973) aufgreift, wobei Lakonie und Sprachwitz den Erlebnissen ein klein wenig von ihrem Schrecken zu nehmen vermögen. Auch Leonie Ossowski führt in »Stern ohne Himmel« (1978) zurück in die letzte Phase des Nazi-Terrors, als eine Gruppe von Kindern einen aus dem Konzentrationslager entflohenen jüdischen Jungen entdeckt und vor der Entscheidung steht, ihn zu verraten oder ihm zu helfen.

Umschlag zu „Maikäfer, flieg!" (1973) von Christine Nöstlinger

Die in der Gesellschaft der 50er und 60er Jahre verdrängte Frage nach kollektiver und individueller Schuld an den Verbrechen des nationalsozialistischen Regimes wurde in den 70er Jahren aus einer umfassenden ideologiekritischen Perspektive beleuchtet. Mit großem Nachdruck wurde die Aufarbeitung der jüngeren Vergangenheit und insbesondere der Zeit des Nationalsozialismus gefordert. Die Nachkriegsgeneration wollte von Eltern und Großeltern wissen, wie sie sich gegenüber dem Unrechtsregime und gegenüber den Juden verhalten hatten. Mit »Vier Fragen an meinen Vater« (1976) griff Horst Burger (1929–1975) dieses Anliegen der Jugendlichen auf. Doch ging es ihm nicht nur um

> **Die neue Aufklärung** Umweltprobleme bewusst machen ...

Vergangenheitsbewältigung. Burger schlägt den Bogen zum Rechtsradikalismus, einer damals neuen Gefahr, die in den folgenden Jahrzehnten zu einem wichtigen Thema der Literatur für junge Leser wurde.

Umwelt entdecken im Bilderbuch

Die Entwicklung des Bilderbuchs in den 70er Jahren kennzeichnet eine Abkehr von den Maximen ästhetischer und künstlerisch-formaler Bildung zugunsten der Vermittlung kritischer Erkenntnisfähigkeit und eines »emanziptorischen Mediengebrauchs«. Wie in der aktuellen Kunstströmung der Pop-Art öffnete sich auch das Bilderbuch nun Einflüssen aus den Bereichen des Alltags und insbesondere der Gebrauchskunst. Formal an die Karikatur, den Comic oder das Flugblatt anknüpfend, ging es den Gestaltern der teils unbeholfen, teils unbekümmert wirkenden Illustrationen vor allem um die inhaltliche Dimension: Zusammen mit den Texten sollten sie ein möglichst realistisches Bild der Umwelt zeigen. Höchst lebendig präsentiert sie sich auf den doppelseitigen Suchbildern von Ali Mitgutsch (*1935) »Rundherum in meiner Stadt« (1968). Die fröhlichen, kräftig bunten Illustrationen mit vielen Details laden zum genauen Betrachten ein und zum Erfinden von Geschichten über die Menschen in ihren Wohnungen, ihrem Alltag und ihrer Freizeit. »Bei uns im Dorf« (1970) vermittelt ein modernes Bild vom Lande, auf dem auch Maschinen, Neubauten und Gewerbebetriebe ihren Platz haben. Mitgutschs Bilderbücher mit ihrer Fülle an Bildinformationen verdeutlichen auch den Bruch mit der traditionellen Forderung nach einer reduzierten Darstellung. Man war nun offenkundig nicht mehr der Ansicht, Kinder mit wirklichkeitsgetreuen Darstellungen visuell zu überfordern.

Auf Vielfalt und Komplexität sinnlicher wie sprachlicher Wahrnehmung setzte auch die Lyrikanthologie »Die Stadt der Kinder« (1969), in der Hans-Joachim Gelberg (*1930) Gedichte von rund siebzig Autoren der

Illustration aus „Der mini mini Düsenzwerg. Reime und Bilder" (1971) von Jürgen Spohn (*1934), der Pop-Art- und Comic-Elemente in die Bilderbuchgestaltung einbrachte.

Bilderbücher ohne Happyend — Die neue Aufklärung

älteren und jüngeren Generation mit Illustrationen von Janosch zusammenstellte. Gemeinsam ist den realistischen, fantastischen, absurden und konkreten Versen die Perspektive der Kinder und der durchgängige Bezug auf ihre städtische Erfahrungswelt. Diesem Prinzip folgten auch die Jahrbücher der Kinderliteratur, die Gelberg ab 1971 herausgab. In Form einer Collage wurden Illustrationen in unterschiedlichen Techniken und Fotografien, Prosa- und Lyriktexte zu einem modernen, vielschichtigen Lesebuch komponiert, das Intentionen kritischer Aufklärung und anregender Unterhaltung miteinander verknüpfte.

»Umwelt entdecken« bedeutete in den 70er Jahren auch, auf ihre Gefährdungen aufmerksam zu machen. Zuerst hat Luis Murschetz (*1936) das Thema im Bilderbuch gestaltet. »Der Maulwurf Grabowski« (1972) muss erleben, wie ein Landvermesser und ein Bagger sein geruhsames Leben und sein Zuhause zerstören, weil auf »seiner« Wiese Hochhäuser mit Tiefgaragen gebaut werden. Nach abenteuerlicher Flucht findet er jedoch eine neue Wiese mit viel »duftender Erde«. Ein solches Happyend gibt es bei Jörg Müller (*1942) nicht. Sein Bilderbuch »Alle Jahre wieder saust der Presslufthammer nieder« (1973) besteht aus sieben fotorealistischen Plakaten, die den immer gleichen Ausschnitt zeigen. Am Anfang sieht man ein stark idealisiertes Dorf in beschaulicher Landschaft, knapp zwanzig Jahre später einen betonierten Industrievorort mit Schnellstraße und Einkaufszentrum. Für Kinder und ihre Bedürfnisse nach freiem Spiel und Abenteuer war kein Platz mehr, nachdem die Trümmerlandschaften des Krieges beseitigt worden waren und Trabantensiedlungen und Stadtautobahnen den modernen Städtebau bestimmten.

Titelillustration von Jörg Müller zu „Alle Jahre wieder saust der Presslufthammer nieder oder Die Veränderung der Landschaft" (1973)

Die neue Aufklärung — Subversive Fabeltiere

Fantastik gegen den Zeitgeist

Die innovative Leistung der Kinder- und Jugendliteratur im Jahrzehnt nach 1970 lag in der Durchsetzung eines Realismus, wie er in dieser Radikalität und Authentizität bis dahin unbekannt war. Dagegen geriet die fantastische Literatur in eine Außenseiterposition und musste sich den Vorwurf des Eskapismus gefallen lassen. Doch gerade die Bücher, die in eine andere Wirklichkeit entführten und eher konventionell erzählt waren, standen in der Gunst junger Leser weiterhin obenan. Zu den Lieblingsbüchern der Kinder in den 70er Jahren gehörten zum Beispiel »Die Wawuschels mit den grünen Haaren« (1967) von Irina Korschunow, »Urmel aus dem Eis« (1969) von Max Kruse oder Tilde Michels »Kleiner König Kalle Wirsch« (1969). Der vielseitig begabte Paul Maar (*1937) hatte mit der Geschichtensammlung »Der tätowierte Hund« (1968) debütiert, bevor er mit »Eine Woche voller Samstage« (1973) ein Buch veröffentlichte, das binnen kurzer Zeit Klassikerstatus errang. Die Ängste des schüchternen Herrn Taschenbier, der nicht genug Selbstbewusstsein besitzt, sich gegen anmaßende Zeitgenossen zur Wehr zu setzen, konnten junge Leser durchaus als ihre eigenen erkennen. Als zwar zunächst unerwünschter, aber sehr erfolgreicher Nothelfer und Therapeut erweist sich das schweinsnasige »Sams« mit seinem ungeheuren Sprachwitz, seiner schrägen Reimkunst, seinen phänomenalen Eigenschaften und verrückten Einfällen. Das respektlose, subversive Fabelwesen steht in der Tradition des unangepassten Kindes wie z. B. Struwwelpeter, Max und Moritz oder Pippi Langstrumpf und bezieht bei aller Komik doch kritisch gegen inhaltsleeres Geschwätz und Autoritätsgebaren von Erwachsenen Position.

Dass das Wunderbare durchaus wieder in die Wirklichkeit zurückführen kann, zeigt auch Christine Nöst-

Das „Sams" in seiner unnachahmlichen, von Paul Maar gezeichneten Gestalt. Ausschnitt aus dem Umschlag von „Eine Woche voller Samstage" (1973). Inzwischen ist das Sams zum Multimedia- und Filmstar aufgestiegen: Eine Spielgeschichte auf CD-Rom (1998) will bereits Vorschulkinder mit dem Fabelwesen und dem Computer vertraut machen, und dem erfolgreichen Spielfilm (2001) gelang es, ganze Familien ins Kino zu locken.

Vom Wunderbaren zurück in die Wirklichkeit **Die neue Aufklärung**

lingers Kinderbuch »Wir pfeifen auf den Gurkenkönig« (1972), in dem der traditionellen Familie ein fantastischer Spiegel vorgehalten wird. So wie die Gurkinger ihren tyrannischen König vertreiben, so emanzipieren sich die Hogelmanns vom autoritären Vater.

In »Momo« (1973) nimmt die kleine Heldin den Kampf gegen die grauen Herren auf, denen es gelang, die Menschen von dem Grundsatz »Zeit ist Geld« zu überzeugen. Michael Endes Märchenroman ist eine Parabel über soziale Kälte, Rationalisierung und Uniformierung des Alltagslebens. Ende entwirft eine sprachlich überzeugende, mit großer poetischer Kraft und leisem Humor erzählte soziale Utopie einer Gesellschaft, in der Muße, Lebensfreude und Geselligkeit im Hier und Jetzt mehr zählen als an fremdbestimmte Arbeits- und Lebensprozesse gekoppelte Glücksversprechen auf eine ferne, ungewisse Zukunft.

Gegen den Zeitgeist schrieb auch Otfried Preußler unverdrossen an. Die Geschichte des Waisenjungen »Krabat« (1971), der zu Beginn des 18. Jhs. bettelnd durch die Lausitz wandert, vereint Motive aus Sage, Legende und Märchen mit historischem Wissen und Informationen über das Brauchtum der Sorben, die Riten der Schwarzen Magie und das Handwerk des Müllers. Als Lehrling in einer Mühle gerät Krabat in eine alptraumhafte Gegenwelt, in der er selbst über magische Kräfte verfügt. Der teuflischen Verführung zur Herrschaft kann er schließlich durch eigene Willensstärke und die Macht der Liebe entkommen. In der komplexen Metaphorik des Textes steht die Mühle als zentrales Symbol für die Zerstörung des Menschen. Preußlers psychologisch tiefgründiger Entwicklungsroman erinnert in seiner Suggestivität, aber auch in seiner bedrückenden Atmosphäre an Franz Kafka.

Sowohl »Krabat« als auch »Momo« gehörten wegen ihrer Vielschichtigkeit in Inhalt und Form zu den außergewöhnlichsten und anspruchsvollsten Werken der zeitgenössischen Kinder- und Jugendliteratur. Erst in den 80er Jahren wurden sie zu Kultbüchern der jungen Generation.

Titelillustration zur Video-Ausgabe von „Momo" (Regie: Enzo d'Alò, 2001/2002). Die deutsch-italienische Koproduktion im klassischen Zeichentrickstil mit leuchtenden Farben und rockigem Rhythmus passt Michael Endes Erfolgsbuch den Sehgewohnheiten der Gegenwart an. Bereits 1986 hatte Johannes Schaaf eine einfühlsame, gemächliche Filmversion mit Radost Bokel und Mario Adorf gedreht, die mit großem Werbeaufwand, begleitet von einem nicht minder großen Medienrummel in die Kinos kam.

Exkurs: Kinder- und Jugendliteratur der DDR

Vierzig Jahre verlief die Geschichte der deutschen Kinder- und Jugendliteratur auf getrennten Wegen. Berührungspunkte gab es wegen der unterschiedlichen Marktbedingungen, pädagogischen Konzepte und Kindheitsbilder nur wenige. In der DDR war die Literatur für junge Leser anerkannter und stärker in die Allgemeinliteratur eingebunden als in der Bundesrepublik, und häufiger schrieben Autoren für beide Zielgruppen. Schon 1945 wurde der »Altberliner Verlag« gegründet, ein Jahr später entstand der »Verlag Neues Leben«, und ab 1949 übernahm der »Kinderbuchverlag« als Editionshaus der Pionierorganisation die Monopolstellung auf dem insgesamt nur vierzehn Verlage umfassenden Jugendbuchmarkt.

In den ersten Jahren nach dem Zweiten Weltkrieg orientierte sich die Produktion vor allem an der Besatzungsmacht. Bis 1949 erschienen etwa achtzig bekannte Jugendbücher der Sowjetunion in Ostdeutschland. Wieder aufgelegt wurden auch unpolitische Werke aus der Zeit des Nationalsozialismus (Hans Fallada, Ehm Welk) und Exilliteratur von Autorinnen, die in das Gebiet der späteren DDR zurückgekehrt waren. Antifaschistisches Heldentum einer Kindergruppe zeigt Alex Weddings »Das Eismeer ruft« (1948, zuerst 1936) und Auguste Lazar (1887–1970) agitiert in ihrer Erzählung »Sally Bleistift in Amerika« (1948, zuerst 1935) gegen Kapitalismus und Rassismus. Mit einiger Verzögerung entdeckte man die sozialistische Literatur der Weimarer Republik (Berta Lask, Hermyna Zur Mühlen) wieder. Alex Weddings proletarischer Klassiker »Ede und Unku« erschien allerdings erst 1954 in der DDR.

»Die Aufbau-Bande« (1948) – ein Titel von Walther Pollatschek (1901–1975) – wies auf das literaturpolitische und -pädagogische Programm der 50er Jahre voraus. Die junge Generation sollte systematisch zu sozialistischen Persönlichkeiten erzogen werden. Auch Erzählungen und Romane hatten dieser Zielsetzung zu folgen. Im Sinne des sozialistischen Realismus ging es darum, Gegenwartsstoffe zu gestalten und positive junge Protagonisten darzustellen, die sich aktiv an Aufbau und Gestaltung kollektiver Strukturen beteiligten. Der im Westen vorherrschenden Vorstellung von einer autonomen, geschützten Kindheit stand die der DDR konträr entgegen. Hier war Kindheit ganz in die Gesellschaft integriert, jeder hatte seinen Platz und seine Aufgabe, alle gemeinsam schufen den sozialistischen Staat.

Repräsentativ für diese literarische und ideologische Aufbauphase ist der Kinderroman »Tinko« (1954) von Erwin Strittmatter (1912–1994). Der Konflikt zwischen altem Feudalsystem und neuem Genossenschaftsprinzip spiegelt sich in der Familie des achtjährigen Martin, genannt Tinko. Er muss seine Position finden zwischen dem Besitzdenken des Großvaters und dem Gemeinschafts-

Exkurs: Kinder- und Jugendliteratur der DDR

sinn des Vaters. Anfangs steht Tinko auf der Seite des Großvaters, der mühsam seinen kleinen Hof bewirtschaftet, zäh sein »Privateigentum« verteidigt und gegen jede Neuerung rebelliert. Den aus der Kriegsgefangenschaft heimkehrenden Vater lehnt der Junge ebenso ab wie dessen Überzeugung von den Vorzügen des Kollektivs. Doch dann beginnt Tinko zu zweifeln, er lernt die Gemeinschaft und Hilfe der Pioniere schätzen und erkennt, dass die Einbindung in die Genossenschaft durchaus positive Seiten hat. Der Tod des Großvaters versinnbildlicht den Untergang des alten Systems. Wie in seinen Erwachsenenbüchern »Ole Bienkopp« (1963) und »Der Laden« (1983–1992) so schildert Strittmatter auch in »Tinko« den Mikrokosmos des Dorfes höchst lebendig, anschaulich und glaubwürdig. Aus der naiven Beobachterperspektive des Jungen ergeben sich viele humorvolle Momente, manchmal bis zur Satire gesteigert. Kritisiert wurde allerdings, dass die Hauptfigur nicht durchgängig positiv gestaltet war, sondern sich erst allmählich zu einer sozialistischen Überzeugung hin entwickelte.

Abgesehen von der massiv geförderten sozialistischen Gegenwartsliteratur waren andere Gattungen zunächst auf ihre Brauchbarkeit für die gesellschaftliche Zielsetzung hin zu überprüfen. So musste etwa in der Abenteuerliteratur die unakzeptable Weltsicht eines Karl May durch ideologisch angemessene Texte über den

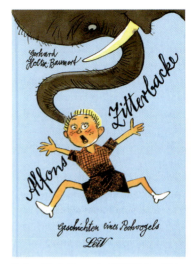

Gerhard Holtz-Baumerts (*1927) Geschichten über den chaotischen Alltag des Tollpatschs „Alfons Zitterbacke" (1958) waren das erfolgreichste kinderliterarische Werk der DDR.

Kampf junger Protagonisten gegen politische Unterdrückung ersetzt werden. Die Wegbereiterin der sozialistisch-realistischen Abenteuerliteratur war Liselotte Welskopf-Henrich (1901–1979). Mit »Die Söhne der großen Bärin« (1951) legte sie den ersten Band ihres sehr erfolgreichen Zyklus moderner Indianerromane über die Dakota, ihren Alltag, ihre Kultur und ihre Kämpfe gegen die Weißen vor. Ludwig Renn (1889–1979), der mit seinem Hauptwerk »Krieg« (1928) zu den bekanntesten kommunistischen Autoren der Weimarer Republik gehört hatte, verarbeitete in »Trini« (1954), der Geschichte des mexikanischen Befreiungskriegs aus der Sicht eines mitkämpfenden Indiojungen, Erfah-

Exkurs: Kinder- und Jugendliteratur der DDR

rungen seiner Exiljahre. Die Anforderungen an eine sozialistische Abenteuerliteratur erfüllte auch das politische Märchen »Der Neger Nobi« (1955), in dem es einem afrikanischen Jungen mit Hilfe von Freunden und Tieren gelingt, die Sklavenjäger aus seinem Stamm zu vertreiben.

Relativ früh thematisierten DDR-Autoren Erfahrungen der Zeitgeschichte, wobei auch hier dem heldenhaften Handeln für die Befreiung vom Faschismus besondere Bedeutung zukam. Diesem Gedanken folgte etwa Stephan Hermlin (1915–1997), der in »Die erste Reihe« (1951) Widerstandskämpfer des Dritten Reichs in auffällig unpathetischen Porträts würdigte. Zu den bedeutenden Beispielen der »Ankunftsliteratur« wird der Jugendroman »Die Abenteuer des Werner Holt« (1960) von Dieter Noll (*1927) gerechnet. Geschildert werden die Irr- und Umwege eines Sechzehnjährigen, der seine schwärmerische Kriegsbegeisterung als Fehler erkennt und zu einer antimilitaristischen Haltung findet. Von den Beobachtungen und Erlebnissen einer Achtjährigen gegen Ende des Krieges handelt Karl Neumanns (*1916) populäres Kinderbuch »Das Mädchen hieß Gesine« (1966).

Ab den 60er Jahren konnte die Kinder- und Jugendliteratur die engen ideologischen Grenzen ein Stück weit überschreiten. Der Optimismus der Aufbaujahre wich verhalteneren Tönen, es wurde auch gezeigt, wie schwierig es für Heranwachsende war, sich in einer Gesellschaft zu orientieren, deren Ideale sich zunehmend als brüchig erwiesen. Benno Pludra (*1925), wegen der poetischen Eindringlichkeit seiner Romane einer der überzeugendsten Autoren der DDR, ging es immer wieder darum, die komplizierte Realität für junge Menschen durchschaubar zu machen. So etwa in der Geschichte um den Fischkutter »Tambari« (1969), der zum Symbol wird für den Widerspruch zwischen den materiellen Interessen der Fischer, die ihn verkaufen wollen, und der Solidarität einer Kindergruppe, die ihn zuvor wieder hergerichtet hat. Die große, ferne Sehnsucht, für die das nach einer Südseeinsel benannte Schiff steht, erfüllt sich nicht, aber das kleine Abenteuer im Alltag kann ebenso aufregend sein. Diese Botschaft fand sich in der Folge häufiger. Soziale und regionale Mobilität wurden so oft thematisiert, dass man dafür den Begriff »Umzugsliteratur« prägte. So erzählen Günter Görlich (*1928) in seinem viel gelesenen Schulroman »Den Wolken ein Stück näher« (1971) und Benno Pludra in »Die Insel der Schwäne« (1980) von den Schwierigkeiten des Abschiednehmens und der Neuorientierung, aber auch von Konflikten mit übermächtigen Vorbildern und engstirnigen Vätern, die Kreativität und Fantasie kindlichen Handelns behindern.

Schwer hatte es in der DDR die Fantastische Literatur. In den 50er Jahren überwog Ablehnung, in den

Exkurs: Kinder- und Jugendliteratur der DDR

Illustration von Klaus Ensikat (*1938) zu „Kieselchen" (1976) von Alfred Könner. Ensikat war einer der bekanntesten und produktivsten Illustratoren der DDR. Typisch ist sein auf Perfektion bedachter filigraner Zeichenstil, der sich jedem modischen Trend verweigert. Für mehr als 100 Bücher schuf er witzige und hintergründige Bilder.

60ern eher Duldung als Akzeptanz, und auch danach begegnete man ihr selten unbefangen. Einen mutigen Schritt wagte Christa Kózik (*1941), denn »Der Engel mit dem goldenen Schnurrbart« (1983) lässt sich nicht als Traum deuten, sondern agiert als Gestalt mit übernatürlichen Eigenschaften in der realen Umwelt von Lilli, die ihn herbeigesehnt hat. Bald wird deutlich, wie die Gesellschaft, verkörpert durch den Schuldirektor, dem Unkonventionellen begegnet: nicht mit Toleranz, sondern mit der Aufforderung zu absoluter Anpassung. Da der Engel nicht bereit ist, seine Identität ganz aufzugeben, fliegt er in seine Welt zurück. Eines der originellsten Kinderbücher der 80er Jahre schrieb Christoph Hein (*1944). Für »Das Wildpferd unterm Kachelofen« (1984) ist das Prinzip der Doppelbödigkeit ebenso kennzeichnend wie für seine Werke der Allgemeinliteratur. Die wundersamen Geschichten, die der einsame Jakob über seine skurrilen Freunde aus der Spielzeugwelt erzählt, verschließen sich einer eindeutigen, logisch-rationalen Lesart. Mit Humor und Ironie zeigt Hein Paradoxien menschlichen Daseins und plädiert für ein fantasievolles, selbstbestimmtes Leben.

Gegen Ende der DDR wurde es auch in der Kinder- und Jugendliteratur möglich, einen schonungslosen Blick auf die Schattenseiten der Gesellschaft zu werfen. Mit »Umberto« (1987) veröffentlichte Günter Saalmann (*1936) zum ersten Mal einen Kinderroman über einen sozial verwahrlosten Jungen, der keine Chance hat, einem von Alkoholismus, Gleichgültigkeit und emotionaler Kälte geprägten Milieu zu entkommen. Authentische Sprache und sensible Darstellung kennzeichnen auch Saalmanns Romane »Zu keinem ein Wort« (1993), über Rechtsradikalismus in der DDR, und »Ich bin der King« (1997), über soziale Widersprüche und die Perspektivlosigkeit von Jugendlichen nach der Wende.

Von der Neoromantik ... »Oh, wie schön ist Panama«

Nachdem die großen politischen Utopien der 68er-Generation beim »langen Gang durch die Institutionen« an Kraft verloren und die Versuche zu einer gewaltsamen Änderung des politischen Systems 1977 in den Terrorakten des »Deutschen Herbstes« einen Höhepunkt des Schreckens erreichten, ließ sich gegen Ende der 70er Jahre ein Rückzug ins Private beobachten.

Besonders deutlich machten diese gesellschaftliche Trendwende ein kleiner Bär und ein kleiner Tiger, die Helden des Bilderbuchs »Oh, wie schön ist Panama« (1978) von Horst Eckart, besser bekannt als Janosch (*1931). Deren aufregende Expedition ins Land ihrer Träume führt sie zurück ins eigene Heim. Am Ende sitzen sie glücklich und zufrieden auf dem Plüschsofa. Doch ihr auch gesellschaftspolitisch zu deutender Rückzug in die Idylle ist nicht mehr vollständig zu erreichen, Janosch versieht ihn mit einem ironischen Fragezeichen. Das Biedermeiersofa fungiert als Attribut einer überlebten Bürgerlichkeit, denn es steht nicht mehr im kultivierten Salon, sondern in einer kargen Holzhütte inmitten der Natur. So bleibt als inhaltliche Aussage das in der naiven Weisheit von Bär und Tiger gegründete Plädoyer für Freundschaft, Selbstgenügsamkeit und gegenseitige Anteilnahme als zeitloses Rezept zur Überwindung von Einsamkeit und Lebensangst.

„... sie hätten nie erfahren, wie gemütlich so ein schönes, weiches Sofa aus Plüsch ist", stellen der kleine Bär und der kleine Tiger am Ende fest. Aus „Oh, wie schön ist Panama" (1979) von Janosch

Fantastische Wende

Im Spektrum einer überwiegend realistischen und problemorientierten Kinder- und Jugendliteratur erschien 1979 ein ganz und gar unzeitgemäßes Buch und wurde zum bis dahin größten literarischen Erfolg der Nachkriegszeit. »Die unendliche Geschichte« von Michael Ende verkaufte sich in weniger als zwölf Monaten zweihunderttausend Mal, zusammen mit den zahllosen Raubdrucken, die in Studentenkneipen und Hörsälen

»Die unendliche Geschichte« ... zur Gegenwart

vertrieben wurden, erreichte der Titel die sprichwörtliche Lesergruppe zwischen 8 und 80. Als erstes Kinderbuch erklomm »Die unendliche Geschichte« im Sommer 1980 die Bestsellerliste des »Spiegel«, wo sie sich jahrelang auf den vorderen Plätzen behaupten konnte. Es war auch ein Sieg der Fantasie über die Realität. Im Buch erringt ihn der schüchterne Bastian Balthasar Bux, der das vom Untergang bedrohte Reich Phantásien und dessen schwerkranke Herrscherin, die Kindliche Kaiserin, retten kann, weil er einen neuen Namen für sie weiß. Dafür bekommt er alle Wünsche erfüllt. Zusammen mit seinem Freund Atréju und dem Glücksdrachen Fuchur zieht er durch die Lande und entfernt sich immer weiter von der Menschenwelt. Im letzten Augenblick erkennt er jedoch seinen wahren Willen: den Wunsch, zu lieben und selbst geliebt zu werden. Jetzt kann er in die Wirklichkeit zurückkehren.

»Die unendliche Geschichte« gilt wegen ihres ausgeprägten Stilpluralismus und intertextuellen Verwirrspiels als erstes »postmodernes« Kinderbuch. Ganz bewusst ließ Michael Ende die Märchen- und Mythenwelt der Vergangenheit wieder aufleben. Er übernahm Stoffe, Figuren und Motive aus der gesamten Literatur- und Kulturgeschichte, der Philosophie, der Mythologie und Anthroposophie. Die archaische Gegenwelt ist voller Paradoxien, Metamorphosen, Verzauberungen und Wunscherfüllungen. Im Buch spiegeln sich verschiedene Dimensionen des Unendlichen: Werden und Vergehen, Leben und Tod, Tag und Nacht, der ewige Kreislauf allen Seins. Nur die Kraft der Fantasie kann die Wiederholung des immer Gleichen durchbrechen und dadurch zur Gesundung der Welt beitragen. Doch für Ende ist der Weg in die Fantasie keine Einbahnstraße, sondern ein Umweg zurück ins Leben. Als Bastian aus Phantásien zurückkehrt, hat er an Selbstbewusstsein gewonnen und kann sich jetzt den Problemen sei-

Schmuckseite zum dritten Kapitel – „Die Uralte Morla" – der „Unendlichen Geschichte" (1979). Michael Endes Roman war auch wegen der sorgfältigen Ausstattung und des zweifarbigen Drucks eine Besonderheit auf dem zeitgenössischen Buchmarkt. Jedes Kapitel leitet eine ganzseitige Illustration von Roswitha Quadflieg ein.

Von der Neoromantik ... Fantasyromane

„Wer kann der Kindlichen Kaiserin / einen neuen Namen geben? / Nicht du, noch ich, nicht Elfe, noch Dschinn, / von uns rettet keiner ihr Leben, / und keiner erlöst uns alle vom Fluch, / durch keinen wird sie gesunden. / Wir sind nur Figuren in einem Buch, / und vollziehen, wozu wir erfunden. / Nur Träume und Bilder in einer Geschicht', / so müssen wir sein, wie wir sind, / und Neues erschaffen – wir können es nicht."
Aus: „Die unendliche Geschichte" (1979) von Michael Ende

nes Alltags stellen. In einer außergewöhnlich bilderreichen Sprache von kraftvoller Farbigkeit schuf Ende eine höchst lebendige, verschwenderisch ausgestattete Parallelwelt, die zudem durch die Verschmelzung von Romanfigur und Leser ein Höchstmaß an Identifikation ermöglichte. Mit seinem poetischen Erfindungsreichtum stieß Ende in eine neue Dimension der deutschsprachigen Kinderliteratur vor. Inhaltlich jedoch vermittelte er ein relativ naives und konventionelles Weltbild, in dem mit der zentralen Botschaft »Tu, was du willst« nach dem Kollektivismus der vorhergehenden Phase jetzt wieder ein individueller Subjektivismus an Bedeutung gewann.

Einen der Gründe für den Erfolg sah man in der wertkonservativen Haltung, die Endes »Unendlicher Geschichte« zugrundeliegt, und die insbesondere der »verunsicherten« jungen Generation Orientierung bot. Fantastische Literatur als Heilsbotschaft oder Wirklichkeitsflucht – diese Kontroverse beschäftigte die Pädagogen und die Feuilletons, am Ausbruch des Fantasy-Fiebers änderte sie indes nichts. In Deutschland wurden manche Werke des Genres erst jetzt entdeckt oder erlebten einen ungeahnten Popularitätsschub. Das betraf in erster Linie John Ronald Reuel Tolkien (1892–1973), der mit »Der kleine Hobbit« (1937, dt. 1967) den ersten bedeutenden Fantasyroman für Kinder geschrieben hatte. Er handelt von dem Hobbit Bilbo Beutlin, der zusammen mit dreizehn Zwergen und einem Zauberer auf abenteuerliche Schatzsuche zieht, auf Trolle, Elfen, Orks und Riesenspinnen trifft und einen magischen Ring findet. Mit »Der Herr der Ringe« (1954–55, dt. 1969–70) erfuhr die Geschichte ihre monumentale Fortsetzung in drei Bänden, die das Grundmuster aller Fantasy deutlich erkennen lässt: die durch zahlreiche Begegnungen mit wundersamen Gestalten unterbrochene Abenteuerreise, der Kampf zwischen guten und bösen Mächten und die Symbolkraft magischer Gegenstände, bei Tolkien der Ring, mit dessen Hilfe die Herrschaft über

Szene aus der Verfilmung des zweiten Teils von „Der Herr der Ringe", der unter dem Titel „Die zwei Türme" (Regie wieder Peter Jackson) 2002 in die Kinos kam.

Koexistenz von Fantastischem und Realistischem ... zur Gegenwart

Fantasy bezeichnet eine relativ junge Subgattung der fantastischen Literatur. Im Unterschied zur „klassischen" Fantastik ist das Aufeinandertreffen von Real- und Wunderwelt kein konstitutives Merkmal. Fantasyromane bleiben ganz auf die irrationale, magische oder mythische Anderswelt bezogen. Die Handlung spielt in archaischen, historisch unbestimmten Gesellschaften und ist gekennzeichnet durch Motiv- und Stoffübernahmen aus Märchen, Sage, Volksbuch und Legende. Bei jungen Lesern außerordentlich beliebt sind Marion Zimmer Bradley (1930–1999) mit „Die Nebel von Avalon" (1982, dt. 1983) und dem „Darkover"-Zyklus (1976ff., dt. 1978ff.), Terry Prachett (*1948), der seinem ersten Scheibenweltroman „Die Farben der Magie" (1983, dt. 1985) inzwischen 25 weitere folgen ließ, und Ursula K. Le Guin (*1929), deren „Erdsee-Zyklus" (1968, dt. 1979) 2002 als Jugendbuchausgabe erschien. Der bekannteste deutsche Fantasy-Autor ist Wolfgang Hohlbein (*1953), der seine Romane meist zusammen mit seiner Frau Heike Hohlbein (*1954) verfasst. Seit seinem erfolgreichen Debüt mit „Märchenmond" (1983) hat Hohlbein rund 160 weitere Bücher veröffentlicht, ist Herausgeber der Reihe „Meister der Fantasy" und pflegt den Kontakt zu seiner großen Fangemeinde mit einer eigenen Internetseite.

das Universum erreicht werden kann. So wie Fantasy sich immer im Grenzbereich zwischen Kinder-, Jugend- und Erwach-senenlektüre bewegt, wurde auch die Trilogie »Der Herr der Ringe«, die eigentlich an Erwachsene gerichtet war, zu einem Kultbuch der Jugendszene.

> „Ein Ring, sie zu knechten, sie alle zu finden / Ins Dunkle zu treiben und ewig zu binden / Im Lande Mordor, wo die Schatten drohn."
> Aus dem Motto zu „Der Herr der Ringe" von John R.R. Tolkien

Problembücher über Zukunft, Gegenwart und Vergangenheit

Hatte Michael Endes »Unendliche Geschichte« noch heftige Pro- und Contra-Diskussionen ausgelöst, so kam es in der Folge zu einer relativ ungestörten Koexistenz von fantastischer und realistischer Kinder- und Jugendliteratur, wobei sich die Themen der sozialkritischen Kinderbücher den gesellschaftlichen Veränderungen anpassten.

Die 80er Jahre waren geprägt durch irrationale und rationale Ängste vor Umweltzerstörung, atomarer Bedrohung und militärischer Hochrüstung, aber auch durch individuelle Lebensängste und Identitätsprobleme. In politische Aktionen wurden Kinder und Jugendliche ausdrücklich einbezogen. Auch die erzählende Literatur forderte zum praktischen Handeln auf und gab konkrete Anweisungen dazu. Großes politisches Engagement zeigte Gudrun Pausewang (*1928), die in »Die Kinder von Schewenborn« (1983) die Folgen eines Atomkrieges und in »Die Wolke« (1987) die bedrückende Vision eines Atomreaktorunfalls mitten in

1979 Beinahe-GAU in Harrisburg
1979 Die alternative Tageszeitung »taz« erscheint.
1982 Helmut Kohl wird Bundeskanzler; die Zahl der Arbeitslosen steigt erstmals nach 1945 auf über 2 Mio.
1983 Die Grünen erstmals im Bundestag
1985 Die Ära Gorbatschow beginnt.
1986 Reaktorunfall in Tschernobyl
1987 Proteste gegen die Volkszählung
1989 Öffnung der Mauer
1990 Beitritt der Länder der DDR zur Bundesrepublik

Von der Neoromantik ... »Die Wolke« – ein Buch über Tschernobyl

Was ist Was ist der Klassiker unter den deutschen Sachbuchreihen. 1961 brachte der Tessloff-Verlag den ersten Band „Unsere Erde" heraus. Die Idee zu einem Sachbuch, das ein Thema aus Geschichte, Technik, Natur oder Wissenschaft knapp und kompakt, zugleich aber auch unterhaltsam und informativ abhandelte, stammte aus den USA. Ungewöhnlich war zudem die Gleichrangigkeit von Texten und Abbildungen. Nach anfänglicher Skepsis setzte sich die Reihe durch. Inzwischen gibt es mehr als 110 „Was ist Was"-Bände, und viele andere Verlage haben das Erfolgsmuster übernommen. Der Markt für kinder- und jugendspezifische Sachbücher erlebt seit den siebziger Jahren einen enormen Aufschwung. Neugierige und wissensdurstige Kinder sowie Jugendliche, die Lebenshilfe und Orientierung suchen, können aus einem umfangreichen Angebot an Lexika und Nachschlagewerken, Biografien, Beschäftigungsbüchern, Ratgebern und Lernhilfen auswählen. Im Trend liegen elektronische Informations- und Bildungshilfen auf CD-ROM, die, wie die Bezeichnungen Infotainment und Edutainment verraten, auch Unterhaltungselemente enthalten.

Deutschland schildert. Insofern die Autorin auch aus Gesetzen und Verordnungen zitierte und darüber hinaus offizielle Berichte über die Ereignisse von Tschernobyl berücksichtigte, gelang Pausewang in »Die Wolke« ein eindringliches, allerdings zuweilen tendenziöses Buch. Provoziert wurde zudem die Frage, ob eine derart wenig durch literarische Überformung gestaltete Darstellung von Schreckensszenarien nicht das Maß des jungen Lesern Zumutbaren übersteigt, vor allem, wenn die Grenze des Fiktionalen durch die Suggestion von Authentizität bewusst überschritten wird. Offenbar wollte Pausewang nicht nur Betroffenheit erzeugen, sondern einen Prozess des politischen Umdenkens in Gang setzen.

Kritische und aufklärerische Kinder- und Jugendromane zu individuellen, sozialen und gesellschaftspolitischen Problembereichen blieben weiterhin eine feste Größe in der Kinder- und Jugendliteratur. Ob Essstörung, sexueller Missbrauch, Krankheit, Trauer und Tod, ob Alkoholismus, Drogenabhängigkeit oder Kriminalität, Arbeitslo-

»Ich bin ein Stern« – jüdische Schicksale ... zur Gegenwart

sigkeit, Gewalt, Rassismus oder Neonazismus: zu jedem Thema gibt es inzwischen neben informierenden Sachbüchern auch fiktionale Texte, die über die Erzeugung von Mitleid und Identifikation mit den handelnden Figuren Problembewusstsein und Lösungsansätze vermitteln wollen.

Erhalten hat sich über die letzten Jahrzehnte hin auch das Interesse an einer kritischen Auseinandersetzung mit dem Nationalsozialismus. Die zunehmende zeitliche Distanz mag mit dazu beigetragen haben, dass einige der neueren Werke durch eine besondere stilistische Dichte, inhaltliche Differenziertheit und psychologische Sensibilität auffallen. Mit zu den in diesem Zusammenhang eindrucksvollsten Werken der letzten Jahre gehören »Ich bin ein Stern« (1989, dt. 1990), Inge Auerbachers (*1934) Schilderung ihrer Kinderjahre im Konzentrationslager, »Pausenspiel« (1996, dt. 2000), Ida Vos' (*1931) Roman über ihr Leben im Versteck und Kathryn Winters (*1934) verstörende Kindheitsautobiografie »Katarína« (1998, dt. 2000) über die einsame Odyssee der Achtjährigen durch die Slowakei. Die Darstellung der schrecklichen psychischen Folgen, insbesondere des Gefühls völliger Verlassenheit, vor dem Hintergrund einer umfassenden Bedrohungssituation, in der es jeden Tag um Leben und Tod ging, unternimmt Mirjam Presslers Jugendroman »Malka Mai« (2001), dem die authentischen Aufzeichnungen der Jüdin Malka Mai zugrunde liegen.

Historische Kinderromane stellt Klaus Kordon (*1943) in den Mittelpunkt seiner schriftstellerischen Arbeit. Er vermittelt genau recherchierte Ereignisse deutscher

Illustration aus „Rosa Weiss" (1985, dt. 1986) von Roberto Innocenti und Christophe Gallaz. Das erste Bilderbuch zum Holocaust wurde sehr kontrovers diskutiert. Innocenti wählte für die Darstellung der historischen Sachverhalte einen dokumentarischen Stil, den er in Kontrast setzte zu der farbig gestalteten fiktionalen Figur der Rosa Weiss, die in ihrer Stadt Merkwürdiges beobachtet, ein Konzentrationslager entdeckt und den Insassen heimlich hilft.

Gegenüberliegende Seite unten:
Titelillustration zu „Jakob heimatlos" (1999) von Benno Pludra. Ein naiver Junge aus der Provinz reißt von zu Hause aus und streunt in Berlin am Bahnhof Zoo umher, wo er unter Obdachlose, Drogensüchtige, Prostituierte und Stricher gerät.
Pludras Kinderroman unterscheidet sich wohltuend von den üblichen „Problembüchern", weil er auf moralische Wertungen und Patentlösungen völlig verzichtet. Mit minimalen sprachlichen Mitteln gelingt es ihm, die Leser tief zu berühren, sie die emotionale Kälte und Bindungsunfähigkeit der an und in der Gesellschaft Gescheiterten in aller Eindringlichkeit spüren zu lassen.

Von der Neoromantik ... Klaus Kordons historische Kinderromane

Geschichte verständlich und anschaulich, indem er sie in eine fiktionale Erzählhandlung kleidet, deren Protagonisten etwa im gleichen Alter wie die Leser sind. Angesprochen werden vor allem Zehn- bis Zwölfjährige. In der »Trilogie der Wendepunkte« (1984–1993) werden das Ende des Kaiserreichs, der Übergang zum Nationalsozialismus und das Ende des Zweiten Weltkriegs aus der Perspektive einer Berliner Familie dargestellt, in »1848« (1997) verbindet Kordon die Ereignisse der Revolution und die unwürdigen Lebensbedingungen der kleinen Leute mit der Liebesgeschichte von »Jette und Frieder« zu einem plastischen Epochenbild. Kordons historische Kinderromane lassen Geschichte lebendig werden und überzeugen durch eine spannende und Authentizität vermittelnde Erzählweise.

Geänderte Familienbilder

Von einzelnen zaghaften Vorläufern abgesehen, gehörte es zu den Errungenschaften der 80er Jahre, die »heile« Familie endgültig aus der Kinderliteratur zu verabschieden und durch realistischere Darstellungen zu ersetzen. Damit reagierten die Autoren mit Verzögerung auf gesellschaftliche Veränderungen, die durch verschiedene Reformen in der Familienpolitik und die Aktivitäten der Frauenbewegung für die Gleichberechtigung in den 70er Jahren angestoßen worden waren. Weitreichende Auswirkungen hatte vor allem die Modernisierung des Ehescheidungsrechts: die Abschaffung des Schuldprinzips löste eine regelrechte Scheidungswelle aus. Heute bestimmt die Trennung der Eltern den Alltag vieler Kinder, denn fast jede dritte Ehe wird wieder geschieden. Von der traditionellen Vater-Mutter-Kind(er)-Familie über den Patchworkhaushalt

Illustration aus „König & König" (2000, dt. 2001). Wie unverkrampft der Umgang mit den unterschiedlichen Lebensformen inzwischen geworden ist, zeigt beispielsweise das Bilderbuch von Linda de Haan und Stern Nijland: Auf der Suche nach einer Braut verliebt sich der Kronprinz in den Bruder einer Bewerberin. Die Prinzen heiraten und „gehen von nun an als König & König durchs Leben".

Ablösung autoritärer Familienstrukturen ... zur Gegenwart

bis hin zu allein Erziehenden und homosexuellen Partnerschaften bilden die verschiedensten Lebensformen den ebenso selbstverständlichen wie von zahllosen Schwierigkeiten bestimmten Handlungsraum von Alltags- und Familiengeschichten.

Insbesondere Christine Nöstlinger war es, die in ihren Kinder- und Jugendromanen immer wieder zeigte, dass die Ablösung autoritärer Strukturen durch die moderne »Verhandlungsfamilie« ein mühsamer und schmerzhafter Prozess ist, der allen Beteiligten Kompromissbereitschaft und Toleranz abverlangt, gerade aber auch den Kindern einen Gewinn an Eigenständigkeit und Freiräumen gewährt. In der Trilogie über die Familie von »Gretchen Sackmeier« (1981–1988) zerstört der Entschluss der Mutter, aus der traditionell-fixierten Hausfrauenrolle auszubrechen, das harmonische Familienleben. Es bedarf zahlreicher Diskussionen und Zugeständnisse, bis das Beziehungschaos sich allmählich wieder ordnet. Hier wie auch in vielen anderen ihrer Werke gelingt Nöstlinger das Kunststück, mit Bissigkeit, Komik und dem lässigen Ton der Wiener Umgangssprache ein heikles Thema angemessen ernsthaft und doch unterhaltsam darzustellen.

Es war auch Ausdruck der Tatsache, dass die Aktivitäten und Maßnahmen der Frauenbewegung eine gesellschaftliche Breitenwirkung zeigten, wenn in emanzipatorischen Mädchenbüchern der 80er Jahre ein zunehmend neues Rollenverständnis gesucht und erprobt wurde. In »Aber ich werde alles anders machen« (1981) von Dagmar Chidolue (*1944) wagt die 16-jährige Kiki den Ausbruch aus dem wohlgeordneten Familienleben und dem perfekt organisierten Alltag, ohne sich aber zunächst über ihre eigenen Ziele klar zu sein. Sie weiß nur, dass sie dem Vorbild der Mutter keinesfalls folgen will. Erst durch eine zufällig entstandene Notlage – sie verliert während eines Kurzurlaubs in Amsterdam ihr Portmonee und muss sich das Geld für die Rückreise verdienen – überwindet sie ihre Antriebslosigkeit und nimmt die Planung ihrer Zukunft selbst in die Hand. Unfähig zu einer Anpassung an gesellschaftliche oder

1962 Antibabypille kommt auf dem deutschen Markt
1969 Abschaffung von § 175 des StGB, der Homosexualität unter Strafe stellte.
1974 Reformierung von § 218 StGB (Schwangerschaftsabbruch)
1975 Das Volljährigkeitsalter wird von 21 auf 18 Jahre heruntergesetzt.
1977 Die erste Ausgabe der von Alice Schwarzer herausgegebenen Frauenzeitschrift »Emma« erscheint; Reform des Ehescheidungsgesetzes (an die Stelle des Schuldprinzips tritt das Zerrüttungsprinzip)

Von der Neoromantik … Ein schonungsloser Blick auf die Gesellschaft

Umschlag zu „Lady Punk" (Auflage von 1992) von Dagmar Chidolue

weibliche Rollenkonzepte ist dagegen »Lady Punk« (1985), die 15-jährige Terry, deren Eltern sich weigern, Orientierungs- und Fürsorgefunktionen zu übernehmen. Durch provokantes Benehmen, schrille Kleidung und übertrieben forsches Auftreten kompensiert sie ihre Unsicherheit und Verzweiflung. Chidolue, die als Flüchtlingskind das Außenseiter-Dasein aus eigener Erfahrung kennt und deren beruflicher Werdegang ebenfalls nicht »geradlinig« verlief, gestaltet immer wieder mit großem Einfühlungsvermögen und realistischer Sprache glaubwürdige Mädchenfiguren, die in der Auseinandersetzung mit sich selbst und ihrer Umwelt ihren eigenen, oftmals schwierigen Weg ins Berufs- und Erwachsenenleben finden.

Jenseits der ansonsten üblichen Ausrichtung am bürgerlichen Mittelstand bewegt sich Renate Welsh (*1937) mit ihrem sozialkritischen Jugendroman »Johanna« (1979), der das Schicksal einer historischen Figur aus der ländlichen Unterschicht in den 30er Jahren zum Thema hat. Johanna ist als Magd auf einem Bauernhof vielfältigen Kränkungen und gewalttätigen Übergriffen ausgesetzt. Trotzdem gelingt es ihr allmählich, sich aus ihrer Abhängigkeit zu befreien und eine innere Selbstständigkeit zu erlangen. Welshs sprachlich authentische Dokumentation eines historisch verorteten Einzelschicksals lässt sich auf heutige soziale Verhältnisse übertragen. Sie zeigt in eindringlicher Weise, wie es auch unter widrigen äußeren Umständen und in Konfliktsituationen möglich ist, seine Würde zu bewahren und Selbstvertrauen zu gewinnen.

Der psychologische Kinderroman

Im Verlauf der 80er Jahre ist insgesamt ein Perspektivwechsel von der gesellschaftlichen Ebene hin zu Darstellung der kindlichen Innenwelt festzustellen. Der so genannte »psychologische Kinderroman« nahm Heranwachsende als Wesen mit eigenen Gefühlen und Bedürfnissen zum ersten Mal wirklich ernst. Daraus resultier-

Erzähltechniken moderner Literatur ... zur Gegenwart

te eine zunehmende Komplexität der fiktionalen Kinderbücher. Häufig wurden Erzähltechniken moderner Allgemeinliteratur wie erlebte Rede, innerer Monolog, rascher Wechsel zwischen Zeitebenen und Tempusformen, Gestaltungsweisen der Collage und Montage übernommen. Und immer öfter wurde der auktoriale Erzähler, der in der Kinderliteratur jahrhundertelang als wertende moralische Instanz eine wesentliche Rolle gespielt hatte, durch einen Ich-Erzähler oder eine personale Sichtweise ersetzt. Dies ermöglichte einen – von den Autoren freigelegten – »unverstellten Blick« auf psychische Vorgänge, auf Emotionen und Befindlichkeiten.

Ein besonders feines Gespür für die Irritationen der kindlichen Psyche besitzt Mirjam Pressler (*1940), die als Autorin und Übersetzerin eine herausragende Position in der Kinder- und Jugendliteratur der Gegenwart einnimmt. Pressler, die selbst eine schwierige Kindheit durchlebte, beschäftigen die dunklen Seiten kindlicher Existenz. Sensible Psychogramme gestaltete sie zum Beispiel in »Bitterschokolade« (1980), »Kratzer im Lack« (1981), »Novemberkatzen« (1982) oder »Wenn das Glück kommt, muß man ihm einen Stuhl hinstellen« (1994). In all diesen Kinderromanen gibt sie sozialen Außenseitern eine Sprache, zeigt ihre Sehnsüchte, Ängste und ihre Einsamkeit. Am Ende sind sich die Figuren ein Stück weit ihrer selbst bewusst geworden und haben zumindest die Chance eines Auswegs aus ihrer Isolation entdeckt.

Umschlag zu „Novemberkatzen" (Auflage von 1990) von Mirjam Pressler. Wie eine der schwächlichen Novemberkatzen fühlt sich die Hauptfigur Ilse, die niemand so recht haben will. In der Familie erfährt sie Gewalt, in der Schule Hohn und Spott. Pressler zeigt Ilses mühsamen Weg aus der Isolation.

Kirsten Boie (*1950) gilt seit »Paule ist ein Glücksgriff« (1985), ihrem Erstlingswerk über ein farbiges Adoptivkind, als eine Autorin, die politische und soziale Probleme literarisch anspruchsvoll gestaltet, wobei es ihr darauf ankommt, kindliche Empfindungen und Wahrnehmungsweisen zu berücksichtigen. Der kompromisslose Einsatz von literarischen Gestaltungsmitteln sowie die inhaltliche Komplexität ihrer Romane stellen hohe Anforderungen an junge Leser. Von be-

Von der Neoromantik … Infragestellung bequemer Positionen

Umschlagillustration von Jutta Bauer zu „Nicht Chicago. Nicht hier." (1999) von Kirsten Boie

zwingender Suggestivität ist der innere Monolog des 12-jährigen Steffen in »Ich ganz cool« (1992). In der Sprache seiner Ingroup reflektiert er seinen trostlosen Alltag und hängt seinen der Werbung entlehnten Träumen von gemeinsamen Abenteuern mit dem unbekannten Vater nach. »Erwachsene reden. Marco hat was getan« (1994) dokumentiert die auf Distanzierung bedachten Aussagen von Personen aus dem Umfeld der Hauptfigur Marco, der ein überwiegend von Türken bewohntes Haus angezündet hat. Den Gedanken an eine mögliche Mitverantwortung weist jeder weit von sich. Zuletzt löste Boie mit »Nicht Chicago, nicht hier« (1999) heftige Kontroversen aus, weil sie hier einen Jungen als Opfer scheinbar grundloser Gewalt eines Mitschülers zeigt, dabei aber auf jede Erklärung verzichtet und jede Möglichkeit einer Lösung des Konflikts negiert. Damit wandte Boie sich ebenso gegen den Grundsatz moderner Sozialpädagogik, bei Verhaltensauffälligkeiten auch nach psychologischen Ursachen zu fragen, wie auch gegen die allgemein verbreitete Annahme, dass es möglich sei, im familiären Rahmen oder mit institutioneller Hilfe (z. B. Sozialamt, Schule, Polizei) Probleme zu lösen oder Straftaten zu vermeiden.

Umschlag zur Taschenbuch-Ausgabe von „Am kürzeren Ende der Sonnenallee" (2001, zuerst 1999) von Thomas Brussig. Erst mit diesem und einem zweiten nostalgischen Rückblick auf die Jugend in der DDR („Helden wie wir", 1995) hat Brussig seinen eigenen Stil, die Mischung aus abgründigem Humor und Lakonie gefunden.

Jugendliteratur in der Sinnkrise

Aus der Nähe zur Allgemeinliteratur resultiert die Sonderstellung der Jugend- und Adoleszenzliteratur für junge Menschen ab etwa 14 Jahren, die im letzten Jahrzehnt weiter an Komplexität gewonnen hat. Die moderne Adoleszenzliteratur ist gekenn-

Moderne Adoleszenzliteratur ... zur Gegenwart

zeichnet durch die literarische Fragmentierung von Wirklichkeitserfahrung, unorthodoxe und unkonventionelle Protagonisten, psychologische Verrätselungen und Verknüpfung verschiedenster Problemkomplexe. Peter Pohl (*1940), der als deutsches Kind im schwedischen Exil erfuhr, wie grausam schon Heranwachsende miteinander umgehen können, hat diese z. T. traumatischen Erlebnisse in schonungslosen, zuweilen bedrückenden Texten literarisch verarbeitet. Ob in seinem Debütroman »Jan, mein Freund« (1985, dt. 1989), in »Der Regenbogen hat nur acht Farben« (1986, dt. 1993, Deutscher Jugendbuchpreis 1995) oder »Nennen wir ihn Anna« (1987, dt. 1991), immer geht es um die Ohnmacht des Einzelnen gegenüber Aggression und Gewalt und um »Heimatlosigkeit« im geografischen, individuellen oder gesellschaftlichen Sinn. Ähnliche Themen gestalteten unter anderem auch Mats Wahl (*1945) in »Winterbucht« (1993, dt. 1995) und »Mauer aus Wut« (1995, dt. 1997) sowie Bart Moeyaert (*1964) in seinen alptraumhaften Erzähltexten »Bloße Hände« (1995, dt. 1997)

Umschlag zum autobiografischen Jugendroman „Der Regenbogen hat nur acht Farben" (1993), in dem Pohl über einen Fünfjährigen schreibt, der – aus NS-Deutschland kommend – in Schweden zunächst alles andere als eine neue Heimat findet.

„Der Fänger im Roggen" als Muster des modernen Adoleszenzromans

Einen neuen Maßstab für die moderne Jugendliteratur setzte Jerome David Salinger (*1919) mit „Der Fänger im Roggen" (1951, dt. 1954). Der Ich-Erzähler Holden Caulfield monologisiert über die drei Tage seines ziellosen Herumirrens durch New York, nachdem ihm der vierte Schulverweis erteilt wurde. Seine zwanghafte Suche nach menschlicher Nähe geht einher mit der Unfähigkeit zu konventionellem sozialen Handeln. Salinger zeichnet das Bild einer desillusionierten Jugend, die die Schwelle zum Erwachsenen-Dasein ohne Hilfe der Gesellschaft bewältigen muss. Die hochexpressive, mit Flüchen, Slangausdrücken und Übertreibungen aufgeladene affektive Sprache Caulfields sahen Generationen von Jugendlichen als Ausdruck ihres eigenen Empfindens in einer existenzielle Krise begriffenen Lebensphase. Unverkennbares, wenn auch unerreichtes Muster wurde „Der Fänger im Roggen" auch für die moderne deutsche Adoleszenzliteratur, die mit Ulrich Plenzdorfs (*1934) „Die neuen Leiden des jungen W." (1973) ihren Anfang nahm. Wie Goethes „Werther" so scheitert auch Edgar Wibeau an der Unvereinbarkeit individueller Lebensentwürfe mit den Erwartungen der Gesellschaft. Thomas Brussig (*1965) kam in seinem kurz nach der Wende unter dem Pseudonym Cordt Berneburger veröffentlichten Entwicklungsroman „Wasserfarben" (1991) nicht an den maßlosen Tonfall des amerikanischen Vorbilds heran. Vergleichsweise harmlos wirken die ironisch-trotzigen Reflexionen des Abiturienten Anton Glienecke, der orientierungslos durch das Ende seiner Schulzeit schlingert, weil seine Zukunftswünsche mit der Kaderpolitik des Staates kollidieren. Zuletzt bemühte sich Benjamin Lebert (*1982) vergeblich, Holden Caulfield zu kopieren. Dem jungen Ich-Erzähler von „Crazy" (1999) erscheint der Aufbruch ins Erwachsenenleben als Passionsweg in die Resignation. Auch endlose Gespräche mit den Freunden im Internat über Sex, Gott und Philosophie verheißen keine Perspektive.

Von der Neoromantik ...
Verlust von Orientierungsmodellen

Buchwerbung mit dem eigenen Gesicht: Umschlag zu „Ich habe einfach Glück" (2001) von Alexa Hennig von Lange (*1973). Die Autorin erzählt hier mit Sarkasmus und Humor über den chaotischen Familienalltag einer 15-Jährigen. Dass der Roman mit dem Deutschen Jugendliteraturpreis 2002 ausgezeichnet wurde, verweist einmal mehr auf die inzwischen sehr durchlässig gewordene Grenze zwischen Jugend- und Erwachsenenliteratur.

und »Im Wespennest« (1997, dt. 2000), die von Rache, sinnloser Gewalt, Einsamkeit und Außenseitertum handeln. Extreme Bilder für den Verlust von Orientierungsmodellen hat Inger Edelfeldt (*1956) in ihren Jugendromanen über Außenseiter in schweren Krisen gefunden. Die Heldin von »Kamalas Buch« (1986, dt. 1988) bleibt in ihrer Fantasie- und Konsumwelt, in ihren Träumen vom Märchenprinzen und einem schönen, erfüllten Leben befangen, mit Selbstinszenierungen verdeckt sie mangelndes Selbstbewusstsein. Konsequent verzichtet die Autorin darauf, eine Änderung der Lebenssituation auch nur anzudeuten.

Gängige Vorurteile und Stereotype hinterfragt Andreas Steinhöfel (*1962) in seiner zwischen Realistik, Fantastik und Märchen sich bewegenden Initiationsgeschichte »Die Mitte der Welt« (1998); deren Spannung entsteht aus dem Kontrast zwischen der archaischen Außenseiterwelt der exzentrischen Familie des Erzählers und der Welt der »kleinen Leute«, die die traditionellen Normen der Gesellschaft repräsentiert. Die kunstvoll miteinander verknüpften Episoden springen zwischen Erinnerungen an die frühe Kindheit und der Gegenwart hin und her. Steinhöfels kraftvolle, in üppiger Bildhaftigkeit schwelgende Sprache und sein oft hintersinniger Humor bieten einen unverstellten Blick auf die Absurditäten des Lebens.

Ob die avisierte Zielgruppe der etwa 14- bis 18-Jährigen von dieser speziell an sie adressierten Literatur tatsächlich erreicht wird, ist umstritten. Tendenziell lässt sich eine – von Autoren wie Verlagen unterstützte – Auflösung der Grenzen zwischen Jugend- und Allgemeinliteratur erkennen und eine Orientierung junger Leser an der Belletristik. Abgesehen vom außerordentlich beliebten Genre spannender Unterhaltungsromane (vor allem Stephen King) hat sich in den letzten Jahren die so genannte »Popliteratur« als eine von jungen Menschen viel rezipierte Gattung an der Schnittstelle von Jugend- und Allgemeinliteratur etabliert. Aufgrund ihrer eigenen Nähe zu jugendlichen Erlebniswelten wirken Werke wie Christian Krachts (*1966) »Faserland« (1995) oder Benjamin von Stuckrad-Barres (*1975) »Soloalbum« (1998) so authentisch, dass die Leser im vermittelten Lebensgefühl zwischen Musik, Selbstinszenierung und leisem Weltschmerz ihr eigenes Empfinden repräsentiert sehen. Es ist das Lebensgefühl einer Generation, die den permanenten Blick nach Innen verweigert, keine Feindbilder mehr hat und die wütende Gebärde der Rebellion durch nonchalante Wehmut und einen teils zynischen, teils ironischen Beobachterstatus ersetzt. Es sind keine Bücher, die – wie die konventionellen Jugendbücher – in irgendeiner Weise Hilfestellung auf dem Weg ins Erwachsenenleben geben wollen, sondern die dargestellten Denk- und Handlungsweisen als jugendspezifische Ausdrucksweise gesellschaftlicher Realität begreifen.

Postmoderne Bilderbuchwelten

Die Entwicklung des Bilderbuches in den 90er Jahren ist weiterhin gekennzeichnet durch die Polarität von einem weit überwiegenden Anteil konventionell gestalteter Titel mit stereotypen Motiven, die vermuteten kindlichen Wünschen und Sehgewohnheiten entgegenkommen sollen, und einem sehr kleinen Anteil künstlerisch anspruchsvoller Werke. Eine Gruppe hochprofessioneller und hochambitionierter deutscher Grafiker und Texter hat dem künstlerischen Bilderbuch auch international zu neuer Geltung verholfen. Sie verweigern sich dem gängigen Klischee des Kindgemäßen, weil sie nicht glauben, dass Kinder die Welt grundsätzlich anders sehen als Erwachsene.

Mit einem vergnüglichen Bilderbuch über ein anrüchiges Thema wurde Wolf Erlbruch (*1948) bekannt. Seit der Geschichte »Vom kleinen Maulwurf, der wissen wollte, wer ihm auf den Kopf ge-

Illustration aus „Die Menschenfresserin" (1996) von Wolf Erlbruch

Von der Neoromantik ...
Abgründe hinter scheinbaren Kindheitsidyllen

macht hat« (1989) hat er seinen Collagestil, in dem alle möglichen Techniken und Genres gemischt und zitiert werden, wesentlich radikalisiert. Übernahmen von Motiven, Mustern und Bildelementen von Otto Dix, Pablo Picasso, Max Beckmann und anderen Künstlern der klassischen Moderne lassen sich in »Die Menschenfresserin« (Text von Valérie Dayre, 1996) erkennen, einem hochkomplexen und mehrdeutigen Bilderbuch. Die eng auf die Textvorlage bezogenen, die innere Befindlichkeit der Protagonistin ausleuchtenden Illustrationen von grotesker Poesie zeigen in völliger Abkehr von den üblichen weiblichen Rollenklischees die riesige, barbarische Gestalt einer Mutter, die in maßloser Gier ihr eigenes Kind verschlingt und damit sich selbst zerstört. Die gleichnishafte Erzählweise scheint Erlbruchs zivilisationskritische Perspektive zu unterstreichen.

Psychologische Subtilität kennzeichnet das kleinformatige Bilderbuch »Nachts« (1999). Die surrealen Figuren, die dem kleinen Fons auf dem nächtlichen Spaziergang begegnen, bleiben für seinen Vater unsichtbar. Mit dieser romantischen Chiffre verweist Erlbruch auf die Kraft kindlicher Imagination, die im Gegensatz steht zum rationalen Blick des Erwachsenen, für den die Welt keine Geheimnisse und Überraschungen mehr birgt.

Als Provokateur gilt auch Nikolaus Heidelbach (*1955), der 1982 sein erstes Bilderbuch veröffentlichte und 2000 bereits mit dem Sonderpreis des Jugendliteraturpreises für sein Gesamtwerk ausgezeichnet wurde. Verstörend wirken vor allem seine Kindergestalten, die so gar nichts mit den niedlichen, stets gut gelaunten Helden sonstiger Bilderbücher gemein haben. Heidelbachs eigenwilligen, manchmal monströsen Figuren sieht man ihr kompliziertes Innenleben an. Ihre Gesichter spiegeln Furcht und Wut, Einsamkeit und Aggressivität, sexuelle und gewalttätige

„Charles macht ein Geschäft" – mit dem Schnuller seines Bruders. Illustration von Nikolaus Heidelbach. In Heidelbachs unkonventionellen ABC-Büchern „Was machen die Mädchen?" (1993) und „Was machen die Jungs?" (1999) werden die Abgründe hinter scheinbaren Kindheitsidyllen besonders gut deutlich.

Bilderbücher auch für Erwachsene ... zur Gegenwart

Begierden. Dass es mit Hilfe der Fantasie möglich ist, Ängste zu bewältigen, zeigen etwa »Prinz Alfred« (1983) oder »Albrecht Fafner fast allein« (1992).

Die Illustratorin Jacky Gleich (*1964) dagegen macht Empfindungen von Kindern sichtbar, indem sie Wirklichkeit so verzerrt, verformt und farblich dissonant abbildet, wie sie aus kindlicher Sicht in Momenten tiefer emotionaler Verunsicherung wahrgenommen werden mag. »Mama ist groß wie ein Turm« (2001), wenn die Sehnsucht nach der verschwundenen Mutter übermächtig wird; und der fremde Mann am Frühstückstisch erscheint als bedrohlicher Riese, wenn »Der unsichtbare Vater« (1999) mit ihm konkurriert.

Dass Jutta Bauer (*1955) auch als Cartoonistin arbeitet, z. B. für die Frauenzeitschrift »Brigitte«, merkt man ihren Bilderbüchern an. Mit wenigen schwungvollen Strichen gelingen ihr lebendige, lebensnahe Figuren wie der kleine Julian in Kirsten Boies bekannter »Juli«-Reihe, die mit »Kein Tag für Juli« (1991) begann. Leicht und skizzenhaft wirken auch die Illustrationen der mehrfach ausgezeichneten märchenhaften Geschichte über »Die Königin der Farben« (1998) und ihre zu heftigen Gefühlsausbrüchen neigenden Untertanen. Auf einfache, und durch die Personifizierung sehr anschauliche Weise werden Elemente der Farbenlehre und die psychologische Wirkung von Farben (sanftes Blau, wildes Rot usw.) thematisiert.

Rotraut Susanne Berner (*1948) wurde vor allem durch die Gestaltung origineller Buchumschläge bekannt. Ihr vielfach ausgezeichnetes Bilderbuch „Die Prinzessin kommt um vier" (2000) zu einer hintergründigen Kurzgeschichte von Wolfdietrich Schnurre (1920-1989) besticht durch kunstvolle Naivität und viele witzige Details. Erzählt wird von einer rührenden „Liebesgeschichte" – so der Untertitel – zwischen einem etwas ungleichen Paar.

Die Wiederentdeckung der Leselust

Kinder lesen nicht mehr! Diese vielzitierte Pädagogenklage ist nur teilweise berechtigt. Natürlich hat das Fernsehen längst die mediale Leitfunktion in der Gesellschaft übernommen. Und wie die Erwachsenen, so wählen auch Kinder und Jugendliche aus dem verfügbaren Angebot alter und neuer Medien diejenigen aus, die ihren Stimmungen und Bedürfnissen jeweils am besten entsprechen. Und richtig ist auch: Freiwillig

Von der Neoromantik ... Was Kindern gefällt

Benjamin Blümchen feierte 2002 seinen 25. Geburtstag. 1977 erfand Elfie Donnelly den freundlichen Elefanten, der seine grandiose Karriere dem Einzug der Hörkassette ins Kinderzimmer verdankte. Fast hundert Abenteuer zwischen Afrika und dem Weltraum hat er inzwischen bestanden, 60 Platin- und 113 goldene Schallplatten gewonnen. Seit der medialen Aufrüstung in deutschen Kinderzimmern ist die Benjamin-Blümchen-Welt ebenso expandiert wie die der zahlreichen anderen kommerziell erfolgreichen literarischen Figuren (Heidi, Alice, Pippi, Sams usw.). Von Büchern, Hörkassetten, Game Boys, Videos und multimedialen Spielgeschichten auf CD-Rom bis hin zu Bettwäsche und Stofftieren reicht inzwischen die Angebotspalette.

begeistern sich nur wenige Kinder für die Bücher, die ihnen pädagogisch wohlmeinende Lehrer oder Eltern empfehlen. Kinder sind – wie die meisten Erwachsenen übrigens auch – überwiegend konservative Leser. Wenn Heranwachsende aus eigenem Antrieb lesen, und das tun sie nach wie vor in durchaus großer Zahl, dann erwarten sie vor allem Entlastung vom Alltag, Spannung, Nervenkitzel und Unterhaltung. Zu Lieblingslektüren der Zehn- bis Fünfzehnjährigen zählen augenblicklich Begleitbücher zu Fernseh-Soaps wie »Gute Zeiten, schlechte Zeiten« oder »Verbotene Liebe«, komische Werke wie z. B. »Berts gesammelte Katastrophen« (1987, dt. 1987) und weitere Bände von Sören Olsson (1964) und Anders Jacobsson (1963), die ihren Witz aus der Nachahmung eines übertreibenden Jugendjargons gewinnen sowie auf spannende Unterhaltung abzielende Buchreihen, die unter Titeln wie »Gänsehaut«, »Alle meine Monster«, »Starke Mädchen« oder »Jagd im Internet« genau auf die Zielgruppen zugeschrieben sind. Am erfolgreichsten bedient zur Zeit Thomas Brezina (*1963) das ausgeprägte Interesse junger Leser an Tier-, speziell Pferde-, Grusel- und Detektivgeschichten mit diversen Reihen, die trotz moderner Attribute wie Computer und Internet ganz dem Trivalschema in der Tradition von Enid Blyton verpflichtet bleiben. Brezina hat bisher weltweit etwa 20 Millionen Bücher verkauft.

Wenn es inzwischen auch etwas ruhiger um ihn geworden ist, der größte Wirbel in der Geschichte der Kinder- und Jugendliteratur wurde zweifellos um einen britischen Zauberlehrling veranstaltet. Die mit »Harry Potter und der Stein der Weisen« (1997, dt. 1998) beginnende Buchserie entwickelte sich vom Geheimtipp englischer Kinder zum weltweit präsenten, kommerziell höchst eindrucksvoll ausgebeuteten Markenprodukt »Harry Potter«. Über das Erfolgsgeheimnis der bisher vier Bände ist viel spekuliert worden. Joanne K. Rowling

Harry Potter – Lesevergnügen auf hohem Niveau ... zur Gegenwart

(*1965) hat sich durch Klassiker der englischsprachigen Kinderliteratur (z. B. »Alice im Wunderland« und »Der Zauberer Oz«), aber auch durch Sagen, Märchen sowie Fantasy-, Detektiv-, Schul- und Entwicklungsgeschichten anregen lassen. Aus Elementen dieser Genres hat sie ihre motivisch eng verklammerten Romane komponiert, die all das enthalten, was Kinder zu allen Zeiten zum Lesen animiert hat: vor allem aufregende Abenteuer, innige Freundschaften und Kämpfe gegen das Böse. Zum Lesegenuss werden die Bände durch die ungemein bildhafte Sprache, eine Fülle kurioser, komischer und fantasievoller Einfälle sowie die zahlreichen höchst lebendigen Dialoge. Viele witzige, aber auch bedrohliche Effekte ergeben sich auch aus dem Nebeneinander von Alltags- und Zauberwelt. Zudem gelingt es Rowling, die Spannung über mehrere hundert Seiten hin zu erhalten, durch Andeutungen, Vor- und Rückbezüge und genau kalkulierte Szenenwechsel, vor allem aber, weil ihr Erzählen ganz und gar der Handlung verpflichtet ist. Für inhaltliche Reflexionen oder eine tiefere psychologische Durchdringung der Charaktere bleibt da allerdings keine Zeit. Großen Anteil am Erfolg hat die Hauptfigur: Harry ist ein Held mit Schwächen, schüchtern und unauffällig lebt er in der Welt der Muggels, wo ihn seine Verwandten drangsalieren. In der Wunderwelt jedoch ist er eine bewunderte Gestalt mit legendärem Ruf, hier kann er die Ohnmacht des Ausgeliefertseins überwinden. Das Aschenputtel-Motiv bietet ein ausgeprägtes Identifikationspotenzial. In »Harry Potter« erfüllt sich auf sprachlich-stilistisch hohem Niveau die bei Erwachsenen wie Kindern gleichermaßen vorhandene Sehnsucht nach persönlicher Großartigkeit, aber auch das Bedürfnis nach Unterhaltung und Rückkehr in kindliche Erlebniswelten. Und so fiebern Millionen dem Tag entgegen, an dem es endlich wieder heißt: »Der neue Harry Potter ist da!«

Umschlagillustration von Sabine Wilharm zu „Harry Potter und der Stein der Weisen" (1997, dt. 1998) von Joanne K. Rowling. Bisher sind folgende Fortsetzungen erschienen: „Harry Potter und die Kammer des Schreckens" (1998, dt. 1999), „Harry Potter und der Gefangene von Askaban" (1999, dt. 1999) sowie „Harry Potter und der Feuerkelch" (2000, dt. 2000)

Literaturverzeichnis

Literaturverzeichnis

Brunken, Otto: Kinder- und Jugendliteratur von den Anfängen bis 1945. Ein Überblick. In: Taschenbuch der Kinder- und Jugendliteratur, Hrsg. von Günter Lange, Bd. 1, Baltmannsweiler: Schneider 2000, S. 17–96

Der Deutsche Jugendliteraturpreis 1956–1983. Ausschreibungen, Begründungen, Laudationes, Kriterien. Hrsg. vom Arbeitskreis für Jugendliteratur e.V. München 1984.

Doderer, Klaus: Literarische Jugendkultur. Kulturelle und gesellschaftliche Aspekte der Kinder- und Jugendliteratur in Deutschland. Weinheim, München: Juventa 1992

Dolle-Weinkauff, Bernd: Comics. Geschichte einer populären Literaturform in Deutschland seit 1945. Weinheim, Basel: Beltz 1990

Erfolgreiche Kinder- und Jugendbücher. Was macht Lust auf Lesen? Hrsg. von Bernhard Rank. Baltmannsweiler: Schneider 1999

Ewers, Hans Heino: Literatur für Kinder und Jugendliche. Eine Einführung. München: Fink 2000

Familienszenen. Die Darstellung familialer Kindheit in der Kinder- und Jugendliteratur. Weinheim, München: Juventa 1999

Geschichte der deutschen Kinder- und Jugendliteratur. Hrsg. von Reiner Wild. Stuttgart: Metzler 1990 (2. Auflage 2002)

Geschichte der Mädchenlektüre. Mädchenliteratur und die gesellschaftliche Situation der Frauen. Hrsg. von Dagmar Grenz und Gisela Wilkending. Weinheim, München: Juventa 1997

GeschichtsBilder. Historische Jugendbücher aus vier Jahrhunderten. Ausstellungskatalog. Staatsbibliothek zu Berlin Preußischer Kulturbesitz 2000

Handbuch zur Kinder- und Jugendliteratur.
Bd. 1: Vom Beginn des Buchdrucks bis 1570. Hrsg. von Theodor Brüggemann und Otto Brunken. Stuttgart: Metzler 1987
Bd. 2: Von 1570 bis 1750. Hrsg. von Theodor Brüggemann und Otto Brunken. Stuttgart: Metzler 1991
Bd. 3: Von 1750 bis 1800. Hrsg. von Theodor Brüggemann und Hans-Heino Ewers. Stuttgart: Metzler 1982
Bd. 4: Von 1800 bis 1850. Hrsg. von Otto Brunken, Bettina Hurrelmann und Klaus-Ulrich Pech. Stuttgart: Metzler 1998

Hopster, Norbert, Petra Josting und Joachim Neuhaus: Kinder- und Jugendliteratur 1933–1945. Ein Handbuch. 2 Bde. Stuttgart: Metzler 2001–2002

Jugendkultur im Adoleszenzroman. Jugendliteratur der 80er und 90er Jahre zwischen Moderne und Postmoderne. Hrsg. von Hans-Heino Ewers. Weinheim und München: Juventa 1994

Jugendliteratur zwischen Trümmern und Wohlstand 1945–1960. Ein Handbuch. Hrsg. von Klaus Doderer. Weinheim und Basel: Beltz 1993

Karrenbrock, Helga: Märchenkinder - Zeitgenossen. Untersuchungen zur Kinderliteratur der Weimarer Republik. 2. Aufl. Stuttgart: Metzler 2001

Kinder- und Jugendliteratur in Deutschland. Hrsg. von Renate Raecke. München: Arbeitskreis für Jugendliteratur e.V. 1999.

Kinder- und Jugendliteratur. Material. Hrsg. von Malte Dahrendorf. Berlin: Volk und Wissen 1995

Kinderlyrik zwischen Tradition und Moderne. Hrsg. von Kurt Franz und Hans Gärtner. Baltmannsweiler: Schneider 1996

Klassiker der Kinder- und Jugendliteratur. Hrsg. von Bettina Hurrelmann. Frankfurt/M.: Fischer 1995

Knigge, Andreas C.: Comics. Vom Massenblatt ins multimediale Abenteuer. Reinbek: Rowohlt Taschenbuchverlag 1996

Kümmerling-Meibauer, Bettina: Klassiker der Kinder- und Jugendliteratur. Ein internationales Lexikon. 2 Bde. Stuttgart: Metzler 1999

Lexikon Deutsch. Kinder- und Jugendliteratur. Autorenporträts und literarische Begriffe. Hrsg. von Jörg Knobloch und Steffen Peltsch. Freising: Stark 1998

Pleticha, Heinrich und Siegfried Augustin: Lexikon der Abenteuer- und Reiseliteratur von Afrika bis Winnetou. Stuttgart, Wien, Bern: Edition Erdmann 1999

Richter, Karin: Kinder- und Jugendliteratur der DDR. In: Taschenbuch der Kinder- und Jugendliteratur, Hrsg. von Günter Lange, Bd. 1, Baltmannsweiler: Schneider 2000, S. 137–156

Steinz, Jörg/Andrea Weinmann: Die Kinder- und Jugendliteratur der Bundesrepublik nach 1945. In: Taschenbuch der Kinder- und Jugendliteratur, Hrsg. von Günter Lange, Bd. 1, Baltmannsweiler: Schneider 2000, S. 97–136

Taschenbuch der Kinder- und Jugendliteratur. Hrsg. von Günter Lange. 2 Bde. Baltmannsweiler: Schneider 2000

Theorien der Jugendlektüre. Beiträge zur Kinder- und Jugendliteraturkritik seit Heinrich Wolgast. Hrsg. von Bernd Dolle-Weinkauff und Hans-Heino Ewers.

Literaturverzeichnis/Adressen

Weinheim, München: Juventa 1996
Thiele, Jens: Das Bilderbuch. Ästhetik – Theorie – Analyse – Didaktik – Rezeption. Oldenburg: Isensee 2000
40 Jahre Deutscher Jugendliteraturpreis. Dokumentation. Hrsg. von Heike Peetz und Dorothea Liesenhoff. München: Arbeitskreis für Jugendliteratur e.V. 1996.
Zwischen Bullerbü und Schewenborn. Auf Spurensuche in 40 Jahren deutschsprachiger Kinder- und Jugendliteratur. Hrsg. von Renate Raecke und Ute D. Baumann. München: Arbeitskreis für Jugendliteratur e.V. 1995

Quellensammlungen

Abc und Abenteuer. Texte und Dokumente zur Geschichte des deutschen Kinder- und Jugendbuches. Hrsg. von Alfred Clemens Baumgärtner und Heinrich Pleticha. 2 Bde. München: dtv 1985
Kinder- und Jugendliteratur der Aufklärung. Eine Textsammlung. Hrsg. von Hans-Heino Ewers. Stuttgart: Reclam 1980
Kinder- und Jugendliteratur der Romantik. Eine Textsammlung. Hrsg. von Hans-Heino Ewers. Stuttgart: Reclam 1984
Kinder- und Jugendliteratur vom Biedermeier bis zum Realismus. Eine Textsammlung. Hrsg. von Klaus-Ulrich Pech. Stuttgart: Reclam 1985
Kinder- und Jugendliteratur von der Gründerzeit bis zum Ersten Weltkrieg. Hrsg. von Hans-Heino Ewers. Stuttgart: Reclam 1994
Kinder- und Jugendliteratur. Mädchenliteratur vom 18. Jahrhundert bis zum Zweiten Weltkrieg. Eine Textsammlung. Hrsg. von Gisela Wilkending. Stuttgart: Reclam 1994

Verzeichnisse

Das Bilderbuch. Eine Auswahl empfehlenswerter Bilderbücher. Hrsg. von Doris Breitmoser. München: Arbeitskreis für Jugendliteratur e.V. 11. Aufl. 1999
Das Jugendbuch. Lesetipps für junge Leute. Hrsg. von Doris Breitmoser und Bettina Stelzner. München: Arbeitskreis für Jugendliteratur e.V. 2002
Das Kinderbuch. Eine Auswahl empfehlenswerter Kinderbücher. Hrsg. von Doris Breitmoser. München: Arbeitskreis für Jugendliteratur e.V. 4. Aufl. 2000
Sehen – Hören – Klicken: Kinder- und Jugendliteratur multimedial. Hrsg. von Hannelore Daubert. München: Arbeitskreis für Jugendliteratur e.V. 2001
Töne für Kinder. Kassetten und CDs im kommentierten Überblick. Hrsg. von Heide Germann, Susanne Brandt, Karen Gröning und Willy Gröning. München: Kopaed 2001

Fachzeitschriften zur Kinder- und Jugendliteratur

Beiträge Jugendliteratur und Medien (gegründet 1893 unter dem Titel „Jugendschriftenwarte"). Hrsg. von der Arbeitsgemeinschaft Jugendliteratur und Medien in der GEW. Erscheint im Juventa Verlag Weinheim, viermal jährlich (+ 1 Beiheft) (www.juventa.de)
Bulletin Jugend & Literatur. Kritisches Monatsmagazin für Kinder- und Jugendmedien, Leseförderung und Lesekultur (seit 1969). Erscheint im Neuland-Verlag, Geesthacht, zwölfmal jährlich (www.neuland.com/bulletin)
Eselsohr. Fachzeitschrift für Kinder- und Jugendmedien (seit 1982). Erscheint im Verlag Plöger Medien, Annweiler; zwölfmal jährlich (www.eselsohr-online.de)
JuLit. Informationen des Arbeitskreises für Jugendliteratur (seit 1975). Hrsg. vom Arbeitskreis für Jugendliteratur e.V., München. Erscheint viermal jährlich (www.jugendliteratur.org)
Tausend und Ein Buch (seit 1985). Hrsg. von der AG Kinder- und Jugendliteratur, Wien. Erscheint viermal jährlich (+ 1 Sonderheft) (www.1001buch.at)

Adressen zur Kinder- und Jugendliteratur

Blaubuch. Adressen und Register für die deutschsprachige Kinder- und Jugendliteratur. Ein Nachschlagewerk vom Arbeitskreis für Jugendliteratur e.V. Hrsg. von Franz Meyer. 4. Aufl. München 2000 (www.jugendliteratur.org)
Kinder- und Jugendbuchverlage von A bis Z. 2002/03. Adressen, Programme und Ansprechpartner in Deutschland, Österreich und der Schweiz. Hrsg. von der Arbeitsgemeinschaft von Jugendbuchverlagen (AvJ). Frankfurt 2002 (www.avj-online.de)

Institutionen und Forschungseinrichtungen zur Kinder- und Jugendliteratur

Akademie Remscheid für musische Bildung und Medienerziehung e.V., Küppelstein 34, 42857 Remscheid (www.ars-online.de)
Arbeitsgemeinschaft Jugendliteratur und Medien in der Gewerkschaft Erziehung und Wissenschaft (GEW), Badenallee 27, 14052 Berlin (www.gew.de)
Arbeitsgemeinschaft Kinder- und Jugendliteraturfor-

Adressen/Namenregister

schung, Pädagogische Hochschule Heidelberg, Keplerstraße 87, 69120 Heidelberg

Arbeitskreis für Jugendliteratur e.V. (AKJ) Sektion Bundesrepublik Deutschland des International Board on Book for Young People (IBBY), Metzstraße 14c, 81667 München (www.jugendliteratur.org)

Arbeitsstelle für Leseforschung und Kinder- und Jugendmedien (ALEKI) des Seminars für deutsche Sprache und ihre Didaktik der Universität zu Köln, Bernhard-Feilchenfeld-Straße 11, 50969 Köln (www.uni-koeln.de/ewfak/deutsch/aleki)

Bilderbuch-Museum der Stadt Troisdorf Burg Wissem, Burgallee, 53840 Troisdorf (www.burgwissem.de)

Brüder Grimm-Museum Kassel, Brüder-Grimm-Gesellschaft Kassel e.V., Brüder Grimm-Platz 4A, 34117 Kassel

Bundesverband der Friedrich-Bödecker-Kreise e.V., Fischtorplatz 23, 55116 Mainz

Deutsche Akademie für Kinder- und Jugendliteratur e.V., Hauptstraße 42, 97332 Volkach (www.volkach. de/frame3.html)

Institut für angewandte Kindermedienforschung (IfaK), Wolframstraße 32 (www.ifak-kindermedien.de)

Institut für Jugendbuchforschung der J.W. Goethe-Universität Frankfurt/M., Grüneburgplatz 1, 60323 Frankfurt (www.uni-frankfurt.de/fb10/jubufo)

Internationale Jugendbibliothek, Schloß Blutenburg, Seldweg 15, 81247 München (www.ijb.de)

Kinder- und Jugendtheaterzentrum in der Bundesrepublik Deutschland, Schützenstraße 12, 60311 Frankfurt (www.f.shuttle.de/kjtz)

Landesarbeitsgemeinschaft Jugend und Literatur NRW e.V., Leyendeckerstraße 9, 50825 Köln (www.lagjugendliteratur.de)

LesArt. Berliner Zentrum für Kinder- und Jugendliteratur, Weinmeisterstraße 5, 10178 Berlin (www.t-online.de/home/les-art)

Oldenburger Forschungsstelle für Kinder- und Jugendliteratur, Postfach 2541, 26015 Oldenburg (www.uni-oldenburg.de/ olfoki)

Namenregister

Adenauer, Konrad 136
Adorf, Mario 163
Adorno, Theodor W. 152
Aesop 24
Alembert, Jean Le Ronde d' 38
Alò, Enzo d' 165
Allende, Salvador 156
Andersen, Hans Christian 59, 60
Anderson, Michael 73
Aristoteles 12
Arnim, Achim von 50, 55
Asscher-Pinkhof, Clara 151
Auerbacher, Inge 173

Baader, Andreas 152
Baader, Johannes 118
Ball, Hugo 118
Barrie, James Mathew 46
Barth, Christian Gottlob 63, 70
Basedow, Johann Bernhard 29, 40
Bassewitz, Gerdt von 46
Bauer, Jutta 178, 183
Bauer, Karl 112
Baum, Lyman Frank 102

Baumann, Hans 130, 136
Becher Stowe, Harriet 74
Becher, Huldreich 23
Bechstein, Ludwig 60
Beckmann, Max 182
Benary-Isbert, Margot 150
Bergengruen, Werner 122
Berner, Susanne Rotraut 183
Bernfeld, Siegfried 154
Bertuch, Friedrich Justin 39
Beskow, Elsa 92
Bierbaum, Otto Julius 102
Bismarck, Otto von 69
Blasche, Bernhard Heinrich 67
Blücher, Gebhard Leberecht Fürst von 69
Blyton, Enid 142, 143, 184
Bodenehr, Hans Georg 21
Boeltz, Fritz 131
Bohatta, Ida 94
Bohm, Hark 47
Bohse, August 14
Boie, Kirsten 177, 178
Bokel, Radost 163
Bonels, Ulrich 24
Bonsels, Waldemar 104, 107
Borchardt, Julian 123
Borromäus, Karl 20
Bradley, Marion Zimmer 171

Brandt, Willy 152, 156
Brant, Sebastian 12
Brecht, Bertold 34, 116, 119
Brender, Irmela 154
Brentano, Clemens 50, 54, 55
Brezina, Thomas 143, 184
Brussig, Thomas 178, 179
Bühler, Charlotte 88
Bumpoo, Natty 75
Burger, Horst 159, 160
Busch, Wilhelm 82, 83, 154
Bußleben, Johann 17

Campe, Joachim Heinrich 30, 32, 34, 36, 37, 38, 43, 44, 45
Carle, Eric 147
Carossa, Hans 100
Carrière, Mathieu 97
Carroll, Lewis 54, 101, 102
Caspari, Gertrud 93, 94
Cassirer, Bruno 116, 117
Cervantes, Miguel de 82
Cézanne, Paul 90
Chagall, Marc 145
Chaplin, Charlie 46
Chidolue, Dagmar 175, 176
Chodowiecki, Daniel 29, 37, 41, 44

Namenregister

Cicero 12, 14
Claudius, Matthias 33
Cohn, Emil Bernhard 126
Collin, Hedvig 115
Collodi, Carlo 102
Comenius, Johann Amos 22, 23, 38
Contessa, Carl Wilhelm 52
Cooper, James Fenimore 75
Cranach d. Ä., Lucas 20
Crane, Walter 88
Cron, Clara 78

Dahn, Felix 69
Dantz, Carl 121
Darwin, Charles 77, 104
Davis, Jim 99
Dayre, Valérie 184
De Haan, Linda 176
Dedekind, Friedrich 12
Defoe, Daniel 43, 44, 109
Dehmel Paula 90, 91, 92, 93, 116
Dehmel, Richard 89, 90, 91
Dickens, Charles 119
Diderot, Denis 38
Dielitz, Theodor 72
Disney, Walt 105
Dithmar, Georg Theodor 69
Dittmar, Heinrich 55
Dix, Otto 119, 182
Doderer, Klaus 107
Dohm, Hedwig 79
Donatus, Aelius 8
Donnelly, Elfie 157, 187
Driscoll, Bobby 108
Drobisch, Theodor 69
Dürer, Albrecht 16
Durian, Wolf 121
Dutschke, Rudi 152
Duvoisin, Roger 147

Edelfeldt, Inger 180
Ende, Michael 102, 148, 149, 163, 168, 169, 170
Engelhardt, Karl August 42
Ensikat, Klaus 167
Ensslin, Gudrun 152
Erasmus von Rotterdam 11, 12, 17, 19
Erhard, Ludwig 135
Erlbruch, Wolf 181, 182
Ernst August II. von Hannover 51

Fährmann, Willi 150
Falkenhorst, C. (eigtl. Stanislaus von Jezewski) 110
Fallada, Hans 132, 133, 164

Fatio, Louise 142, 147
Feldmann, Rötger 99
Fénelon, François de Salignac de la Mothe 14, 15
Flex, Walter 113
Frank, Anne 150, 151
Franke, Fritz 107
Franquin, André 99
Frenssen, Gustav 111
Freud, Sigmund 80, 104
Freyhold, Konrad Ferdinand 117
Freytag, Gustav 69
Fried, Amelie 157
Friedrich der Große von Preußen 69
Friedrich I. Barbarossa 69
Friedrich II. 28
Friedrich Wilhelm IV. 64
Friedrich, Joachim 143
Fröbel, Friedrich 55, 56
Fromm, Lilo 145

Gallaz, Christophe 173
Gampp, Josua Leander 116
Gast, Lise 150
Gauguin, Paul 92
Gebhardt-Gayler, Winnie 148
Gelberg, Hans-Joachim 160, 161
Gellert, Christian Fürchtegott 33, 41
Gerstäcker, Friederich 75
Ghiuselev, Jassen 102
Glaeser, Ernst 113
Gleich, Jacky 157, 183
Gleim, Johann Wilhelm Ludwig 33
Golding, William 45
Gorbatschow, Michail 171
Görlich, Günter 166
Görner, Carl August 46
Görres, Joseph 26
Goscinny, René 99
Goethe, Johann Wolfgang von 35, 44, 80
Gottsched, Johann Christoph 33
Grahame, Kenneth 104, 105
Greenaway, Kate 88, 89
Grimm, Albert Ludwig 61
Grimm, Jacob 51
Grimm, Ludwig Emil 51, 54
Grimm, Wilhelm 51
Grosz, George 116, 119, 124, 144
Grün, Max von der 157
Guggenmos, Josef 149, 150

Gumpert, Thekla von 77
Gustav, Adolf 69
GutsMuths, Johann Friedrich 40

Hallgarten, Richard 135
Hansen, Sophus 120
Hardy, Oliver 46
Härtling, Peter 156, 157
Hauff, Wilhelm 59
Hauptmann, Gerhart 100
Hecker, Johann Julius 28
Heidelbach, Nikolaus 150, 182
Hein, Christoph 167
Held, Kurt 134
Hellbach, Wendelin 12
Helm, Clementine 78
Herburger, Günter 154
Herder, Johann Gottfried 48
Hergé (eigtl. Georges Rémy) 99
Hermlin, Stephan 166
Hesse, Hermann 97, 100
Hey, Wilhelm 56, 57
Hildebrand, Christoph 73
Hitchcock, Alfred 143
Hoche, Johann Gottfried G. 38
Hofer, Karl 89, 93
Hoffmann, E.T.A. 52, 53, 102, 139
Hoffmann, Franz 70, 75
Hoffmann, Heinrich 58
Hofmann, Karl Friedrich 68
Hohlbein, Heike 171
Hohlbein, Wolfgang 171
Holbein, Hans 11
Holst, Amalie 77, 79
Holt, Werner 166
Holtz-Baumerts, Gerhard 165
Homer 82
Horkheimer, Max 152
Horn, W.O. (eigtl. Wilhelm Oertel) 68
Hosemann, Theodor 68
Hübner, Johann 20, 21
Huch, Ricarda 100
Huelsenbeck, Richard 118
Humboldt, Alexander von 32
Humboldt, Wilhelm von 32, 50, 64
Hurrelmann, Bettina 80

Innocenti, Roberto 173

Jackson, Peter 170
Jacobsson, Anders 184

Namenregister

Janosch (eigtl. Horst Eckart) 168
Janssen, Susanne 52
Jansson, Tove 140

Kafka, Franz 34
Kant, Immanuel 28
Karl V. 18
Karsch, Anna Luise 33
Kästner, Erich 47, 121, 122, 123, 125, 126, 133, 137, 138, 149, 154
Katzenstein, Louis 51
Kauka, Rolf 98
Keaton, Buster 46
Kerer, Johannes 17
Kerr, Judith 158
Kerschensteiner, Georg 87, 88
Keun, Irmgard 126, 133, 134
Key, Ellen 87
Kilian, Susanne 154
King, Martin Luther 152
King, Stephen 180
Kipling, Rudyard 104, 105
Kirchberg, Ursula 86
Kirchner, Herti 133
Kirsch-Korn, Jutta 153
Kläber, Kurt 134
Knaak, Kurt 136
Knöpke-Jost, Helga 129
Koch, Rosalie 70
Koch-Gotha, Fritz 94
Kohl, Helmut 171
Kolumbus, Christopher 18
Könner, Alfred 167
Körber, Philipp 73
Korczak, Janusz 127
Kordon, Klaus 173
Korschunow, Irina 166
Köster, Hermann Leopold 87
Kotzde, Wilhelm 111, 112
Kózik, Christa 167
Kracht, Christian 181
Kraus, Georg Melchior 30
Kreidolf, Ernst 89, 90, 93
Krüger, Anna 141
Kruse, Max 162
Krüss, James 148, 149, 154
Külb, Philipp. H. 72
Kyber, Manfred 100

La Fontaine, Jean de 33
Lagerlöf, Selma 104, 105
Lamszus, Wilhelm 112, 113
Lang, Carl 39
Lange, Alexa Hennig von 180
Lange, Konrad 88, 93
Lask, Berta 124, 125, 164
Latour, Maurice Quentin de 28
Latour-Landry, Geoffroy Chevalier de 16, 26
Laube, Heinrich 73
Laurel, Stanley 46
Lazar, Auguste 164
Le Guin, Ursula K. 171
Lears, Edward 102
Lebert, Benjamin 179
Leip, Hans 144, 145
Lepmann, Jella 136
Lessing, Gotthold Ephraim 28, 33
Lette, Wilhelm Adolf 79
Lettow-Vorbeck, Paul von 130
Levy, Richard 123
Lichtwark, Alfred 87
Liebknecht, Wilhelm 84
Liliencorn, Detlev von 91
Lindgren, Astrid 102, 139, 140, 154
Lionni, Leo 146
Lofting, Hugh 104, 106
London, Jack 108
Lossius, Rudolf Christoph 32
Loyola, Ignatius von 20
Ludwig I. 62
Ludwig XIV. 14
Ludwig, Max 121
Lütgen, Kurt 142
Luther, Martin 18, 19, 20, 24, 69

Maar, Paul 47, 162
Malewitsch, Kasimir 118
Mann, Erika 135
Marcuse, Herbert 152
Marko, Otto 123
Marryat, Frederick 45, 73, 109
Martini, Lukas 17
Marx, Karl 64
Matthießen, Wilhelm 122
Mattsperger, Melchior 21
Maukisch, Heinrich Eduard 68, 69
Mauthner, Fritz 116
May, Karl 76, 77, 165
McClory, Kevin 73
Mehring, Walter 121
Merkel, Dankegott Immanuel 42
Meynier, Johann Heinrich 68

Michaelis, Karin 115
Michels, Tilde 162
Milne, Alan Alexander 103
Mitgutsch, Ali 160
Moeyaert, Bart 179
Morgenstern, Christian 116, 117
Moritz, Karl Philipp 33, 35
Morris, William 88
Motte-Fouqué, Friedrich de la 52
Müller, Jörg 161
Munteanu, Val 103
Murschetz, Luis 161
Musil, Robert 96, 97

Nassen, Ulrich 127
Neill, Alexander Sutherland 139, 154
Neumann, Karl 166
Newton, Robert 108
Niemeyer, Christian 69
Nieritz, Gustav 70, 71, 73
Nietzsche, Friedrich 116
Nijland, Stern 176
Noack, Hans-Georg 158
Noll, Dieter 166
Nöstlinger, Christine 159, 163, 175

Oberländer, Gerhard 145
Oehmichen, Walter 149
Ohnesorg, Benno 152
Ohser, Erich 122, 132
Olfers, Sibylle von 93
Olsson, Sören 184
Ossowski, Leonie 158, 159
Otto, Nikolaus August 67
Otto, Philipp 90
Overbeck, Christian Adolf 31, 33

Pausewang, Gudrun 171, 172
Pestalozzi, Johann Heinrich 55, 56
Pfeffel, Gottlieb Konrad 33
Piaget, Jean 53, 103
Picasso, Pablo 182
Picht, Georg 152
Platon 12
Plauen, E.O. (eigtl. Erich Ohser) 132
Plenzdorf, Ulrich 179
Pludra, Benno 166, 172
Pocci, Franz Graf von 46, 54
Pohl, Peter 179
Pollatschek, Walther 164
Pommaux, Yvan 99

190

Namenregister

Poppe, Johann Heinrich Moritz 67
Potter, Beatrix 89
Prachett, Terry 171
Pressler, Mirjam 173, 177
Preußler, Otfried 148, 163
Procházka, Jan 159

Quadflieg, Roswitha 169
Quintilian 14

Rabin, Else 126
Ratdolt, Erhard 10
Reichardt, Rudolf 74
Remarque, Erich Maria 113
Renn, Ludwig 113, 165
Rhoden, Emmy von 78
Richardson, Samuel 44
Richter, Hans Peter 151
Richter, Ludwig 26, 57, 60
Rickli, Herbert 113
Ries, Hans 118
Ringelnatz, Joachim 116, 117, 154
Rochow, Eberhard von 30
Rockstroh, Heinrich 66
Rodes, August von 42, 43
Rohr, Julius Bernhard von 14
Rol, Ruud van der 151
Rollenhagen, Georg 24, 25
Rousseau, Henri 92
Rousseau, Jean-Jacques 28, 35, 43, 77
Rowling, Joanne K. 102, 184
Rumpf, Daniel 39, 40
Runge Philipp Otto 49, 90
Rust, Bernhard 127

Saalmann, Günter 167
Saint-Exupéry, Antoine de 138
Salinger, Jerome David 179
Salten, Felix 104, 106
Salzmann, Christian Gotthilf 30, 36, 37
Schaaf, Johannes 163
Scharnweber, Walter 139
Scharrelmann, Heinrich 120
Schenzinger, Karl Aloys 128
Schiller, Friedrich 85
Schlaf, Johannes 91
Schlegel Friedrich 49
Schlöndorf, Volker 97
Schlosser, Johann Georg 35, 36

Schmid Christoph von 62, 63, 70
Schmidt, Arno 156
Schnurre, Wolfdietrich 183
Schulz, Charles M. 98
Schummel, Johann Gottlieb 41
Schwab, Gustav 61
Schwarz, Lieselotte 145
Schwarzer, Alice 155
Schwitters, Kurt 116, 118
Ségur Adrienne 53
Seidel, Ina 100, 101
Sendak, Maurice 146
Shakespeare, William 82
Sommers, Stephen 81
Sonnleitner, A. Th. 45
Sorg, Anton 19
Speckter, Otto 56
Spohn, Jürgen 160
Spyris, Johanna 80
Steglitzer Verein 95
Stein, Marquart vom 16
Steiner, Rudolf 100, 101
Steinhöfel, Andreas 180
Steinhöwel, Heinrich 24
Stephenson, Georg 68
Stern, Clara 88
Stern, William 88
Steuben, Fritz 130, 136
Stevenson, Robert 108
Stiehl, Ferdinand 65
Stifter, Adalbert 86
Stiller, Günther 154
Stoph, Willi 156
Storm, Theodor 86
Strauß, Emil 96
Strittmatter, Erwin 164, 165
Stuckrad-Barre, Benjamin von 180, 181
Sue, Eugéne 119

Tanara, Karl 70, 112
Tetzner, Lisa 45, 125, 134, 135
Tolkien, John Ronald Reuel 170, 171
Toriyama, Akira 99
Trier, Walter 123, 137
Tripp, Franz J. 149
Trott, Magda 131, 132, 136
Tucholsky, Kurt 121
Twain, Mark (eigtl. Samuel Langhorne Clemens) 81, 83, 118

Uderzo, Albert 99
Ungerer, Tomi 146

Ury, Else 114
Uzarski, Adolf 110

Verhoeven, Rian 151
Verne, Jules 73
Vesper, Will 130
Viehmann, Dorothea 51
Vogeler, Heinrich 144
Vos, Ida 173

Waecher, Friedrich Karl 47, 142, 154, 155
Wahl, Mats 179
Waldis, Burkhard 24
Walser, Robert 91
Warbeck, Veit 26
Wassermann, Jakob 91
Watt, James 67
Wedding, Alex (eigtl. Grete Weiskopf) 164
Wedekind, Frank 96, 117
Weidenmann, Alfred 128, 136
Weise, Christian 13, 46
Weiss, Rosa 173
Weiße, Christian Felix 30, 31, 32, 33, 35, 41, 46
Welk, Ehm 132, 164
Welsh, Renate 176
Welskopf-Henrich, Liselotte 165
Wenz-Viëtor, Else 94, 143
Wickram, Jörg 26, 27
Wildhagen, Else 78, 79
Wilharm, Sabine 185
Wilhelm I. 64
Wilhelm II. 69
Wilke, Karl 64
Winsbecke (verm. Adliger aus Windsbach, Franken) 9
Winter, Kathryn 173
Wolf, Stefan (eigtl. Rolf Kalmuczak) 143
Wölfel, Ursula 155
Wolgast, Heinrich 85, 86, 87
Wood, Elijah 81
Wörrishöffer, Sophie 72
Wyß, Johann David 45

Zedler, Johann Heinrich 38
Zerklaere, Thomasin von 9
Zetkin, Clara 123
Zimnik, Reiner 145
Zola, Émile 119
Zur Mühlen, Hermynia 124, 164

Bildnachweis

Agora Verlag, Berlin/Darmstadt, © 1978 92
Alibaba Verlag, Frankfurt a. M., © 1986 173
Arbeitskreis für Kinder- und Jugendliteratur, München, © 1999 (Illustration Jacky Gleich) 142
Archiv für Kunst und Geschichte (AKG), Berlin 28; 51o; 107, 156u;
Aufbau Verlag, Berlin © 2000 (Illustration Jassen Ghiuselev) 102o; © 2000 (Illustration Rotraut Susanne Bauer) 183
Beltz Verlag, Weinheim, Basel, Berlin © 1990 (Illustration Nikolaus Heidelbach) 150; © 1979 (Illustration Janosch) 168; © 1973/1996 (Cover Christine Nöstlinger) 159; © 1985/1992 (Cover Dagmar Chidolue, Lady Punk) 176; © 1982/1990 (Cover von Wolfgang Rudelius zu Christine Nöstlinger, Novemberkatzen) 177; © 1999 (Illustration aus Nikolaus Heidelbach, Was machen die Jungs) 182
Beppe Arvidsson/Studio 8x10, Stockholm 140
Biblioteca Apostolica Vaticana 8
Bibliothek für Bildungsgeschichtliche Forschung, Berlin 29
Bilder-Buchmuseum der Stadt Troisdorf, Burg Wissem 127
C. Bertelsmann, München, © 1982 (Illustration Ursula Kirchberg) 86, 1971 160
Carlsen Verlag GmbH, Hamburg, © 1998 (Illustration: Sabine Wilharm) 185
Cecilie Dressler Verlag, Hamburg, © 1998/Atrium Verlag Zürich © 1987 (Illustration E. H. Shepard) 103
Cecilie Dressler Verlag, Hamburg, © 1998/Atrium Verlag, Zürich (Einband Walter Trier) 137u, 123
Der Kinderbuchverlag, Berlin, © 1985 124o
Der Kinderbuch Verlag, Berlin 1999/Middelhauve Verlags GmbH, München 172
Deutscher Taschenbuch Verlag, © 2000/Carl Hanser Verlag, München, Wien, © 1993

(Einband Rotraut Susanne Berner) 179
Deutsches Filminstitut (DIF), Frankfurt a. M. 97
Diogenes Verlag AG, Zürich, © 1970/1982 (Illustration Friedrich Karl Waechter) 154
Egmont Franz Schneider Verlag, München 1999/© hör und lies Verlag GmbH, Berlin 184
Erich Kästner-Archiv (Nachlass Luiselotte Enderle), RA Peter Beisler, München 122
Erika Klopp Verlag, München, © 1972 (Illustration Max Ludwig) 121
Fischer Taschenbuch Verlag, Frankfurt a. M., © 2001 178u
Franckh'sche Verlagsbuchhandlung W. Keller & Co, Stuttgart 1977 136
Georg Bitter-Verlag, Recklinghausen, © 1973 144
Georg Lentz Verlag, München, © 1961 (Illustration Tomi Ungerer) 142o
Gerstenberg Verlag, Hildesheim, © 1985 146u; 174
Hamburger Kunsthalle 49
Hanser Verlag, München, © 2001 (Illustration Susanne Janssen) 52; 1997 (Illustration Jacky Gleich) 157
Herder Verlag, Freiburg 1955 147
Herzog August Bibliothek, Wolfenbüttel 24o; 24u; 44; 130u;
J. G. Cotta'sche Buchhandlung Nachfolger GmbH, gegr. 1659, Stuttgart, © 2002 (Foto 2002 New Line Production) 170
Jauch & Scheikowski, Porep 73, 81
Joachim Schmid (Carl-May-Verlag), Bamberg, © 1951 76
Karl Rauch Verlag, Düsseldorf, © 1982 (Illustration Antoine de Saint-Exupéry) 138
Kinderbuch Verlag Berlin, © 1989 167
Kirchlein Verlag, München, © 1999 (Reprint der Originalausgabe 1932, Illustration Richard Hallgarten) 135

LeiV Verlag / Buchhandel- und Verlagsgesellschaft, Leipzig, © 2000 165
Loewes Verlag, Bayreuth, © 1972 102u;
Omnibus/Verlagsgruppe Random House, München, © 1997 / C. Bertelsmann Jugendbuchverlag © 1953/ 1997 143
Parabel Verlag, München, © 1954; Midellhauve Verlagsgruppe (Illustration Adrienne Ségur) 53
Peter Fischer, Köln
Rotapfel Verlag, Zürich, © 2000 90
Rowohlt Taschenbuch Verlag GmbH, Hamburg, © 2002/2001 by Rogner & Bernhard GmbH & Co. Verlags KG, Hamburg (Einband any.way, Barbara Hanke) 180
Sauerländer AG, Arau (CH), © 1973 161
Süd Verlag GmbH, Konstanz, © 1969 132
Tessloff Verlag, Nürnberg, © 1993 172o
The Walt Disney Company 105, 108
Thienemann Verlag, Stuttgart, © 1957 (Illustration Winnie Gebhardt-Gayler) 148; © 1960/1962 (Illustration Franz J. Tripp) 149; © 1979 (Illustration Roswitha Quadflieg) 169
Universitätsbibliothek Freiburg 17
Verlag Friedrich Oetinger, Hamburg, © 1986 / Astrid Lindgren 1945 (Einband Walter Scharnweber) 139; © 1993 151 (Fotos: © Archiv der Anne Frank-Stiftung, Amsterdam); 1973 (Illustration Paul Maar) 162; © 1999 (Einband Jutta Bauer) 178o
© 2003 VG Bild-Kunst, Bonn 118 (Kurt Schwitters); 119; 124o (George Grosz)
Wandervogelarchiv, Berlin 95
© 1999 Wolf Erlbruch und Stiftung Alsleben / Sammlung Brüggemann / Bilder-Buchmuseum der Stadt Troisdorf Burg Wissem 180

192